새만금, 그곳엔 여성들이 있다

여성학시리즈 ②

새만금, 그곳엔 여성들이 있다

'갯살림'에 대한 생태여성주의적 접근

윤박경

푸른사상

이 책을 쓰는 것은 보이지 않고 들리지 않은 존재들의 경험과 목소리를 온전히 드러내고 서로의 상처를 치유해가는 긴 여행의 출발이었다. '새만금'이라는 삶의 현장에서 만났던 내 안의 '나'와 새만금 여성들, 그리고 새만금 갯벌이 바로 그러한 존재들이었다. 너와 나로 구분되어 서로가 깊이 연결되어 있음을 몰랐던 우리는 서로에 대한 두려움과 경계, 아픔과 분노라는 힘겨운 과정을 거치고 난 후에야 비로서 함께 존재함의 기쁨과 힘을 느낄 수 있었다.

처음 새만금 여성들을 만났을 때 나는 두려움에 그들로부터 도망쳤다. 그 두려움의 근원에는 내 어머니의 삶과 죽음이 자리잡고 있었다. 살아 생전에 '옹졸한' 페미니스트 딸이었던 나는 어머니의 삶을 도저히 이해할 수 없었다. 그런 어느 날 어머니는 내 곁을 떠났고 풀어내지 못한 어머니와의 화해는 죽음 그 자체를 전면 거부하는, 아니 어머니라는 존재를 부정하는 것으로 치달아가고 있었다. 하지만 그 부정과 거부의 이면에는 어머니에 대한 사랑과 그리움이 너무 커서 원망으로 차츰 변해가는 내 마음이 있었다. 어찌보면 바보스러울 정도로 사랑과 희생으로 살다 돌아가신 내 어머니의 삶을 이해하고 진정한 화해를 하고 싶었던 것 같다. 그런 어머니에 대한 그리움과 원망의 마음으로 괴로워할 그 즈음에, 난 대면하고 싶지 않았던 내 어머니와 같은 삶을 살아온 또 다른 어머니들을 새만금에서 만나게 되었다. 몇 달 동안을 뜬눈으로 병간호해서 병원에서도 포기한 자식의 생명을 살린 여성, 남편을 집어 삼켜버린 바다에서 나오는 고기를 15년 동안이나 먹지 못하면서도 그 바다/갯벌에 의지해서 4남매를 키워내야 했던 여성, 남편의 외도/가산탕진으로 14년 동안 생과부로 시부모와 자식들을 보살펴온 여성, 술버릇 사나운 남편의 구타와 고된 시집살이를 견디며 황소처럼 일해 살림을 지탱해온 여성 등등.

하지만, 새만금 여성들의 삶은 희생하고 순종하는 그런 어머니의 삶은 아니었다. 그 여성들은 가족과 자식을 위해 칼바람 맞으며 쉼없이 조개를 캐서 삶을 지탱해나가는 자립의 어머니였고, 남편과 시댁 식구들의 폭력과 시집살이에 맞서 싸우는 독립적이고 강한 여성들이었다. 또한, 방조제로 가쁜 숨을 몰아쉬는 갯벌과 뭇생명들을 보며 눈물을 흘리고, 인간의 탐욕으로 죽어가면서도 자신이 품고 길러온 생명들을 아낌없이 내어주는 갯벌과 바다에 고마워할 줄 아는 여성들이었다. 그렇기 때문에, 여성들은 개발론자들에 맞서 새만금 갯벌과 뭇생명을 살리기 위해 온 몸으로 저항하는 투사가 되었다. 그들에겐 결코 타협이란 있을 수 없었다. 이렇듯, 내가 만났던 새만금 여성들은 적극적이고 강한 생명력으로 '삶/갯벌'을 살려내는 진정한 살림꾼들이었다. 그들과 내가 인터뷰를 하는 과정은 내 어머니와 화해하는 과정이자, 서로의 아픔을 치유하고 힘을 나눠 갖는 의례와도 같았다.

새만금 여성들의 삶에 대한 이해는 그들의 삶터인 갯벌을 다르게 바라볼 수 있는 계기가 되었다. 조개를 캐러 여성들과 함께 가 본 갯벌은 여성들의 삶의 애환과 의지로 가득찬 삶의 현장이자, 생명의 땅 그 자체였다. 갯벌은 더 이상 추상화된 자연이 아닌, 사람과 함께 공존하며 수많은 생명들을 품고 길러내는 살아있는 존재로 다가왔다. 새만금에서 난 처음으로 갯벌과 뭇생명들이 죽어가고 산이 깎여 나가는 것을 보며 눈물을 흘렸다. 이렇듯, 새만금은 내 안의 풀리지 않은 문제(어머니와의 진정한 화해)와 여성들의 삶, 그리고 삶속 깊숙이 들어와 있는 자연(새만금 갯벌)이 서로 연결되어 있음을 알게 되는 장이었다.

이 책은 서구 에코페미니즘에 대한 한국적 맥락화를 시도한 것이다. 나는 새만금 여성들의 갯살림을 통해 한국 여성들의 삶에 깃든 살림의 가치와 생태적 지혜를 드러내는 한편, 무분별한 개발과 생태위기를 극복해 나가는 데 있어 여성적 관점을 제시해보고 싶었다.

새만금 여성들은 내가 알고 있다고 자만했던 '에코페미니즘'의 세계를 '삶의 육화된 목소리'로, 그리고 '몸으로 살아냄'으로써 펼쳐보여 주었다. 간척의 일차적 대상지인 갯벌과 함께 살아온 여성들의 경험과 목소리는 새만금을 둘러싼 수많은 논쟁들과 환경운동 속에서는 보이지 않고 들리지 않았다. 하지만 갯살림을 꾸려 온 여성들의 목소리는 새만금 지역에서 살아온 '토착민들의 물질적, 문화적 생존'과 '갯벌(자연)'의 목소리를 고스란히 담고 있었다. 그런 여성들의 육화된 삶의 목소리를 학문세계의 언어로 표현하기란 힘들었다. 내가 새만금 여성들과 이야기를 나누며 함께 공감했던 그 느낌과 드넓은 갯벌 위에 홀로 서있을 때 느꼈던 '어떤 기운'을 표현할 언어가 없었다. 언어를 가졌음에도 언어가 없는 상태가 지속되었고 그러한 어처구니없는 혼란의 상황에 난 헤매고 있었다. 하지만 그 느낌과 기운들은 역설적이게도 나로 하여금 다시 언어적 표현을 시도하게 만든 힘으로 작용했다. 분석적이고 논리적인 잣대가 아닌 내가 느끼고 공감했던 그 느낌의 기억을 되살릴 때 비로소 글이 써지기 시작했던 것이다. 고단하고 힘겨운 삶의 질곡 속에서도 살아 꿈틀대는 "삶/생존에의 의지와 희망"이자, 인간의 탐욕으로 죽어가는 갯벌과 뭇 생명들의 "강한 생명력에 대한 경이로움"이 어쩌면 그 느낌과 기운이 아니었을까 싶다. 굳이 이런 이야기를 하는 이유는 이 책을 읽는 독자들이 여성들의 이야기 속에서 내가 느꼈던 "그 느낌과 기운들"(여성들의 생명 감수성)에 좀더 귀를 기울였으면 하는 바람에서다.

새만금 여성들과 갯벌이 나에게 준 메시지는 "네가 아프니 나도 아프다. 그러니 우리가 그 아픔을 함께 치유해 나가자"였다. 억압과 폭력으로 고통당하는 여성들(타자)의 아픔을 함께 나누고 공감할 때, 그리고 개발의 미명하에 살점이 찢겨져 나가고 피흘리는 자연의 아픔에 눈물로써 참회할 수 있을 때야말로 여성들(타자)간의 연대와 자연과의 화해는 물론, 우리가 더불어 평화로울 수 있으리라. 또한 "삶/생존을 놓고 타협은 있을 수 없다"는 새만금 여성들의 생존의 관점은 삶의 위기, 생태적 위기라는 절대절명의 상황에 놓여있는 우리에게 중요한 시사점을 제공해줄 것이다.

이 책이 나오기까지 많은 분들이 도움을 주었다. 먼저, 학위논문의 지도와 심사를 맡아주신 네 분의 선생님을 비롯한 이대 여성학과 교수님들께 감사드린다. 지도교수였던 허라금 선생님은 안식년으로 미국에 계시면서도 논문지도와 애정어린 보살핌을 베풀어 주셨다. 심사 위원장을 맡아주신 장필화 교수님의 통찰력있는 조언과 유용한 제안은 논문의 내용을 심화시키는 데 많은 도움이 되었다. 여성학 방법론과 여성 노동에 관한 조순경 교수님의 강의 및 연구가 없었다면 내 논문의 연구방법과 여성 노동/삶에 대한 이해는 사실상 불가능했을 것이다. 더욱이, 거칠기 짝이 없는 내 학위 논문이 책으로 나올 수 있었던 것은 조순경 교수님의 수고로움과 애정, 세심한 배려 덕분이다. 나에게 에코페미니즘의 세계를 열어주고 학문적 열정과 진정한 삶의 지혜를 가장 가까이에서 가르쳐주시는 문순홍 박사님은 항암 치료의 외롭고 힘겨운 상황에도 심사를 흔쾌히 수락해주셨다. 하루 빨리 문순홍 박사님이 쾌유하시기를 간절히 기원하며 존경과 사랑의 마음을 다시 한번 전하고 싶다.

또한 나의 답답하고 불안한 마음과 고민을 마치 자신들의 일처럼 함께 고민하고 따뜻하게 품어 준 나의 자매들에 대한 고마움을 빼놓을 수 없다. 늘 '웬수'라며 핀잔을 주면서도 질긴(?) 인연의 고리 탓에 함께 아파하며 용기를 북돋워준 윤숙언니와 지리산 피아골 아낙네 '영미언니'의 보살핌과 사랑에 깊이 감사한다. 논문 내용에 대한 꼼꼼한 조언과 편집을 도와 준 소영이, 오분언니, 그리고 새롭이를 비롯한 꿈지모 지렁이들과 여성학과 친구들에게 고마움을 전한다. 새만금 현지조사 때는 물론, 도서관에서 나의 풀리지 않는 고민의 실마리를 찾아주고, 불현듯이 찾아드는 두려움을 어루만져 준 내 친구 연정이는 내가 진정으로 원하는 것을 잊지 않게 일깨워 주었다.

무엇보다도 낯선 이방인인 나에게 마음을 열고 삶의 진솔한 이야기를 해 주신 새만금 여성들, 그리고 늘 듬직한 사랑으로 지켜주는 나의 아버지와 형제자매들에게 고개 숙여 감사를 드리며, 이 책을 출판해 주신 푸른사상 사장님을 비롯하여 편집부 여러분들에게도 깊이 감사를 드린다.

　이 책을 여성으로서 삶을 자랑스럽게 여기며 살아가게 해 주신 나의 어머니(故 윤국강)와 새만금 어머니들께 바친다.

2004년 4월

북한산의 뭇생명들이 뿜어내는 각양각색의 생명력을 전하며

윤 박 경

새만금, 그곳엔 여성들이 있다

■ 책머리에

차례

새만금, 그곳엔 여성들이 있다.

새만금, 그곳엔 여성들이 있다

제1장 서 론

본 연구는 여성주의자로서 생태위기의 문제를 어떻게 접근해야 할 것인가에 대한 관심에서 출발한다. 여기에는 생태위기를 초래한 근본적인 원인이 어디에 있으며, 이를 극복하고 해결하기 위해서는 누구의 관점에서, 무엇을 지향하며, 어떻게 접근해야 할 것인가에 대한 질문들이 포함되어 있다. 이를 위해, 연구자는 현재의 생태위기를 초래한 직접적인 원인으로서 경제 성장 위주의 개발에 주목하고자 한다.

1. 문제제기 및 연구목적

한국은 60~70년대를 거치면서 국가 주도의 급속한 경제성장 과정을 추진해왔다. 물질적 풍요와 발전이라는 미명 하에 이루어졌던 한국의 산업화 과정은 극심한 환경오염, 빈부의 격차 심화, 지역 간 불균형, 대외 의존적 경제구조의 심화, 농촌사회의 파탄 및 도시 문제, 성별 불평등의 심화 등과 같은 생태적·사회적 문제를 초래하였다. 기술진보·경제성장·도시화를 특징으로 하는 소위 '근대화'라고 명명되는 한국의 산업화 과정은 여성들의 삶을 보다 주변화시키고 억압하는 가부장적 성격을 강화하는 데

기여(허라금, 2002)해왔을 뿐 아니라, 해당 지역의 환경과 주민들의 삶을 황폐화시키는 결과로 나타났다. 이러한 결과들은 개발이 더 이상 모든 사람들에게 물질적 풍요와 복지를 가져다 줄 수 없음을 단적으로 보여줌과 동시에, 고도 성장과 발전을 추구해 온 현재의 개발에 대한 환경적·사회적 한계를 인식하게 되는 계기가 되었다

80년대 이후, 개발이 초래한 환경 악화 그리고 사회적 불평등과 부정의에 대한 비판의식의 성장과 더불어 우리 사회에는 환경운동이 출현하게 되고 개발-환경을 둘러싼 논쟁이 끊임없이 제기되어 왔다. 하지만, 이제까지 한국의 환경운동이 진행되어 온 상황은 여성주의자로서 환경문제에 관심을 가지고 실제 현장에서 여성들과 함께 환경운동을 했던 연구자에게 또 다른 문제의식을 갖게 한다. 우리 사회의 개발-환경을 둘러싼 논의들 대부분이 남성의 경험을 인간의 보편적 경험으로 전제하고 성별에 따른 경험의 차이를 인정하지 않는다는 점에서 남성 중심적이다. 이 결과, 한국의 환경운동 속에서 여성들의 경험은 아예 드러나지도 않거나 주변화되어 왔던 게 현실이다. 1990년대 이후로 여성환경운동이 본격적으로 출현하게 되면서, 환경운동의 가부장성을 비판하고 여성문제와 환경파괴를 동시에 해결하고자 하는 다양한 운동들이 시도되었다. 그러나, 이제까지의 여성환경운동은 도시적 삶의 방식에서 여성들의 주부, 어머니, 소비자로서 환경실천을 중심으로 전개되어 오면서 그것이 갖는 긍정성에도 불

구하고 성별분업을 고착화하거나 여성들의 부담을 가중시키는 결과를 가져왔다. 그렇기 때문에 환경 파괴나 오염에 여성들이 더 적극적일 수밖에 없다거나, 본질적으로 '모성'을 가진 여성들이 남성들보다 훨씬 자연 친화적, 혹은 환경 친화적이라고 강조하는 것에 대해 많은 여성들은 거부감을 가진다. 지금까지 남성들은 여성성이나 모성을 강조하며 여성들을 지배해 왔고, 환경파괴와 오염의 상황 속에서 다시 여성들에게 그것을 정돈하고 보살피고 살려내는 '수동적인 청소부'의 역할을 강요해왔기 때문이다(이윤숙, 1999). 다른 한편, 그간 국내에서 행해진 여성과 환경문제간의 연계성에 대한 논의들은 주로 서구 생태여성론(ecofeminism)의 이론적, 실천적 함의를 살피는 것에 그치고 있다. 따라서 한국에서 여성과 환경의 친화성에 기반하여 그동안 진행되어온 여성환경운동의 주체와 영역 및 논의가 갖는 한계와 개발-환경담론의 남성중심성을 극복하고, 환경운동과 담론 속의 생태여성주의적 함의와 가능성을 확장하기 위해서는 한국적 맥락에서 여성 삶과 환경의 관계성에 관한 경험적 연구가 필요하다.

환경문제는 독자적으로 일어나는 것이 아니라 언제나 개발이 진행되는 과정에서 발생하게 된다. 개발은 특정 지역을 대상으로 진행되고 이러한 지역의 생태적, 사회경제적 특성에 따라 개발의 영향은 다르게 경험된다. 자연변형을 초래하는 개발은 지역의 자연환경과 생계양식이 결합된 경제체계를 가진 지역일수록 더 직접적인 영향을 받게 된다. 왜냐하면, 이러한 경제체계에서 일상적 생계활동의 목적은 삶의 생산, 즉 생존 그 자체이기 때문이다. 더욱이, 지역의 경제활동이 성별노동분업의 원리에 따라 이루어지는 경우, 여성과 남성의 일과 노동공간(자연환경에 대한 성별화된 공간배치)은 상이하게 구성된다. 이런 점에 비춰볼 때, 개발과 환경악화에 대한 '여성과 환경의 관계성(친화성)'이 함의하는 바를 살펴보기 위해서는 개발의 사안이 무엇이고, 해당지역은 어디이며, 해당지역의 생태계와 주민들의 삶과 문화는 어떠한 연관성을 갖는지를 통합적으로 접근해 볼 필요가 있다.

이를 위해, 본 연구는 한국 사회에서 개발 - 보전을 둘러싸고 논쟁을 불러일으키고 있는 새만금간척사업에 주목하고자 한다.

현재, 경제개발 기획의 일환으로 실시되고 있는 새만금간척사업은 "국토확장, 식량안보, 그리고 지역발전"이라는 성장과 발전논리를 국가적으로 정당화함으로써, 바다와 갯벌을 황폐화시키고 이를 삶의 터전으로 살아왔던 지역주민들의 생존과 생계를 위협하고 있다.[1] 이에, 새만금간척사업을 둘러싸고 우리 사회에는 격렬한 논쟁과 갈등이 지속적으로 제기되어 왔다. 여기서는 사업의 경제성이나 환경성에 대한 관심과 함께, 최근에는 개발로

---

[1] 새만금간척사업의 직접적인 영향을 받는 지역은 전북내의 군산시, 김제시 및 부안군의 3개 시·군 지역이다. 이들 3개 시·군의 어가는 총 5,202호이며 이들 어가의 인구는 17,032명이다. 3개 시·군 가운데에서도 새만금사업의 영향을 가장 직접적으로 받는 지역은 주로 섬 지역과 넓은 갯벌을 끼고 있는 18개 읍·면·동의 어촌마을들로, 이 지역의 주민들은 주로 바다와 갯벌의 수산자원에 의존하여 생계를 유지해왔다. 이들 18개 읍·면·동의 어가는 3,754호이며, 이들 어가의 인구는 11,970호에 이르고 있다(박재묵, 2002 : 208).

인한 환경파괴가 지역사회와 주민들에게 미치는 영향을 중심으로 전개되어가고 있다. 문화인류학과 환경사회학의 영역에서 다루어지고 있는 간척의 사회문화적 연구들은 각각의 학문적 배경에 따라 그 관심과 주제에 차이를 보이고 있으나, 간척의 시행으로 사회경제적, 문화적 구조가 변화됨에 따라 지역사회와 주민들의 삶이 어떻게 변화되는지를 다루고 있다.

  새만금간척사업으로 직접적인 피해를 받고 있는 지역2)은 주로 섬지역과 넓은 갯벌을 끼고 있는 해안마을로 이 지역의 주민들은 주로 바다와 갯벌의 수산자원에 의존하여 생계를 유지해왔다. 장소 특유의 생태체계와 생계체계가 결합된 형태의 경제체계를 특징으로 하는 어촌지역에서 해양생태계의 변형을 초래하는 간척개발은 지역의 생태계와 주민들의 삶에 보다 직접적인 영향을 주게 된다. 더욱이, 지역 경제활동이 성별노동분업의 원리에 근거하여 이루어지는 어촌지역에서 여성과 남성의 다른 사회적 위치는 성별에 따라 일상적 삶과 노동공간을 다르게 구성하게 할 뿐만 아니라, 간척개발의 경험 역시 다를 수밖에 없다. 일반적으로 어촌지역은 '남성=고기잡이=바다' / '여성=조개채취=갯벌'의 전통적 성별분업에 따라 여성과 남성의 하는 일과 공간이 구

---

2) 도시와는 달리, 농촌과 어촌은 자연자원에 가구의 생계와 소득을 의존하는 경제체계를 특징으로 한다. 토지를 경작하여 일정한 단계를 거치면 안정적으로 수확을 할 수 있는 농업에 비해, 바다와 갯벌에서 자연적으로 자라난 해초류와 어패류를 잡는 어업은 자연환경의 조건에 따라 생산공간의 경계 및 생산량과 소득이 유동적이다. 따라서, 어촌의 생계양식은 농촌보다 자연환경에 더 의존적이라 할 수 있다(한상복, 1976 참조).

분되어 있다. 남성의 고기잡이는 철따라 어종과 어획량이 유동적이며 어종에 따라 어구가 각각 다르기 때문에 투자비용이 만만치 않다. 이에 비해, 갯벌에서 간단한 도구만을 가지고 조개를 채취하는 여성들의 맨손어업은 특별한 자본을 필요로 하지 않을 뿐 아니라 매일같이 일정한 양의 조개를 채취할 수 있다는 점에서 가구의 생계와 소득에 안정적인 수입을 보장한다. 따라서, 어촌지역은 여성 노동력 위주의 경제 체계를 그 특성으로 한다는 점에서 여성들의 역할이 매우 중요하다.

하지만, 새만금간척사업에 대한 사회·문화적 영향을 다루고 있는 대부분의 연구들에서 여성을 둘러싼 문제는 개발의 각 주요 영역들에서 구색맞추기 식이거나 단절적·단편적으로 접근되고 있을 뿐 아니라 "지역주민" 혹은 "어민"이라는 성중립적인 단어에 가려 있다. 이렇다보니 간척개발과정에서 여성들의 삶이 어떻게 역동적으로 변화되고 이 속에서 여성들은 무엇을 경험하고 있는지에 대한 분석은 찾아볼 수 없다. 이 결과, 개발과정에서 여성들의 구체적인 경험과 고통은 비가시화될 뿐 아니라, 개발로 인한 사회적 고통이나 환경피해가 갖는 성별 불평등의 문제는 쉽게 간과된다. 다른 한편, 새만금 사업은 현재 진행중인 사업이며, 앞으로 지역의 지속 가능한 발전 방향과 대안에 대한 다양한 논의들이 펼쳐질 것이다. 이는 개발과 환경문제에 대한 여성들의 경험과 관점을 제시할 수 있는 조건이며, 여성의 경험과 목소리를 드러내고 지역발전에 여성들을 적극적인 주체로 자리매김할 수 있기 위한 여성주의적 개입이 필요하다고 본다.

따라서, 본 연구에서는 간척의 직접적인 대상이 되는 갯벌에서 조개를 채취하며 생계를 유지해 온 새만금 지역 여성들의 구체적인 삶의 경험을 통해 새만금 지역의 여성 삶과 갯벌이 관계를 맺어온 과정을 살펴보는 한편, 이러한 관계성에 기반하여 새만금 간척사업과 환경악화의 문제 해결을 위한 여성적 관점을 제시해 보고자 한다. 이것은 구체적으로, 새만금 지역 여성들의 일상생활(Everyday Life)에 천착하여 여성들이 차지하고 있는 생산·재생산, 사적·공적 영역, 그리고 생산·소비 그리고 분배라는 인간 삶의 다중적인 측면들과 자연환경이 어떻게 역동적으로 관련을 맺어 가는지, 그리고 개발과정에서 이러한 관계성은 어떠한 조건과 과정을 거쳐 개발과 환경악화에 대한 여성들의 저항으로 연결되며, 이는 생태적으로 지탱가능하고 양성평등한 지역발전의 방향에 어떠한 함의를 갖는지를 재해석해볼 것이다.

이를 통해, 본 연구는 기존의 환경운동과 개발−환경문제에 대한 국내의 논의들에 왜 여성의 경험과 목소리가 포함되어야 하며, 어떤 방식으로 여성의 경험과 목소리가 이들과 만나야 하는지에 대해 그 방법을 모색해보고자 한다. 개발과 환경악화에 대한 여성들의 경험과 목소리를 드러내는 것에 일차적 의의가 있으며, 나아가 여성들의 부담을 가중시키는 것으로 왜곡되어온 여성환경운동의 영역을 어떤 방식으로 확장시킬 수 있는가를 탐색해 본다는 것에 의의가 있다.

위와 같은 문제의식에 기반해 본 연구에서 다루고자 하는 연구문제는 다음과 같다.

첫째, 새만금 지역의 성별분업 체계는 여성과 남성의 일과 역할, 그리고 자연과 관계 맺는 방식을 어떻게 구성해왔는가?

둘째, 새만금간척사업이 진행되면서 발생하게 되는 지역의 생태적·경제적 변화는 여성과 남성에게 어떠한 영향을 주는가? 이러한 변화에 대응하는 여성과 남성의 태도 및 인식에는 어떤 차이가 있으며, 성별화된 대응에 영향을 주는 요인은 무엇인가?

셋째, 여성과 남성은 새만금반대운동에 참여했던 경험을 어떻게 의미화하며, 자신들의 관점을 형성해 가는가? 이러한 저항의 경험과 관점은 생태적으로 지탱가능하고 양성 평등한 지역발전에 어떠한 함의를 주는가?

2. 이론적 배경

1) 새만금간척사업을 둘러싼 다양한 입장들

새만금간척사업은 전라북도 부안군 변산면 대항리에서 가력도, 신시도, 야미도를 거쳐서 군산시 비응도를 잇는 총 연장 33km의 방조제를 축조하여 40,100ha의 해수면을 28,300ha의 농지와 11,800ha의 담수호로 만드는 대규모 국책사업이다. 1991년부터 시작된 새만금간척사업이 우리 사회의 개발과 보전의 논쟁으로 부각되게 된 계기는 96년 시화호 오염 사건부터이다. 이후로 새만금간척사업은 '제2의 시화호', '단군이래 최대의 환경파괴'가 될 것이라는 국민적 우려와 반대의 목소리가 제기되었다. 시민·환경단체와 종교단체, 지역 반대운동 집단들은 새만금간척사업에 대한 환경영향 조사는 물론, 이 사업의 타당성에 대한 재검토를 요구하며 새만금간척사업의 백지화 운동을 전개하게 된다. 그러자, 정부는 공사가 시작된 지 8년만인 1999년 '새만금 환경영향 민관 공동 조사단(이하, 공동조사단)'을 구성하고 그 결과에 따라 사업의 추진 여부를 결정하겠다는 방침을 발표하였다. 정부와 민간단체가 추천하는 전문가 30명으로 구성된 '공동조사단'은 새만금 사업의 환경영향, 경제성, 수질보전 등 3개 분야에 대한 조사를 실시하였다. 여기서 누락된 부분은 이 사업이 지역사회와 주민들의 삶에 미칠 영향에 관한 것이었다. 새만금간척사업의 환경영향에 대한 민관 공동 조사가 이루어지고 강행 결정이 나기까지의 2년여 동안 새만금간척공사는 잠정적으로 중단되었다. 하지만, 1년여에 걸친 민관 공동 조사는 새만금 사업에 대한 타당성 조사가 미흡했을 뿐 아니라 전문가들의 입장 차이로 아무런 합의를 이끌어내지 못한 채, 2001년 5월 25일에 정부는 '순차적 개발'3)과 '친환경적 공사'라는 명목 아래 사업강행을 결정하였다.4)

---

3) 정부가 발표한 '순차적 개발'은 '방조제는 완성하되 동진수역을 먼저 개발하고 만경수역은 수질이 목표수준에 적합하다고 평가될 때까지 개발을 유보하는' 방안이다. 그러나 방조제가 완성되면 전체 새만금 갯벌은 필연적으로 파괴될 것이기 때문에 동진수역의 개발을 유보할 이유가 사라지므로 '순차적 개발'은 곧 강행방침이라 할 수 있다(박재묵, 2002: 205).
4) 정부의 사업 강행 결정은 관련부처인 환경부와 해양수산부의 반대 의견은 물

잠시 중단되었던 새만금간척사업은 정부의 강행 결정과 함께 재개되어 2002년 4월 현재, 방조제 건설만 72%가 진행되었으며 전체 공사(방조제 건설과 내부개발)의 약 47%가 진척된 상태이다. 새만금간척사업은 2011년에 완공될 예정으로 추진 중에 있다.

이러한 과정을 거쳐 현재 추진되고 있는 새만금간척사업을 둘러싸고 우리 사회에는 격렬한 논쟁과 갈등이 지속적으로 제기되어 왔다. 개발의 주체인 농림부, 농업기반공사, 전라북도 등의 기관과 다수의 전북 도민들은 '식량증산', '국토확장' 그리고 '지역발전'이라는 명분을 내세우며 새만금간척사업의 지속적인 추진을 주장해왔다. 이에 반해, 환경단체를 비롯한 시민사회단체, 종교단체, 현지 어민 및 일반 국민들은 이 사업이 초래할 생태계와 생명 파괴 및 교란 그리고 지역 주민의 사회경제적 피해를 우려하여 이 사업을 반대해왔다(박재묵, 2002).

새만금간척사업에 대한 기존논의는 1) 갯벌의 생태적 가치와 생태계 변화를 다룬 자연과학적 접근5), 2) 사업의 경제적 타당성

론, 국민의 새만금 사업 반대에 대한 여론을 무시한 것이라는 비판을 받고 있다. 이러한 비판이 제기되는 이유는 새만금간척사업에 대한 정부의 강행결정이 민주적 의사결정과정을 통한 사회적 합의나 타당성에서 출발하기보다는 정부의 개발의지를 관철시키기 위한 형식적 절차에 불과하다고 판단되어지기 때문이다.

5) 고철환·신현출(2001), "새만금 갯벌: 1988년의 저서규조류와 저서동물", 고철환 외(2001), 『한국의 갯벌 – 환경, 생물 그리고 인간』, (서울대출판부, 2001); 장창익(2001), "새만금갯벌 : 수산자원"(앞의 책); 유동운(2001), "간척과 어장 생태계의 변화"(앞의 책); 제종길(2001), "새만금 사업 환경영향(갯벌) 평가", 새만금공개토론회 자료집; 전승수(2003), "새만금 염하구의 갯벌:과거, 현재, 미래?", 환경련 시민환경연구소 편, 「새만금 강행발표, 그 이후」, 새만금 지역을 살리기 위

과 갯벌의 경제적 가치에 대한 생태 경제적 접근[6], 3) 간척개발
과 갯벌보전을 둘러싼 정책과 법제도, 정치적 process의 문제를
분석하고 있는 정치사회학적 접근[7], 4) 간척개발이 지역사회와
주민들의 삶에 미치는 사회문화적 영향에 대한 접근[8] 등으로 구

한 한·독 공동심포지움 자료집 등을 참조해볼 수 있다.

6) 갯벌의 가치를 다룬 연구로 이흥동(2001), "갯벌의 경제적 가치", 고철환 외
(2001), 『한국의 갯벌 - 환경, 생물 그리고 인간』, (서울대출판부, 2001)에 수록
된 이흥동(2001), "갯벌의 경제적 가치"와 이태원(2001) "갯벌의 산란장, 보육장
으로서의 가치"가 있다. 이정전·김상우·마강래(2001), "새만금간척사업의 경
제적 타당성 논쟁 : 편익추정을 중심으로", 「재정논집」제15집 제2호, pp199-
225; 조승국(2001), "새만금사업 결과보고서 경제성평가 분야에 대한 평가", 새
만금사업 공개토론회 자료집 등이다.

7) 이시재(2002), "새만금사업의 의사결정과정의 적정성의 문제", 한국환경사회학
회 편, 『ECO』2권, 서울:도요새; 박순열(2002), "새만금을 통해 본 전북성장연합
의 생태통치전략에 대한 연구"(앞의 책); 전재경(1998), 『어촌사회의 법의식-자
산권, 생존권, 환경권의 조화』, 서울:한국법제연구원; 전재경(2003), "갯벌 법제
의 구조와 과제", 환경련 시민환경연구소 편, 「새만금 강행발표, 그 이후」, 새만
금 지역을 살리기 위한 한·독 공동심포지움 자료집; 한국 갯벌의 보전을 위한
정책에 관한 내용들을 주로 수록한 고철환 외(2001), 『한국의 갯벌 - 환경, 생
물 그리고 인간』, (서울대출판부, 2001)의 제Ⅷ부 참조할 것.

8) 한경구 외(1998), 『시화호 사람들은 어떻게 되었을까 - 문화인류학자들의 현장
보고』(솔,1998); 주강현(2001), "갯벌과 전통생활: 1980년대 천수만과 시화호 민
중들의 연대기", 고철환 외(2001), 『한국의 갯벌 - 환경, 생물 그리고 인간』(서
울대출판부, 2001); 조경만(2001), "갯벌보존과 지역발전을 함께 하는 길"(앞의
책); 박재묵(2002), "새만금사업과 지역사회 변동", 한국환경사회학회 편, 『ECO』
2권, 서울:도요새; 함한희(2002), "사회적 고통을 보는 문화적 시각-새만금 지
역의 경우"(앞의 책); 주강현(2003), "새만금 경관과 역사문화적 인문환경", 환경
련 시민환경연구소 편, 「새만금 강행발표, 그 이후」, 새만금 지역을 살리기 위
한 한·독 공동심포지움 자료집; 조경만·제종길(2003), "새만금 갯벌 보존과
지역발전: 생태계와 문화의 기능"(앞의 자료집); 이기복(2002), 「조석·조간대의
인식과 어업민속의 전개-부안연안지역을 중심으로」, 고려대 석사학위논문; 박
진순 외(2002), 「토착적 지식의 가치재고를 위한 학제간 연구 : 새만금간척사업
이 인간·자연에 미치는 영향을 중심으로」, 교보생명 교육문화재단 대학원생
환경논문 등이다.

분해볼 수 있다. 앞의 연구들은 새만금간척사업의 문제를 이해하고 접근하는 데 필요한 생태적, 사회경제적, 문화적 차원의 다양한 논의들을 제공하고 있다는 점에서 의의를 지닌다. 새만금간척개발사업은 새만금 지역의 생태계뿐만 아니라, 이러한 자연환경 속에서 살아온 주민들의 삶과 문화에도 급작스러운 변화를 초래하게 된다. 따라서 새만금간척사업의 문제를 총체적으로 접근하기 위해서는 인간―자연의 통합적 관점이 요구되며, 이런 측면에서 앞서 제시한 각각의 논의들은 상호 보완되어질 필요가 있다. 이와 관련하여, 박재묵(2001; 2002), 함한희(2001; 2002), 주강현(2001; 2003), 이기복(2002), 제종길·조경만(2003)의 연구들은 의미가 있다. 먼저, 박재묵(2001; 2002)과 함한희(2001; 2002)는 새만금 지역에 대한 구체적인 현지조사와 주민들의 구술진술에 기초하여 이제까지의 간척사업을 둘러싼 논쟁이나 환경영향평가에서 간과되어 온 지역사회와 주민들의 삶의 변화상을 제시하고 있다. 한편, 이기복(2002)과 주강현(2001; 2002)은 민족지적 맥락에서 어민들의 자연 인지체계와 어업민속간에 맺는 연관성에 터해 갯벌 문화권 주민들의 삶과 문화를 접근하고 있다. 특히, 이기복(2002)의 연구에서 조석·조간대에 대한 어민들의 인지체계로서 '물때감'과 '뻘땅'은 어민들이 어업활동의 경험과 관찰을 통해 인지되고 의미화된 자연환경이라는 점에서 지역의 생태―문화가 연결되어 구체적인 삶으로 구성되어 온 맥락을 이해하는 데 유용한 통찰력을 제공해준다. 이러한 지역 특유의 생태―문화체계가 결합된 삶의 방식은 지역의 대안적인 발전방향과 내용에 있어 중요한 자원이 될 수 있다. 조경만·제종길(2003)의 연구는 이상에서 살펴본 새만금 지역의 생태–문화적 조건들을 아우르는 대안적 발전방향에 대해 논의했다는 점에서 중요하다. 이상의 논의들로부터 본 연구는 인간–자연의 통합적 관점에서 새만금간척사업의 문제를 접근하는 이론적/방법론적 통찰력을 시사받을 수 있었다. 그러나 앞의 연구들은 간척개발과 이로 인한 환경악화에 대한 피해와 고통을 집단의 보편적 경험으로 바라봄으로써 집단내의 성과 계급에 따른 차이를 드러내지 못하고 있다.

새만금 지역이라는 장소 특유의 생태체계와 생계체계가 결합되는 방식은 성과 계급에 따른 노동분업의 원리에 의해 이루어지고 이는 지역내 집단의 자연자원에의 접근 기회 및 통제권, 자연에 대한 지식과 기술, 그리고 관계를 상이하게 구성하게 된다. 이 결과, 새만금 지역의 여성과 남성은 새만금간척사업과 이로 인한 환경악화를 다르게 경험할 수밖에 없다. 간척 사업이란 갯벌을 방조제로 막고 이 갯벌에 농사를 짓도록 논을 만들어 내는 사업이다(고철환 2001 : 89). 그렇다면, 간척 개발의 일차적 대상이 되는 갯벌이라는 공간에서 누가 일을 했고, 갯벌 파괴의 직접적인 피해와 고통은 누구에게 돌아가는 것인가를 지역적 맥락에서 구체적으로 살펴볼 필요가 있다. 새만금 지역 내에서 '누가', '어디서' 일을 하느냐의 차이는 노동이 이루어지는 자연환경에 대한 인식과 관계를 다르게 형성할 수 있을 뿐만 아니라 새만금간척사업과 이로 인한 환경악화에 대한 경험과 태도에도 영향을 미치기 때문이다.

이런 맥락에서 갯벌에서 조개를 채취하는 맨손어업은 배나 어구, 양식장 혹은 농경지와 같은 다른 생계수단을 가지고 있지 않은 사람들, 즉 지역 내 하층계급의 주요 생계양식일 뿐만 아니라 맨손어업 종사자의 80%가 여성이라는 사실을 주목해볼 필요가 있다. 맨손어업의 성/계급적 특성과 생태적 조건에 비춰볼 때, 갯벌을 매립하는 새만금간척개발사업으로 가장 직접적인 피해와 고통을 경험하게 되는 집단은 맨손어업을 주요 생계양식으로 살아온 지역내 하층계급의 여성들이라 할 수 있다. 게다가, 여성들은 매일같이 갯벌에 나가 조개를 채취하며 방조제 공사로 인한 갯벌 생태계의 변화를 일상적으로 경험하고 이러한 변화가 실제 자신은 물론, 가족과 마을 공동체의 생존/삶에 어떠한 영향을 미치는지를 체화된(embodied) 언어로 풀어낼 수 있는 위치에 있다. 새만금 지역의 삶 속에서 여성들의 위치는 새만금간척개발사업과 관련한 개발-환경담론에서 여성들의 경험과 목소리가 왜 중요한지에 대한 주요한 근거가 될 수 있다.

이런 점을 감안하여, 본 연구에서는 간척의 직접적인 대상이 되는 갯벌에서 조개를 채취하며 생계를 유지해 온 새만금간척 지역 여성들의 구체적인 삶의 경험을 통해 새만금간척사업과 이로 인한 환경악화의 문제를 비판적으로 접근해 보고자 한다.

2) 여성과 환경을 엮는 여성주의 논의

본 연구 참여자들은 바다와 갯벌의 수산자원에 의존하여 생계를 유지해 온 간척지역의 여성들이다. 새만금간척개발과 환경악화에 대한 여성들의 경험을 이해하기 위해서는 새만금 지역 여성들이 살아온 구체적인 삶의 맥락에서 여성과 지역의 자연환경이 관계를 맺어온 경험과 의미화 과정을 살펴보는 것이 필요하다.

여성과 환경의 관계성에 대한 논의는 여성의 종속적 위치가 '태생적으로' 주어진 것이냐, '사회적으로' 구성된 것이냐에 대한 여성운동 내의 논란과 관련된다. 여성이 본래 자연과 연계가 강하다는 것은 그 때문에 어쩔 수 없이 종속적인 위치가 될 수밖에 없다는 주장의 근거가 되는 동시에, 억압에 저항하는 여성들의 투쟁에 힘을 제공해주는 원천이 되기도 했다(브라이도티 외, 1995). 이렇듯, 여성운동의 역사 속에서 '여성과 자연의 연관성'은 양가적인 입장으로 전개되어 온 것이 사실이다. 하지만 여성과 자연의 관계에 대한 기존 페미니즘의 논의는 '여성과 자연의 연관성'을 해체/강화, 부정/긍정하는 식의 이분법적 논의에 머무르고 있어 여성과 자연의 관계가 갖는 다중적인 의미를 설명하기에는 한계를 지니고 있다.[9) 그렇다면 '여성과 자연의 관계는 무엇인가?', '자연에 대한 지배와 여성에 대한 지배 사이에는 특별한 연

---

9) 김선미(1998), 「'재생산의 정치학'의 가능성 – 생태여성론을 중심으로」, 서강대 사회학과 석사 학위 논문 (미간행) 참조.

관성이 있는가?', '생태문제를 해결하는 데 여성들은 어떠한 역할을 담당해야 하는가? 와 같은 물음제기를 해 볼 수 있다 이러한 물음들은 에코페미니즘에 의해 본격화되었는데, 이는 현재의 생태위기 속에 내재된 인간과 자연, 인간과 인간, 그리고 여성과 남성간의 지배와 억압의 문제를 해결해나가기 위한 실천운동의 과정에서 제기되어왔다.

에코페미니즘은 자연이 인간에 의해 지배당하는 것과 여성이 남성에 의해 지배당하는 것 사이에 상관성이 있음에 주목하고, 이 상관성의 근거가 되는 다름(차이와 차별)이 여성들로 하여금 생태위기에 저항케 하고 나아가 새로운 해결방안을 창출케 한다고 주장한다(문순홍, 2001). 서구 문명과 과학기술이 여성과 자연을 타자화하는 방식으로 이루어졌음을 비판하고 생태위기에 대한 해결책으로서 여성해방과 자연해방이 동시에 해결되어야 함을 주장하는 에코페미니즘은 "여성과 자연의 관계"를 둘러싸고 다양한 이론적 분화를 거쳐왔다.[10] 이러한 이론적 분화과정은 여성과

---

10) 에코페미니즘의 이론적 분화와 관련한 국내의 논의들을 참조하여, 본 논문은 에코페미니즘을 크게 본질주의적 경향, 문화구성적 경향, 그리고 유물론적 경향으로 구분하여 설명하고자 한다. 위에서 설명한 에코페미니즘의 세가지 입장은 다음의 연구들을 참조, 인용하였음을 밝힌다. 문순홍(1995), "생태여성론의 이론적 분화과정과 한국사회에의 적용", 「여성과 사회」제7호, 창작과 비평사; 문순홍(2001), 『한국의 여성환경운동 —그 역사, 주체 그리고 운동유형들』, 서울; 아르케, pp.31~38. ; 허라금(2002), "제3의 물결로서의 생태여성주의", 『녹색전망—21세기 환경사상과 생태정치』, 최병두 외 지음/(사)대구경북환경연구소·대구대 사회과학연구소 및 인문과학연구소 엮음, 서울: 도요새, pp.77~93. ;이윤숙(1999), "여성의 원리로 다시 짜는 세상", 「정정헌」, 성균관대 여학생교지 편집부: 김선미(1998), 「'재생산의 정치학'의 가능성 —생태여성해방론을 중심으

자연의 연관성의 토대는 무엇이고 여성해방과 자연해방을 동시에 추구할 수 있는 실천 전략에 대한 상이한 접근을 반영하고 있다. 우선 여성과 자연이 동일하다고 보는 본질주의적 경향의 에코페미니즘은 그러한 동일성의 토대를 여성의 월경, 임신, 출산과 같은 생물학적 특성에서 찾고 있다(Ortner, Daly, Griffin). 여성과 자연의 연관성을 여성의 생물학적이고 본질적인 특성에서 비롯된 것으로 파악하는 본질주의적 경향의 에코페미니즘에 반대하는 문화구성주의적 에코페미니즘은 여성과 자연의 억압이 위계적으로 이분화되고 지배적인 가부장제 문화에서 연유한 것으로 본다(Plumwood, Ruether, Starhawk, Christ). 하지만, 여성억압과 자연파괴간의 연관성을 생물학적 특성이나 사회문화적으로 구성된 것으로만 보는 것은 이 둘의 억압이 발생하게 된 물질적이고 역사적인 원인을 설명하지 못하게 한다.

이에 대해 유물론적 경향의 에코페미니스트들은 여성과 자연의 지배는 위계적인 이원론과 도구주의라는 이데올로기만이 아니라 구체적인 물적 토대를 갖는다고 주장한다(Mies, Shiva, Merchant, Mellor, Agarwal). 이러한 입장을 가진 멜러(Mellor, 1995)는 착근(Embeddedness)과 육화(Embodiment)의 개념으로 여성과 환경의 연관성에 대한 유물론적 접근을 시도한다. 그는 '몸'을 가

로」, 서강대 석사학위논문; 전우경(1996), 「생태여성주의에 대한 일 연구 - 가부장적 이원론에 대한 비판과 대안을 중심으로」, 이대 석사학위논문 등을 참조함.

진 존재로서 인간은 성별 불평등하게 육화된다는 점에 주목하여 현 가부장적 자본주의 사회에서 성/성별(sex/gender)노동분업과 재생산 영역 속의 여성경험을 중요한 출발점으로 본다. 여기서 육화란 성/성별분업 체계에 따른 생물·문화적이고 경험의 주체로서 여성의 실제 삶(브라이도티 외, 1995)으로, 이제까지 여성들은 인간의 육화와 관련하여 생명출산과 보살핌 노동은 물론 일상적 생계유지를 위한 생산활동을 담당해왔다. 특히, 가족과 마을공동체의 생존을 위해 지역의 자연환경과 살아있는 관계를 유지해 온 제3세계 여성들의 육화된 경험은 생존의 생물문화적이고 생태적인 측면을 동시에 검토해 볼 수 있도록 한다. 제3세계 여성들에게 있어 생계활동의 목적은 '삶/생존' 그 자체이며, 자신들의 물질적·문화적 삶터인 지역의 자연환경을 가꾸고 보살핌으로써 이들의 삶은 지속될 수 있기 때문이다. 따라서, '특정 시공간 속에 뿌리내린 여성의 육화된 삶의 경험'이라는 멜러의 유물론적 접근과 제3세계 여성들의 생존현실이 보여주는 생태－문화의 전일적 관점은 여성과 환경의 관계성을 접근하는 데 유용한 통찰력을 제공해준다. 이러한 접근은 여성과 환경의 관계성이 여성의 생물학적이고 본질적인 특성이라는 것을 거부하고 현 가부장적 자본주의 사회 속에서 이제까지 무시당하고 가치절하되어 온 여성성·여성적 원리[11]에 긍정성을 부여하는 한편, 생존의 진정한

---

11) 여성성과 여성적 원리는 여성이 몸으로 살아낸 삶의 경험에서 체득한 보살핌, 배려, 공생, 탈중앙집중, 비폭력, 연대, 상호연관성, 생명에 대한 책임 등의 가치와 윤리라 할 수 있다(미즈, 1996 참조).

의미와 가치[12]를 회복하는 데 도움을 줄 수 있을 것이다.

다른 한편, 정체성과 차이, 지역적이고 억압된 지식을 강조하는 포스트모던 이론가들은 여성과 환경의 관계성을 탐색하는 데 유용한 통찰력을 제공해준다. 이들은 여성과 환경의 관계는 여성들의 계급, 인종, 민족, 성적 선호에 따라 다를 것이라는 이론적 체계를 확립해 주는 한편, 지역에 기반한 구체적인 여성들의 경험과 자신들의 삶, 필요, 지향에 대한 여성들의 의미화 과정에 주목한다. 또한, 모든 지식은 상황지워지고 육화되며 부분적인 것이라는 하러웨이의 '상황지워진 지식'에 대한 주장은 특정 장소 속에서 여성의 일상적 활동과 환경에 대한 지식을 고찰해 볼 것을 제안한다. 여성들의 자연에 관한 지식과 이해는 그들의 구체적이고 상황지워진(situated) 경험에서 나오기 때문이다. 이러한 여성들의 지식 혹은 억압된 지식들은 지배적인 관점과는 다르며 이에 도전할 수 있는 자원이 될 수 있다. 따라서 에코페미니즘과 WED 접근이 갖는 보편주의[13]를 비판하는 포스트모던 이론가들은 개발의 결과에 대해 "지역적"이고 "특정 사안"에 따른 접근을

---

12) 유한한 지구에서 몸을 가진 존재로서 인간은 자연의 생태적 한계를 인정하고 자연과 연결되어 있음을 깨닫는 한편, 여성과 자급자족 노동 및 생명을 위한 책임을 함께 나누는 삶의 방식과 윤리의 회복을 필요로 한다(미즈, 1996 참조).

13) 포스트모던 페미니스트들은 에코페미니즘과 WED(Women and Environment, Development) 논의가 '여성'으로만 협소하게 접근되는 것을 비판해왔다. 차이와 정체성을 강조하는 그들의 관점에서 보면, 여성을 단일한 범주로 보는 것은 여성의 경험을 왜곡시킬 수 있으며, 남성을 비가시화함으로써 환경과 인간의 관계를 보지 못하게 할 수 있기 때문이다.

선호하며, 특정 장소와 지역성 속에 파악된 자연과 여성의 관계에 그 초점을 두고 있다고 할 수 있다.

이상에서 살펴본 '여성과 환경의 관계성(친화성)'에 대한 이론적 통찰력에 기반하여, 본 연구는 여성과 환경이 관계 맺는 방식과 이에 터한 개발과 환경악화에 대한 여성들의 저항이 갖는 함의를 현재 간척개발이 추진되고 있는 새만금 지역 여성들의 지역화되고(embedded) 육화된(embodied) 삶의 경험과 그 의미화 과정을 중심으로 살펴보고자 한다. 이를 위해, 본 논문에서는 여성 생애사적 흐름 속에 새만금 지역을 맥락화하는 한편, 여성 삶과 자연환경이 관계를 맺어가는 과정을 여성 삶의 연대기적 단계마다 여성들의 지역화된 삶의 내용은 무엇이고, 이러한 삶의 변화 속에서 여성들은 자신의 역할과 자연환경의 의미/가치를 어떻게 변화시켜 나가는지에 주목하여 접근해볼 것이다. 아울러 개발과정에서 주변화된 경험과 그에 저항하는 투쟁의 과정을 통해 개발과 환경악화에 대한 여성적 관점이 형성될 수 있다는 점을 감안하여, 자연환경과 관계를 맺어온 여성들의 경험은 어떠한 조건과 과정을 거쳐 구체적인 저항으로 연결되는지를 알아보고자 한다. 본 연구의 흐름을 그림으로 도식화해 보면 다음과 같다.

<그림 1> 새만금 지역 여성삶과 갯벌의 관계성 접근을 위한 연구 흐름

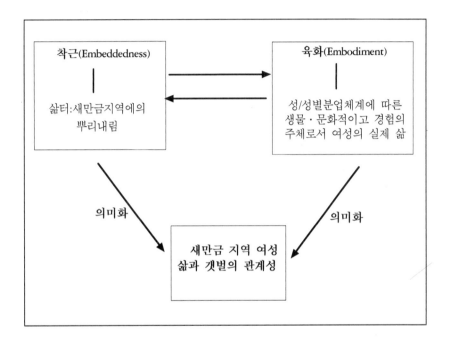

3. 연구방법 및 연구과정

1) 연구방법 : 페미니스트 현지조사와 여성구술생애사

본 연구를 위한 연구방법은 페미니스트 현지조사와 여성 생애사, 그리고 참여관찰이다. 페미니스트 현지조사(Feminist Ethnography)는 연구자가 이해하고자 하는 사회 현실에 직접 참여, 경험함으로써 사회적 지식을 생산하는 연구자의 적극적 개입이 전제된다. 이는 관찰, 참여, 심층면접, 문헌분석을 포함하며 각 방법들의 장·단점을 결합·보완하는 다중적 방법(Multimethod)의 연구이다(Reinhartz, 1991). 이러한 방법은 개발 지역의 환경에 적응하며 살아왔던 여성들의 삶의 경험을 통해, 개발이 해당 지역의 여성과 환경에 어떠한 영향을 미치는지를 살펴보고자 하는 본 연구에 적합하다. 이 연구에서 주목하는 것은 "새만금 지역"과 "여성의 삶"이다. 이를 위해, 본 연구에서는 여성들의 생애사적 관점에서 지역을 파악하고자 하였다. 이것은 새만금간척지역에서 살아왔던 여성들의 삶 속에 지역을 맥락화(Contextualized)하려는 것임과 동시에, 지역 속에 여성들은 어떤 위치에 있는지를 파악하기 위한 것이다. 또한, 여성들의 과거와 현재로 이어지는 시간의 흐름 속에 새만금 지역이 어떻게 변화되어 왔는지를 살펴보고, 이러한 지역의 변화과정과 여성의 삶이 어떠한 관련이 있는지를 검토하기 위함이다.

새만금간척사업은 바다를 막아 갯벌을 매립하여 농지를 만들어내는 사업으로, 이에 따른 직접적인 피해를 받는 지역은 어촌지역이다. 어촌지역 주민들은 간척으로 인해 자신들의 생존의 기반이었던 바다와 갯벌이 파괴되는 문제에 직접적인 이해를 가지고 대응하게 된다. 그런 측면에서, 본 연구를 위한 자료 수집을 위해 새만금 지역 중에서도 한 '해안(어촌)'마을을 선정하여 현지조사(fieldwork)를 하였다. 현지조사는 주로 마을의 생태적 조건, 생계양식, 주민구성, 마을별 특성 및 주민들의 기질, 마을 공동체의 공식·비공식적 모임, 의례와 문화 그리고 마을 역사 등을 중심으로 조사하였다. 이제까지 새만금 지역에 관한 연구들에서 여성들의 경험이 비가시화되거나 단편적으로 접근되어 온 것은 연구자들이 대부분 남성(마을 이장 혹은 지역유지)을 통해 지역에 대한 정보나 자료를 수집해 온 것과 무관하지 않다. 왜냐하면 이렇게 조사된 자료들과 정보는 "남성의 경험과 해석에 의한" 지역의 역사이고 정보이기 때문이다. 따라서 지역을 누구의 경험에서 접근할 것이냐의 문제는 연구의 내용과 그렇게 생산된 지식이 사회적으로 어떠한 영향을 주는가와 직접적으로 연결된다. 새만금간척 사업의 연구나 논쟁 속에 비가시화 됐던 여성들의 경험을 드러내기 위해 본 연구는 현지에 대한 정보나 자료는 되도록 마을 여성 노인들의 생애사를 중심으로 수집하는 한편, 마을 이장/유지들과의 인터뷰 그리고 공식적 자료도 병행하여 조사하였다.

새만금간척사업은 현재적 의미만을 지닌 사건에 그치지 않는다. 오히려, 그것은 지역주민들의 과거, 현재, 그리고 미래의 삶이라는 시간의 연결 고리 속에서 접근되어야 할 문제이다. 새만금 지역 주민들에게 있어, 새만금 지역은 자신들의 삶이 구체적으로 영위되던 생계/생존의 장소이기 때문이다. 이런 측면에서 여성의 구술 생애사는 새만금 지역 여성들의 과거, 현재, 미래로 이어지는 삶 속에서 현재의 새만금간척사업에 대한 여성들의 주관적 경험을 이해할 수 있을 뿐만 아니라, 여성들의 삶 속에서 그것의 물질적 토대인 자연환경에 대한 여성들의 의미화 과정을 살펴보는 데 적합하다. 게다가, 생애사 방법은 개발에서 비가시화 되었던 여성들에게 의사소통의 기회를 제공하고 여성들의 경험을 통해 개발을 다시 봄으로써 여성과 환경, 그리고 개발에 관한 새로운 자료를 발굴해 낼 수 있다는 의의가 있다.

2) 연구과정

(1) 현지조사지

본 연구의 자료 수집을 위해, 새만금 사업 지구 내의 한 마을을 선정하여 4차례 현지조사(fieldwork)를 하였다.14) 2001년 4월의 2차례에 걸쳐 실시한 사전 현지조사 때는 1−2일정도 마을에 머물면서 지역 새만금 반대운동 조직인 '새만금 사업을 반대하는 부안사람들(이하, '부안사람들')로부터 소개받은 마을 주민들을 주로 인터뷰했다. 이후, 본격적인 연구를 위한 자료를 수집하기 위해 내려간 2번의 현지조사 때는 장기간 마을에 체류하면서 구체적인 마을 조사 및 참여관찰을 하였다.

본 연구는 새만금 사업지구 내에서도 전라북도 부안에 위치한 한 '해안'마을을 연구 대상지로 정하였다. 그 마을의 이름을 '그레15)'라 부를 것이다. 현재 '그레'마을은 5개의 자연마을과 68년

---

14) 본 연구의 현지조사는 2001년 4월부터 2002년 12월까지 이루어졌다.

15) 본 연구에서는 원래의 마을 이름 대신 '그레'라는 가명을 쓰고자 한다. '그레'는 새만금 지역의 여성들이 갯벌에 나가 백합(생합)을 캘 때 사용하는 도구이다. 현지에서는 '그레' 혹은 '그랭이'로 불리운다. 갯벌에서 이루어지는 여성들의 노동과정에서 '그레'는 여성과 갯벌을 매개해주는 역할을 담당할 뿐만 아니라 여성들의 갯벌에 대한 체화된 지식과 관리체계 그리고 생산성과 밀접한 관

간척공사로 새로 생겨난 4개의 마을이 '그레'라는 이름으로 하나의 '리' 단위로 묶여 있다. 본 연구는 '그레'라는 리 단위의 전체 마을을 대상으로 한다.

해안마을을 연구 대상지로 선정한 것은 바다와 갯벌의 수산자원에 의존하여 어업을 주요 생계양식으로 살아가는 해안마을이 새만금간척사업으로 더 직접적인 피해를 받기 때문이다. 해안마을 중에서도 '그레'마을을 선택한 이유는 다음과 같다.

첫째, '그레'마을은 마을의 삼면이 바다로 둘러싸여 있고 마을 주변에 드넓은 갯벌을 가지고 있어 마을 주민들 대다수는 어업을 주요 생계양식으로 살아왔다. 이러한 마을의 생태적 조건에 따라 '그레'마을에서는 고기잡이와 조개채취가 모두 이루어지고 있는데 남성들은 주로 고기를 잡고 여성들은 갯벌에서 조개를 채취하며 생활한다. 마을의 생태체계와 생계양식의 결합이 성별분업에 의해 이루어지고 있다는 점은 '그레'마을 여성과 남성이 자연환경(바다와 갯벌)과 관계를 맺어온 과정은 물론, 새만금간척사업과 이로 인한 환경악화가 여성과 남성의 삶에 미치는 영향을 비교해 볼 수 있는 맥락을 제공해준다.

둘째, '그레'마을은 1968년 간척공사에 이어 현재의 새만금간척사업으로 두 번의 간척을 겪고 있는 지역이다. '68 간척공사로 '그레'마을은 섬에서 육지가 되었으며, 섬진강 수계의 칠보댐 건설로 수몰된 사람들에게 정착지로 제공되었다. 이 결과, '그레'마을은 원주민과 이주민들

───────────────

련성을 갖는다. 특히, '그레'는 여성들이 갯벌에서 조개를 캘 때 사용하는 또 다른 도구인 '갈쿠리'에 비해 갯벌 생태계에 영향을 덜 미친다고 한다. 본 연구에서 연구자는 조사 마을이 어디인지를 짐작할 수 있는 모든 정보들에 대해 가명을 사용하거나 무기명으로 기재하였다.

이 함께 살게 되었다. 원주민들은 이 간척공사로 자신들의 삶의 터전인 갯벌이 간척농지가 되었으나 아무런 보상을 받지 못했던 것과는 대조적으로 간척지 논 2필지(15마지기)와 주택을 제공받았던 이주민들에 대해 박탈감과 피해의식을 느끼고 있다. 다른 한편, 생계양식에 있어서도 원주민들은 주로 어업에 종사해왔고 이주민들은 농업을 주요 생계양식으로 살아왔다. 이러한 생계양식의 차이는 새만금간척사업을 둘러싸고 이주민들은 찬성하는 입장으로, 원주민들은 반대입장으로 각각 양분·대립하는 양상으로 나타났다. 이렇듯, '그레'마을 주민들은 과거 간척으로 인한 자연환경의 변화와 피해를 감수하며 삶을 적응해왔다는 점에서 현재의 새만금간척사업을 비판적으로 바라볼 수 있는 위치에 있다고 볼 수 있다. 뿐만 아니라, 과거 간척으로 파생된 마을 내부의 다양한 차이는 새만금간척사업에 대한 마을 주민들의 상이한 입장이 형성되는 요인을 살펴볼 수 있도록 해준다.

셋째, '그레'마을은 지역 풀뿌리반대운동 조직인 '새만금사업을 반대하는 부안사람들'(이하, 부안사람들)이 활발한 활동을 전개하고 있는 지역이다. 2001년 12월에 '부안사람들'은 '그레'마을로 사무실을 이주하여 현재까지 새만금반대주민운동을 적극적으로 펼쳐오고 있다. 이 결과, '그레'마을은 새만금 사업 지구 내에서도 새만금 반대운동의 지역 거점으로 부각되었으며, 새만금사업을 반대하는 다양한 집단들과의 접촉은 마을 주민들의 새만금 사업에 대한 태도 형성에 주요한 영향을 주고 있다. 특히, '그레'마을은 지역새만금반대운동에 여성들의 참여가 두드러진 곳이다. 최근 들어, 지역 새만금반대운동에 남성들의 참여가 저조한 반면, 여성들은 더 적극성을 보이고 있다. 이는 새만금간척사업과 이로 인한 환경악화에 대한 태도와 저항의 성별성을 밝히는 데 유용하다.

(2) 현지조사과정 : 연구자의 정치적 입장과 객관성에 관한 성찰
연구자가 새만금 지역에 처음으로 내려간 것은 2001년 4월말

이었다. 이것은 환경잡지에 기고할 글을 쓰기 위해 여성들을 만나 인터뷰하기 위한 것이었다.[16] 새만금 지역에 아무런 연고가 없던 연구자는 지역의 새만금 반대운동단체인 '새만금 사업을 반대하는 부안사람들(이하, 부안사람들)'의 활동가에게 도움을 받게 되었다. 지역반대운동단체를 통한 현지 주민들과의 만남은 본 연구의 현지조사 과정이 지역내 새만금 사업에 대한 태도가 변화되어가는 과정과 맞물려 진행될 수밖에 없는 조건이 되었다. 이것은 현지조사 내내, 연구자에게 끊임없는 긴장과 갈등을 불러일으켰으며 연구 참여자의 새만금 사업에 대한 태도에 따라 연구자의 입장과 질문의 내용, 방식을 달리하는 전략을 구사하도록 하였다. 현지의 상황과 참여자들의 지역내 위치 및 새만금 사업에 대한 태도에 따라 연구자가 선택한 전략들은 연구자의 정치적 입장과 연구의 객관성을 위해 연구자 스스로가 어떠한 위치에 서야 하는가에 대한 성찰적(reflexive) 과정 그 자체였다.

현지조사 초기(1~2차)에, 연구자는 '부안 사람들'을 통해 '그레' 마을의 여성과 남성들을 만나 인터뷰하였다. 이들 대부분은 '부안사람들'과 관련이 있는 사람들로, '부안사람들' 소개로 왔다는 연구자를 경계하지는 않았으나, 이미 이들에게 연구자는 새만금 반대운동과 관련이 있는 사람으로 인식되기에 충분했다. 이런 이

---

16) 2001년에 2차례에 걸쳐 실시된 현지조사는 연구자가 환경잡지에 쓸 원고를 위한 조사였다. 하지만 본 연구가 출발하게 된 가장 직접적인 동기이자, 자료로서 그 의미가 있다는 점에서 본 연구의 현지조사 과정 중 하나로 보고자 한다.

유에서 연구자는 인터뷰 참여자들에게 '새만금 여성들이 살아온 이야기를 듣기 위해 찾아온 학생'으로 본인을 소개하였다. 이것은 연구자가 현지조사를 하는 목적과 연구자의 위치를 설명한 것이기도 하지만, 마을 주민들 대부분이 새만금 사업에 찬성하는 당시의 새만금 사업에 대한 마을 분위기를 의식한 것이기도 하다. 연구자는 마을 주민들을 만나 이야기를 할 때, 새만금간척사업에 대해 먼저 질문하기보다는 새만금 지역에서 어떻게 살아왔는가에 더 초점을 맞춰 이야기를 풀어 나갔다. 인터뷰 도중에, 연구 참여자가 새만금 사업에 대한 입장을 드러내는 부분이 나오면 새만금간척 사업을 어떻게 생각하느냐며 자연스럽게 새만금간척과 관련된 질문들로 이어갔다. 다른 한편, 연구자는 새만금 지역 주민들과의 인터뷰하는 과정을 통해, 새만금간척사업의 논쟁에서 현지 주민들의 삶의 경험이 무엇보다 중요함을 강조하고자 하였다. 연구 참여자 대부분이 자신들의 살아온 이야기를 들려 달라는 연구자의 요청에 의아해하거나 '내 살아온 것이 뭐 중요하다고', '학생 공부하는 데 뭔 도움이 된다고' 하는 식의 말로 자신들의 경험을 사소한 것으로 여기는 경향을 보였다(여성들 대부분이 그랬다). 하지만, 새만금간척사업 그 자체보다 자신들의 삶의 경험에 더 관심을 가지고 배우려는 "학생"인 연구자와 인터뷰를 하면서, 연구 참여자 스스로가 자신들의 경험의 가치를 알아가는 모습을 보였다. 이것은 본 연구에 중요한 내용임과 동시에, 연구자가 새만금 문제를 접근하는 데 많은 도움이 되었다. 1−3차 현지조사 때까지 연구자의 포지션은 "학생"−비교적 정치적이지 않게 비춰지는 의미—으로 마을 주민들에게 인식되었다. 이렇게 연구자를 바라보는 마을 여성들은 '객지까지 와서 공부하느라 욕본다(힘들겠다)'며 식사와 잠자리를 챙겨 주었고, 연구자를 자신들의 '딸', '손녀'와 동일시하는 태도를 보였다.

3차 현지조사(2002년 1월 19일~30일) 때, 마을 분위기는 1.2차와는 상당히 달랐다. 2002년 들어서, 마을내 새만금 사업에 대한 태도가 "반대"입장으로 변화한 것이다. 이런 변화는 새만금 방조제 공사가 진행되면서 갯벌과 바다의 생태계가 변해가고 어획량이 급격히 감소함에 따라 마을 주민들이 생계의 위협을 체감하기 시작한 데서 비롯되었다고 볼 수 있다. 거기에, '부안사람들'사무실이 그레마을로 이전해 오면서 시화호 탐방이나 문화행사와 같은 새만금 반대운동이 마을 주민들에게 영향을 준 것이기도 하다. 새만금 사업에 대한 마을 주민들의 태도변화는 본 연구의 현지조사에 활력을 불어넣었다. 3차 현지조사 때는 '부안사람들'과 사전 현지조사 때 안면을 익힌 마을 주민(여성)들이 알려준 정보를 가지고 연구자가 직접 여성들을 찾아 인터뷰했다. 또한 갯벌이나 포구, 마을회관 그리고 모정 등을 돌아다니며 여성들과 이야기를 나눴다. 다른 한편, 본 연구를 위해 연구자는 '그레'마을에 머물면서 마을 여성들과 라포(rapport)를 형성하는 한편, 여성들의 일상생활(가정과 마을 공동체)과 갯벌에서의 노동과정, 그리고 새만금 반대운동 속의 여성들의 모습을 관찰하였다. 연구자는 '부안사람들'의 조직국장으로 활동하고 있는 '그레'마을 주민의 집을 숙소로 정하게 되었다. 연구자는 그의 아내와 무척 친하게 지냈는데 그녀는 현지조사 과정에 중요한 정보제공자로 연구자에게 많은 도움을 줬다. 연구자는 그녀가 생활하는 모습을 통해, 여성들의 가정생활과 마을 공동체 내의 생활을 간접적으로 경험할 수 있었으며, 그녀와 함께 갯벌에 나가 생합(백합조개)을 채취해 보기도 하였다. '그레'마을 여성들은 경운기와 선외기(모터가 달린 소형배)를 타고 갯벌에 나가는데 연구자는 주로 경운기를 타고 갯벌로 나가 여성들과 함께 생합을 채취하거나 이들의 채취과정을 관찰하였다. 여성들의 생합 채취에서 연구자가 주목한 것은 여성들의 갯벌 생태계에 대한 지식과 도구(그레)의 사용법 및 기능, 기술 등이었으며, 여성들의 생합 채취과정이 갯벌 생태계에 미치는 영향을 중심으로 관찰하였다. 연구자는 물때에 맞춰 3차례(새벽 물때, 밤 물때, 낮 물때)에 걸쳐 갯일을 직접 해 보았다.

현지조사와는 별도로, 연구자는 지역 새만금 반대운동의 흐름을 파악하고 지역반대운동 속에서 여성들의 참여 방식과 역할은 물론 지역반대운동 조직이 이러한 여성들의 참여를 어떻게 평가하고 의미화하는지를 살펴보기 위해 새만금 방조제 공사를 저지하기 위한 주민집회(3차례), 종교단체의 집회(2차례), 주말농성(3차례), 마을 주민들의 시화호 탐방(1차례) 등과 같은 집회와 행사가 있을 때마다 직접 현지에 내려가 참여관찰을 하였다.

4차 현지조사(2002년 5월 23일~6월 20일)는 연구자의 포지션에 대한 갈등과 혼돈, 그리고 변화의 과정이었다. 연구자는 3차 때의 연구 참여자들에 대한 심층 인터뷰를 위해 '그레'마을에 내려갔다. 하지만 당시, 현지의 상황은 새만금 방조제 공사를 위해 인근 해창석산에서 토석을 채취해 가는 것에 반대하는 농성이 진행되고 있었다. 해창산 농성은 '부안사람들'의 활동가와 환경단체에서 활동하는 사람들을 중심으로 이루어지고 있었다. 여기에 마을 주민들, 특히 여성들이 적극적으로 참여하고 있었다. 농성 초기, 연구자는 하루에 한번 정도로 농성장에 찾아가 그날 그날의 상황에 대한 이야기를 듣고 마을로 내려와 여성들을 만나 인터뷰했다. 이때는 주로 여성들이 언제 왔으며, 와서 어떤 일들이 있었는지에 대한 관심이 대부분이었다. 3차 현지조사를 하고 기술지를 분석하는 내내, 연구자는 현지의 반대운동 조직('부안사람들')과 연구 참여자들에게 너무나 감정이입이 된 자신을 발견하게 되었다. 이는 연구의 객관성에 대한 고민으로 이어졌고 거리두기의 필요성을 절감하는 계기였다. 이런 이유에서, 4차 현지조사 때는 되도록 부안사람들/ 반대운동에 적극적으로 참여하는 여성들과 어느정도 거리를 두려고 노력하였다. 그러나, 이러한 연구자의 의도와는 상관없이 여성들과 인터뷰하기 위해 마을을 배회하는 연구자에게 마을 여성들은 '왜, 해창산 농성장에 있지 않고 여기[마을]에 있느냐'며 의아해 했다. 심지어, 한 여성은 해창산 농성의 상황을 연구자에게 물어보며 '우리땜에 고생한다'는 말까지 하였다. 연구자는 당혹감과 함께, 죄스러움까지 느끼게 되었다. 이미 이들은 연구자를 새만금을 반대하는 "운동가"로 여기고 있었던 것이다. 그럼에도 연구자는 마을 여성들을 찾아 배회하는 일을 멈추지 않았다. 그런데 갈수록 마을에서 여성들을 만나기가 힘들어졌다. 현지의 상황과는 무관하게 연구자의 목적/의도대로 연구를 수행하려는 연구자의 입장은 마을과 농성장 모두에서 미묘한 긴장과 갈등을 불러 일으켰으며, 연구자는 이방인처럼 여겨졌다.

4차 현지조사 중반쯤, 연구자의 입장은 서서히 변화되기 시작했다. 농성으로 중단됐던 공사를 다시 시작하려는 시공업체와 새만금 사업단에 맞서 해창산을 지켜내기 위해 싸우는 농성단원들, 그리고 온몸으로 저항하는 마을 여성들의 모습에서 자극을 받은 연구자는 그때부터 본격적으로 농성에 참여하게 된 것이다. 싸움은 더 빈번해졌고 그럴수록 여성들은 생합 잡는 일도 포기한 채 매일같이 농성장으로 올라왔다. 싸움이 점점 격렬한 상황으로 치달으면서, 시공업체와 새만금 사업단 측에서는 농성단원들과 주민들을 업무 방해죄로 고소·고발하는 사태까지 빚어졌다. 마을 여성들은 포크레인과 덤프트럭 앞에 드러눕거나 진입로 한 가운데 앉아 채취한 토석을 옮겨가지 못하게 하였다. 연구자도 이 여성들과 함께 했다. 그러던 중, 연구자는 부안 경찰서에 연행되었다. 시공업체가 농성하던 사람들을 업무방해죄로 고소를 했기 때문이다. 연구자 역시 업무방해죄로 고소를 당했고 경찰서에서 2시간동안 조사를 받아야만 했다.

경찰서에서 조사를 받는 과정은 연구자로 하여금, 자신의 위치를 점검하는 계기가 되었으며 연구자의 정치적 입장을 어떻게 잡아가야 하는가를 성찰하는 과정이었다. '왜 공사를 방해했느냐'라는 형사의 질문에 연구자는 "나는 새만금간척사업이 새만금 여성들의 삶에 어떠한 영향을 주는지를 살펴보기 위해 내려온 연구자다. 이 여성들이 자신들의 생존을 지키기 위한 이 싸움 역시 이들의 삶의 과정이고 현재의 모습이다. 그렇기 때문에 나는 이 여성들의 생존 투쟁에 함께 하는 것이고 이것은 연구자가 연구 참여자인 여성들을 이해하기 위한 하나의 방법이다. 또한, 난 이 여성들의 입장에서 새만금간척사업을 반대하는 사람이기도 하다. 이 여성들에게 새만금 갯벌은 자신들의 생존의 기반이자, 자립의 기반이었다. 이러한 갯벌이 새만금간척사업으로 파괴되는 것에 이들은 저항하는 것이고, 여성들의 경험과 관점에서 나는 이들과 함께 새만금 갯벌을 지키는 일에 적극적으로 참여한 것일 뿐이다."

　일련의 과정들을 통해, 연구자는 이 여성들의 투쟁 모습과 갯벌을 향한 절박한 마음에 감동을 받았고 이 여성들의 변화과정과 함께 연구자의 정치적 입장 역시 변화되기 시작했다. 이 결과, 연구자는 여성들의 저항에 온전한 성원으로서 자리매김을 할 수 있었을 뿐만 아니라, 여성들과의 깊은 신뢰와 연대를 가능케 했다. 연구자가 농성에 적극적으로 참여함으로써 농성과정에서 보여지는 이 여성들의 미묘한 긴장과 갈등, 두려움 그리고 무엇보다도 자신들을 새롭게 정체화하는 힘겨운 변화 과정들을 가장 가까이에서 살펴볼 수 있는 조건을 마련하게 된 셈이다. 이는 여성들과 연구자가 함께 이야기를 나누는 것을 통해 확인할 수 있었다. 여성들과의 인터뷰는 자신들의 저항 경험이 현재의 농성에 얼마나 중요한 것인지, 그리고 이러한 경험이 여성들 스스로에게 어떠한 의미인지를 되돌아보게 하는 것을 목적으로 진행되었다. 농성과정을 거치면서, 농성에 참여한 여성들은 자신을 새만금 반대운동 하는 사람으로 정체화(identified)하기 시작했다. 이러한 여성들의 정체성 변화는 여성 스스로가 이제까지의 소극적 참여에서 새만금 반대운동의 적극적 '주체'로 자신을 위치지운다(positioning)는 점에서 중요한 의미가 있다. 여성들의 적극적인 저항은 연구자는 물론, 농성단원과 새만금 반대운동에 참여했던 사람들의 인식을 바꾸기에 충분했다. 여성들의 적극적인 저항과 농성단원들에 대한 보살핌(caring)은 농성을 지탱하는 원동력이었음에 대한 인식이 바로 그것이었다.

페미니스트 연구에 있어, 연구자는 '내부의 이방인'(outsider within)으로서 위치를 견지해야 한다. 연구자는 연구 참여자인 여성들의 삶의 본질을 올바로 밝혀 내기 위해 그들의 삶의 내부와 외부의 모든 관계들과 경험들에 주목해야 하며 경계를 오가며 성찰적으로 접근하는 것이 필요하다. 이러한 방법은 단지 여성의 삶의 편린들만을 수집하는 것이 아닌, 그들의 전반적인 삶의 경험을 연구자의 해석과 분석에 의해 드러내 보이기 위해 '내부로부터의 이해 방식'을 선호하며 각 삶의 단계마다 보여지는 관계들의 연결을 추적하는 것(최희경, 1992 : 63)을 강조하는 것이다. 페미니스트 연구 과정은 연구자와 연구 참여자간의 역동적 만남, 연구자 자신의 삶의 경험에 대한 개방과 성찰, 연구자가 자신에 대해 알아가는 과정, 더 나아가 연구자 자기 자신을 끊임없이 변화시켜 나가는 과정이라 할 수 있다(조순경, 1992: 88). 이런 맥락에서, 본 연구의 객관성은 연구자 스스로가 자신의 편견과 목적에 의해 함부로 여성들의 삶의 경험을 재단하거나 무시하는 것이 아닌, 이들의 경험과 사회적 구조가 어떻게 맞물려지는가를 밝히는 연구자의 성찰적 분석과 해석을 통해 확보될 수 있을 것이다.

4. 연구참여자의 특성

본 연구의 연구 참여자는 맨손어업을 하고 있는 40~70대 기혼 여성들이다. 맨손어업은 본 현지 조사지인 '그레'마을 여성들이 조개를 캐는 어업형태로, 여성의 삶과 갯벌이 어떠한 연관성을 맺는지, 그리고 갯벌을 메워 농지를 만드는 새만금간척사업이 여성들의 삶에 어떠한 영향을 주는가를 알아보기 위해 주로 맨손어업에 종사하는 여성들을 인터뷰하였다. 그리고 40~70대라는 연령은 맨손어업 경력과 그레마을 거주 년 수에 따른 차이를 보기 위한 것이며, 마을 공동체에서 여성들의 생산과 재생산 모두를 살펴보기 위해 미혼이 아닌 기혼 여성들을 선택하게 되었다. (맨손어업에 종사하는 여성들 대부분은 기혼 여성들이다.) 또한, 그레마을 여성들이 새만금간척사업 / 지역 반대운동에 다양한 입장과 이해를 갖는다는 점에서, 연구 참여자를 거주부락, 보상유무, 생업형태 (어업, 어업/농업 겸업, 농업), 지역반대운동의 참여 여부, 새만금 사업에 대한 태도(찬성/반대)에 따라 나누어 인터뷰를 진행하였다.

다른 한편, 그레마을 내 여성과 남성의 일/역할, 자연과의 관계 맺는 방식, 새만금사업에 대한 태도 등을 비교해 보기 위해 그레마을 남성들을 인터뷰했다. 그리고 지역의 새만금 반대운동 조직이 여성들의 반대운동 참여를 어떻게 바라보고 의미화하는지를 살펴보기 위해 지역 새만금 반대운동 조직의 활동가를 만났다.

<표-1> 연구참여자의 일반적인 특성

사 례	연령	생업형태 (*)	거주마을	결혼상태 (**)	보상여부 (***)	비 고
사례1	48	맨손어업 (20)	수성 (원주민)	기혼 (남편,자녀2)	보상(×)	시화호탐방, 새만금 반대운동 적극결합.
사례2	57	맨손어업 (10)	하리 (원주민)	여성가장 (사별,자녀7)	보상(×)	시화호탐방, 김양식장 보상소송중, 새만금 반대운동 적극결합.
사례3	66	맨손어업 (40)	상리 (원주민)	기혼 (사별,자녀4)	보상(○) (1039만원)	새만금반대운동 결합도↓
사례4	67	맨손어업 (47)	상리 (원주민)	기혼 (사별,자녀5)	보상(○) (1039만원)	새만금반대운동 참여도↓
사례5	36	맨손어업 (4)	3리 (이주민)	기혼 (남편,자녀2)	보상(×)	남편과 시아버지만 보상받음, 시화호탐방, 새만금 반대운동 참여도↑, 부안사람들 회원.
사례6	71	맨손어업 (10)	4리 (이주민)	기혼 (사별,자녀4)	보상(○) (1039만원)	부안사람들 회원, 시화호탐방, 새만금 반대운동 참여도↑.
사례7	54	맨손어업 (10)	4리 (이주민)	여성가장 (사별,자녀4)	보상(○) (1039만원)	부안사람들 회원, 시화호탐방(2번), 새만금 반대운동 참여도↑
사례8	69	맨손어업 (20)	수성 (이주민)	기혼 (사별,자녀3)	보상(○) (1039만원)	시화호 탐방, 새만금 반대운동 참여도↑
사례9	49	맨손어업 (36)	수성 (원주민)	기혼 (사별,자녀5)	보상(×) (남편○)	시화호 탐방, 새만금 반대운동 참여도↑

*맨손어업 경력 년(年)수 **가족사항 ***보상금 액수

사례10	69	맨손어업 (50)	3리 (원주민)	기혼 (사별,자녀6)	보상(○) (800만원)	반대운동 참여 도↓, 김양식으 로 빚을 많이 짐→생합캐서 빚을 다 갚음.
사례11	54	농업/어업 (20)	4리 (이주민)	기혼 (남편,자녀4)	보상(○) (830만원)	반대운동 참여 도↓, 시화호 탐 방, 논42마지기, 농업에 더 강한 애착(새만금 찬 성입장), 남편 (1039만원 보상 받음)
사례12	81	어선어업 →맨손어 업, 현재 는 갯일×	하리 (원주민)	기혼 (사별,자녀6)	보상(×)	반대운동 참여 도↑ (며느리와 남편 보상받음)
사례13	73	맨손어업(20)	중리 (이주민)	기혼 (사별,자녀1)	보상(×)	반대운동 참여 도↑, 시화호 탐방, 보상을 타기 위해 적극 적으로 준비함.
사례14	46	맨손어업(25) 밭농사 겸함.	하리 (원주민)	기혼 (남편,자녀3)	보상(○) (340만원)	반대운동 참여 도↑, 시화호 탐방, 김공장 보상소송중. 부 안사람들 회원.
사례15	67	농업	개양 (원주민)	기혼 (남편,자녀8)	보상(○) (830만원)	반대운동 참여 도↓, 시화호 탐방,
사례16	56	맨손어업(10)	개양 (원주민)	기혼 (남편,자녀3)	보상(○) (1039만원)	반대운동 참여 도↓, 작은 수 퍼운영.

<표-2> 보조면접자의 특성 1

사례	연령	생업형태	거주마을	결혼상태	보상여부	비고
A	72	농업/맨손어업	개양 (원주민)	기혼	보상(○) (830만원)	시화호 탐방, 전직:백합소매상, 지역 유지, 반대운동 참여도↓
B	59	농업/맨손어업	4리 (이주민)	기혼	보상(○) (1039만원)	시화호탐방, 하루소득:10-15만원, 반대운동참여도↓
C	50	어선어업→횟집 운영→소형어선 어업	3리 (원주민)	기혼	보상(○) (6300만원)	시화호 탐방, 반대운동 결합도↓, 전 선주협회 회장, 보상이 후 군산에서 횟집운영하다 실패, 다시 고향으로 돌아옴.
D	44	어선어업→상업	상리 (원주민)	기혼	보상(○) (6300만원 +340만원)	청년회 부회장, 현재 호프집운영 및 소형 선박 보유, 반대운동 참여도↑, 재보상 소송 준비중.
E	56	양식업/어선어업	하리 (원주민)	기혼	보상(○) (1억5천만 +340만원)	전직 이장 및 법인 어촌계 임원, 반대운동참여도↓, 당시 지방선거 활동을 함. 새만금찬성입장.
F	39	양식장 관리 →맨손어업(3)	4리 (원주민)	기혼	보상(○) (340만원)	경운기 협회 임원, 청년회와 부안사람들 회원, 시화호탐방, 새만금 반대운동 참여도↑.
G	36	맨손어업(15)	4리 (원주민)	기혼	보상(○) (690만원)	청년회/부안사람들회원, 시화호탐방, 새만금 반대운동 참여도↑, 하루소득 15~16만원
H	36	어선어업 (어장)	3리 (원주민)	기혼	보상(○) (690만원+α)	시화호 탐방, 새만금 반대운동 참여도↑, 청년회/부안사람들회원

I	44	맨손어업(20)	4리 (원주민)	기혼	보상(○) (690만원)	경운기 오너, 부안사 람들 회원, 시화호 탐방, 반대운동 참여 도↑
J	47	상업	1리 (원주민)	기혼	보상(○) (7400만원)	청년회장/부안사람들 회원, 자동차/어선 정 비소 및 횟집운영, 시화호 탐방.
k	40	양식장 관리 →축산	3리 (이주민)	기혼	보상(○) (690만원)	부안사람들 회원/청 년회 회원, 시화호탐 방
l	40	농업/상업	4리 (이주민)	미혼	보상(○) (1039만원)	부안사람들 회원/청 년회 회원, 시화호 탐방

〈표-3〉 보조 면접자의 일반적 특성 2

사례	연령	성별	소속 단체 및 직위
a	36	남	새만금 사업을 반대하는 부안사람들 대표
b	36	남	다큐멘터리 감독

제2장 '그레'마을의 지역개관

> 본 연구는 '그레'마을의 '갯살림'에 주목하여 마을 공동체와 주민들의 삶이 구성되어온 과정과 조건을 살펴보는 것으로부터 시작된다. 이는 '그레'마을의 생태·지리적 조건과 주민들의 삶이 어떠한 상호작용을 거쳐 현재의 '그레'마을 공동체와 문화를 형성해왔으며, 이것은 새만금'간척'사업과 어떠한 연관성을 갖는지를 알아보기 위한 선행작업이라 할 수 있다.

　'그레'마을은 1968년 간척공사에 이어 1991년부터 시작된 새만금간척사업으로 두 번의 간척을 겪고 있는 지역으로, 간척은 '그레'마을의 자연환경과 주민들의 삶이 변화해 온 과정을 이해하는 데 중요하다. 이 장에서는 '그레'마을의 간척사를 통해 '그레'마을의 자연환경과 주민들의 삶이 어떠한 변화, 적응 과정을 거쳐 지금과 같은 '그레'마을을 형성하게 되었는지, 그리고 마을공동체의 형성과정과 조건은 새만금반대운동과 어떠한 상관성을 갖는지에 대한 맥락을 설명하고자 한다.

1. 자연환경

'그레'마을은 전라북도 부안군의 서북쪽에 자리잡고 있는 해안 마을로서, 2002년 9월 현재 565 가구에 남자 803명, 여자 789명으로 총 1,592명이 살고 있는 비교적 규모가 큰 마을이다. '그레'마을은 면 소재지에서 마을로 들어서는 도로 양쪽으로 820만평에 달하는 드넓은 간척지가 펼쳐져 있으며, 마을 중앙에는 해발 246.2m의 계화산이 있고 마을의 삼면이 바다로 둘러싸여 있다. 이와 같은 '그레'마을의 현재 모습은 간척에 의해 형성된 것이다. 원래 '그레'마을은 동진반도에서 서북 5.5km 떨어진 남북 길이 2.3km, 동서 길이 1.5km의 섬이었다. 마을 중앙에는 3개의 봉오리가 있었으며, 마을은 주로 해안가를 중심으로 형성되어 왔다. 마을의 사면이 바다로 둘러싸여 바닷물이 빠지면 드넓은 갯벌이 드러났던 '그레'마을은 하루 한번씩 운행하는 배를 타고 가거나 썰물 때에 갯벌을 걸어서 가야하는 곳이었다.

'그레'마을이 형성된 정확한 시기는 알 수 없다. 다만, 마을 중앙의 계화산 정상에서 발견된 신석기 시대 유물[17]과 삼국시대에 축조된 것으로 보여지는 봉수대[18]를 통해 '그레'마을에 사람이

---

17) 1979년 현지민이 계화산 정상에서 석기·토기편들을 발견하였다. 그해 3월, 전영래 전주시립박물관장이 이곳을 조사하여 돌무지 밑 땅 아래 약 30cm 층에 묻혀 있던 유물들을 발굴하였다. 수집된 유물들은 빗살무늬토기 조각 조금과 석기류 11종 20점이었다(전북문화재지, 전영래).

18) 그레마을 중앙에 있는 계화산에는 옛날 관청의 통신수단이었던 봉수대가 있다. 여기 봉수대는 북쪽으로 김제의 만경 길곶과 남쪽으로 변산면 대항리 봉수

살기 시작한 시기를 짐작해 볼 수 있을 뿐이다. 신석기 시대에 들어 인류는 정착생활을 시작하게 되는데, 이들이 처음 정착생활을 시작한 곳은 바로 강 하구나 해안가였다. '그레'마을에서 신석기 시대 유물이 출토되었다는 사실은 당시 '그레'마을 일대가 강 하구나 해안가였음을 시사해 준다. 〈부안 향리지〉에 따르면, 지금으로부터 100년 전 송씨(宋氏), 강씨(姜氏), 이씨(李氏) 등으로 이루어진 몇 세대가 마을을 개척, 농사도 짓고 바다에서 고기도 잡아 생활을 하였다고 한다. '그레'마을이 형성되어 온 역사적 사실을 통해, '그레'마을은 바다와 갯벌을 중심으로 하는 바닷가 문화에 그 뿌리를 두고 있음을 알 수 있다.

〈그림 2〉 '그레'마을의 갯벌 (허정균 작)

대를 이어주는 곳이었다 봉수대는 삼국시대 때 축조된 것으로 짐작된다.

조석간만의 차이가 큰 우리나라 서해안에 위치하고 있는 '그레'마을은 만경강과 동진강이 바다와 만나는 염하구[19]에 자리잡고 있어서 갯벌이 잘 발달되어 있다. 이러한 갯벌을 하구갯벌이라 하는데, 이곳은 각종 어패류들이 산란하기에 적합하며 다양한 생물종들이 서식하고 있다. '그레'마을의 인근 해역에는 여러 섬들로 이루어진 고군산군도가 자리잡고 있으며, 여기에는 '어류의 보고(寶庫)'로 불리우는 칠산어장이 형성되어 있다. 그러나, 이와 같은 '그레'마을의 생태·지리적 특성은 '간척의 최적지'로서 평가받게 되었다. 우리나라의 간척은 서남해안을 중심으로 이루어져왔는데, 서남해안이 간척의 적지로서 평가되어 온 것은 수심이 얕고 갯벌 바닥이 완만한 경사를 이루고 있으며 조석간만의 차이가 커서 갯벌이 잘 발달되어 있기 때문이다. 또한 간척을 하기 위해서는 육지 깊숙이 들어와 단단하게 발달된 갯벌과 좁은 입구, 방조제를 연결할 수 있는 섬들, 제방축조에 필요한 각종 바위와 자갈, 모래를 조달할 수 있는 야산들이 있어야 한다(문경민,

---

19) 염하구는 강과 바다가 만나는 곳이며, 보통 안으로 움푹 패어있는 만입(灣入) 지형이다. 염하구는 민물과 바닷물의 혼합으로 인하여 염분변화와 수온변화가 심해서 강이나 바다와는 다른 독특한 생태계적 특성을 지니고 있다. 불안정한 환경으로 인해 생물들의 적응이 어렵기 때문에 경쟁자와 포식자가 적고, 강 하구로부터 유입되는 영양염은 플랑크톤이 풍부하게 서식할 수 있도록 해준다. 염하구에 적응하여 살아가고 있는 생물들은 이러한 환경적인 특성을 이용하여 빠르게 성장하고 높은 생물량을 보이는데, 특히 연안에 서식하는 물고기들은 염하구 지역에 알을 낳고 어린시절을 보낸다(고철환 외 8인, 1997 재인용). 새만금 갯벌의 경우, 약 260여종의 동물과 약 370여종의 식물이 보고 되어 있다(제종길, 2000; 오상희와 고철환, 1991). 따라서 새만금 갯벌은 연안 수산자원의 유지와 생태계의 종 다양성을 유지한다는 차원에서 반드시 보존해야할 지역이다 (박진순 외, 2002 : 7~8).

2000: 102). 이러한 간척의 입지 조건들을 두루 갖추고 있는 곳이 바로 '그레'마을이었다. 이런 이유에서 '그레'마을은 두 번의 간척을 경험하게 되었고 이 결과, '그레'마을의 자연환경은 급속한 변화를 거쳐왔다.

'그레'마을의 자연변형을 불러 온 첫 번째 간척은 1968년 간척 공사였다. 1960년대 1차 경제개발 5개년 계획의 일환으로 실시된 68년 간척공사는 1961~1965년간에 섬진강 상류의 옥정리 댐이 완공되어 운암호의 물이 증수되면서 그곳에서 발생한 수몰민 2,768세대를 이주, 정착시키기 위해 간척공사가 이루어졌다. 1963~1966년에 걸쳐 그레마을과 조포를 연결하는 제1호 방조제 9,254m가 완공되고, 1965~1968년간에 그레마을과 돈지(현, 의복리)를 연결하는 제2호 방조제 3,556m가 완공되었다. 그후 1968~1978년의 10년 간에 걸쳐 이들 방조제 내 측에 조성된 해안 간척지(3,896ha)에 대해 청호저수지, 동진 도수로, 조포지구 개답, 계화지구 개답 및 택지 조성, 취락 건설공사가 이루어지면서 계화 간척공사는 마무리되었다(부안군지, 1991). 이 간척공사로 매립된 갯벌의 면적은 총 3,896ha로, 이 중 2,741ha가 10년이 넘는 탈염 및 개답과정을 거쳐 농경지로 만들어졌다. 이처럼, 68년 간척공사는 서해안의 지도를 바꾸는 대규모 토목공사였다.

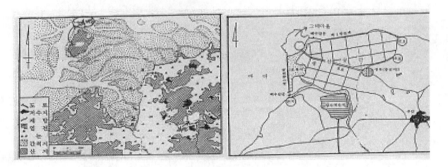

68년에 이루어진 간척공사로 '그레'마을은 섬에서 육지가 되었으며, 사면이 바다로 둘러싸여 있다가 섬의 양쪽과 육지를 잇는 제1호 방조제와 제2호 방조제가 세워지면서 마을의 사면 가운데 한 쪽의 바다는 사라지게 되었다(함한희, 2002: 266). 그 대신 마을 앞으로는 820만평에 이르는 드넓은 간척지와 저류지(조류지)가 자리 잡게 되었다. 과거 '그레'마을에는 개양과 수성 두 곳에 어판장이 있었으며, 넘쳐나는 고기들로 성황을 이뤘다고 한다. 하지만, 68년 간척공사로 바다와 갯벌의 생태계가 변화되면서 지금은 폐허간 된 어판장 건물만이 과거 어판장이었음을 보여 주고 있다. 또한, 수성 앞 하리갯벌은 중선배를 대는 포구였는데 '68 간척공사 이후로 갯벌이 쌓여 포구로서의 기능을 상실하게 되었다. 현재 '그레'마을에서 배를 댈 수 있는 유일한 곳은 개양포구이다. 이처럼 '그레'마을의 갯벌과 바다 생태계는 '68 간척공사로 마을의 양쪽 바다가 막히게 되면서 점차 변화하였을 뿐만 아니라 어획량 역시 감소해왔다.

1991년부터 실시된 새만금간척사업은 '그레'마을 주민들에게 이제까지와는 전혀 다른 변화를 불러오고 있다. '68 간척공사는 섬의 양쪽을 방조제로 막아 한 면만을 농경지로 만드는 사업이었던 반면에, 새만금간척공사는 바깥쪽 바다를 가로막아 방조제를 쌓고 방조제 안쪽을 간척지와 담수호로 조성하는 사업이다. 새만금 방조제가 완공되면 '그레'마을은 내부 간척지의 한 가운데에 자리잡게 된다. '그레'마을 주민들은 현재의 새만금간척사업이 갯벌과 바다 생태계의 변화를 더욱더 가속화시키고 있다고 말한다. 2002년 4월 현재, 방조제 공사가 70%이상 진행된 상태에서 '그레'마을의 갯벌은 '뻘이 쌓이고 냄새가 나며 썩어가는' 등 급속하게 변화·오염되어 가고 있는 실정이다. 이 결과, 어장이 황폐화되고 어패류의 수확량은 급격한 감소 추세를 보이고 있다. 새만금 방조제 공사가 진행될수록 '그레'마을의 바다와 갯벌 생태계는 점차 변화·오염되어갈 것으로 예상된다.

〈그림 4〉 새만금 갯벌과 건설중인 방조제(2002년 3월 18일 현재)20)

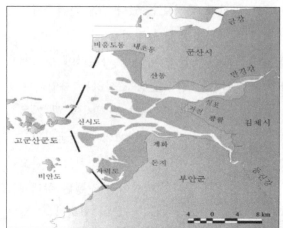

(출처 : 오마이뉴스)

---

20 박진순 외(2002), 「토착적 지식(folk knowledge)의 가치 재고를 위한 학제간 연구
 - 새만금간척사업이 인간·자연에 미치는 영향을 중심으로」, 교보생명 교육문
 화재단 대학(원)생 환경논문(미간행)에서 인용함.(왼쪽그림)

2. 사회경제적 배경

'그레'마을에서는 고기잡이와 조개 채취 모두가 행해지고 있다. 바다와 갯벌의 풍부한 수산자원은 땅이 귀했던 섬마을 사람들의 주요 생계수단이 되었으며, 마을 주민들은 어업 위주의 경제 체계를 발달시켜 왔다. 이렇듯, '그레'마을의 생활조건에서 바다와 갯벌은 중요했는데 이는 5개 마을에 각각 당집[21]을 지어놓고 해년마다 당제와 풍어제를 지냈던 사실에서도 확인해 볼 수 있다. 그리고 마을 주민들 중 일부는 마을 중앙에 있는 계화산 자락을 개간한 밭에서 소규모로 보리와 밀, 고구마를 재배하기도 하였다. '그레'마을은 장소특유의 생태체계(바다와 갯벌 그리고 소규모의 밭, 산)와 생계체계가 성별분업의 원리에 의해 결합된 어업위주의 경제체제를 그 특징으로 한다. 이러한 특성에 따라, 남성들은 주로 바다에 나가 고기를 잡고 여성들은 갯벌에서 백합, 동죽, 바지락과 같은 조개를 채취하며 살아왔다. 한편 통혼권에 있어서 '그레'마을은 섬이었을 당시에는 도내혼(島內婚)이 지배적이었으며 마을 전체의 인맥이 친척, 사돈으로 이루어져 애경사에는 슬픔과 기쁨을 함께 나누며 살아왔다. 지리적으로 고립된 섬(도서)에서 통혼의 제한 때문에 생긴 결과라 할 수 있는 도내혼의 풍습은 '68 간척공사로 육지와 연결되면서 점차 약화되는

---

21) 1970년대 새마을 운동의 시작과 함께 당집이 있던 자리에는 교회가 들어서게 되었으며, 현재는 당집의 흔적만이 남아 있을 뿐 당산제의 전통은 사라졌다.

한편, 통혼권이 점차 확대·분산되는 경향을 보이고 있다. 최근
에는 중국이나 동남아 지역의 여성들이 '그레'마을로 시집오는
경우도 종종 볼 수 있다. '그레'마을에서는 자녀가 결혼을 하면
'재금'(분가)을 내보내는 풍습이 있는데 이는 갯벌과 바다의 수산
자원에 대한 이용과 수익권이 개별가구(핵가족)를 기본단위로 하
는 어촌지역의 경제적 특성에서 비롯된 것으로 보인다. '재금'난
개별 가구들의 생계와 소득은 주로 남성과 여성 모두의 생산활
동에 의해 유지되었기 때문에 여성들의 갯일은 필수적인 노동이
었으며 갯일로 벌어들이는 여성들의 수입은 가정 경제에 상당한
비중을 차지하였다. 도시와는 달리, '그레'마을과 같은 어촌지역
여성들은 사적 영역인 가정에서의 출산 및 양육, 가사노동과 같
은 재생산활동은 물론, 갯벌에 나가 직접 생산활동과 마을의 공
식, 비공식적 활동을 담당하는 통합적 역할을 수행해왔다.

'68 간척공사가 완공되면서 어업위주의 경제체계와 해양문화
를 발달시켜 온 '그레'마을은 사회경제적, 문화적 변화의 과정을
거치게 된다. 820만평에 달하는 간척지가 새로 생겨나면서 바다
와 갯벌의 수산자원에 의존하는 어업위주의 경제를 그 특성으로
했던 '그레'마을은 농업의 비중이 커지고 마을의 전업농이 증가
하게 되었다. 아래 〈표-4〉은 '그레'마을의 경지면적을 마을별로
나타낸 것이다.[22]

22) 위의 마을별 경지면적을 나타내는 〈표-4〉은 1995년을 기준으로 한 것이다.
'68 간척공사가 완공된 당시의 마을 경지면적에 관한 자료는 구할 수 없었다.
다만, 당시 간척지 면적이 820만평정도였다는 사실과 간척지는 면단위에 속한
다른 5개 리에 분산되어 있어, 그레마을에 속한 당시의 경지면적을 산출하는

〈표-4〉 마을별 경지면적

(단위 : ha)

마을명		원주민 마을					이주민 마을			
		개양	상리	중리	하리	수성	1리	2리	3리	4리
경지 면적	밭	3	3	2	1	2	3	2	·	·
	논	9	29	19	17	4	62	47	82	65
	총계	12	31	21	18	6	65	49	82	65

출처 : 부안 향리지(1995년) 참조

〈표-4〉을 참조로 하여 마을별 경지면적을 비교해 보면, 원주민 마을은 전·답을 모두 합쳐 88ha이고 이주민 마을은 261ha이다. 과거 원주민 마을은 산을 개간한 소규모 밭에서 경작을 해왔으나 간척공사가 이루어지면서 논을 가지게 된 경우라 할 수 있다. 이주민 마을의 경지면적이 갖는 특징은 밭보다는 논의 비율이 높음을 알 수 있는데, 이는 간척지를 분양받았던 데에서 비롯된 것이다. '그레'마을의 원주민들 중 일부가 농업을 경영하기도 하지만, 이들 가구의 평균 경지면적은 0.19ha에 지나지 않는다. 이주민 마을인 1리, 2리, 3리 및 4리의 가구당 평균 경지면적은 1.1ha 수준이지만 실제 이들 마을 전업농의 경지면적은 이보다 훨씬 크다. 1리와 3리에는 어업종사가구가 거의 없는 반면에, 2리와 4리에는 어업에 종사하는 가구가 각각 80%와 50%에 이르고, 이들은 주로 원주민 마을에서 옮겨간 어업종사가구를 제외한 나머지 가구의 평균 경지면적을 산출하면 약 1.6ha가 된다. 이주

자료를 구하기는 힘들었다.

민 내에서도 경지면적의 차이는 커서 5ha 이상을 경영하는 농가가 25가구를 넘는다(박재묵, 2002:214~215). 마을별 경지면적의 차이는 이들의 생계양식에도 영향을 미쳤다. 생활조건이 바다와 갯벌밖에 없었던 과거 그레마을에서 살던 원주민들 대부분은 어업에 종사하는 반면, 정부로부터 간척농지를 분양 받아 온 이주민들은 농사를 지었다. 하지만, 간척지에서 농사만을 짓는 주민은 30%에 불과하고 나머지 70%는 어업에 종사하거나 농업과 어업을 겸하고 있다.

같은 '그레'마을이라해도 마을별 주민들이 종사하는 어업의 형태와 비율은 다른데, 이는 마을별 생태적 조건과 경제적 수준, 마을주민들의 기질 차이 때문이다. 포구에 가까운 개양 및 상리쪽 마을 사람들은 배를 타고 바다에 나가 고기를 잡거나 조개를 캐는 사람들이 많이 거주한다. 반면에 하리, 수성, 2리, 4리 등의 사람들은 경운기를 타고 갯벌(하리갯벌)에 나가 조개를 캐는 맨손어업에 대부분이 종사한다. 맨손어업은 특별한 자본을 필요로 하지 않는 일로, 배나 어장을 가지고 있지 않은 사람들이 주로 종사하는 어업형태이다. 특히, 맨손어업은 여성들이 주로 종사하는 일로 성별, 계급별 특성을 갖는다. 그레마을 중, 맨손어업 종사 비율이 상리쪽 마을보다 하리쪽 마을이 더 높은 이유는 마을별 생태적 조건의 차이뿐만 아니라, 경제적 수준에 있어 상대적인 차이에 영향을 받은 것이라 할 수 있다. 게다가, 마을별 주민들의 기질 차이는 여성들의 맨손어업에의 참여 정도를 결정하는

데 주요한 요인으로 작용하고 있다. 하리 마을 남성들은 '여자들이 갯벌에 안 나가면 뭔가 허전하다'고 할 정도로 여성들이(부인) 갯벌에 나가는 것을 '당연한 일'로 여기는 경향이 있다. 이에 반해, '차라리 남자들이 고생해버리고 만다'는 생각들을 하고 있는 상리마을 남성들은 여성들을 갯벌에 못 나가게 한다. 하리마을 여성들의 기질 역시 여성들의 맨손어업 참여율을 높이는 요인으로 작용함을 사례H)의 진술을 통해 알 수 있다.

> 하리 여자들은 무지 악착같혀. 경쟁심이 심해. 남이 5만원 벌으면은 자기가 4만원 벌었잖아요? 만원 차이잖아요? 그러면은 만원 갖고 잠을 못 자는 거야. (사례 H)

다른 마을의 여성들에 비해, 하리마을 여성들은 경쟁의식과 생활력이 좀더 강하다고 할 수 있다. 상리마을은 생합을 잘 잡는 60~70대 소수의 여성들이 갯벌에 나가는 것과는 대조적으로, 하리마을은 힘이 좋고 학령기 자녀를 둔 40~50대 여성들이 주로 갯벌에 나가 조개를 채취한다. '그레'마을 여성들이 갯벌에 나가 주로 잡는 조개는 백합이다. 백 가지의 무늬가 있어 이름이 붙은 백합은 조개의 귀족, 조개 중의 조개로 통한다. 백합은 입을 꽉 다문 채 보름(겨울철에)이 지나도 죽지 않고 오래 산다고 해서 '생합'이라고도 불리운다.[23] 백합은 우리나라 서해와 중국, 그리

---

23) "백합은 볿고(밟고) 댕기면서 먹는 것이여"라는 부안 사람들의 말이 있다. 백합이 입을 벌리고 있다면 그것은 죽은 것이다. 그래서 냉장고가 없던 시절, 이 지역 사람들은 백합이 입을 벌리지 못하게 문지방에 놔두고 들며나며 밟아서 백합에게 자극을 줬던 것이다. 자극을 줄 때마다 더욱 움츠리기 때문에 백합의 수명은 길어진다(출처 : http://www.nongbalge.or.kr).

고 일본 등지에서 나는데 그 중에서도 '그레'마을과 김제의 심포에서 나는 백합이 질이 좋기로 유명하다. 뿐만 아니라 생산량도 우리나라 전체의 80%를 차지한다. 백합은 바닷물과 민물이 만나는 염하구에 발달된 고운 모래뻘에서 잘 자라는데 '그레'마을 주변의 갯벌이 여기에 해당한다(제종길, 2001).

한편, '68 간척공사로 육지와 연결되고 1980년대부터 '그레'마을의 어업 형태는 다양해졌다. 이는 교통이 편리해지면서 타지역 사람들(특히, 전라남도)이 양식장과 어장을 하기 위해 그레마을로 들어오고 각종 어업에 관한 정보와 기술을 접하게 된 데서 기인한 것으로 보인다. 이러한 어업의 다양화는 주로 남성들의 어업활동에 변화를 가져왔다. 과거 배를 타고 바다에 나가 고기를 잡던 남성들이 해태 양식과 개맥이 어장 등으로 어업활동을 대체하게 된 것이다. 해태 양식과 개맥이 어장을 운영하기 위해서는 배와 경운기가 필요하다. 이때부터 '그레'마을에서는 소형배(소규모 동력선)와 경운기를 소유하는 가정들이 늘어났다. 해태 양식장과 어장 운영에 필요한 노동력의 상당부분은 가족노동력에 의존하는 경향이 증가했으며, 이 결과 여성들도 배를 타고 바다에 나가 바닷일을 하게 되었다. 1985~1990년까지 '그레'마을 주민들은 해태양식[24]과 개맥이 어장으로 높은 소득을 올렸으나 두 번의 간척사업과 기후 변화로 생태계가 변화되면서 지금은

---

24) 그레마을 주민들은 해태양식을 일도많고 망하는 경우도 많다고 해서 '일태', '망태'로 흔히 표현되며, '증권투자'와 같다고 이야기한다.

일부 주민들만이 해태양식과 개맥이 어장을 운영하고 있다. 해태양식이 사양화된 1990년 이후, 그레마을 남성들에게 대체어장으로 부각된 것은 패류였다. 배를 소유한 남성들은 패류를 포획하는 기선형망어업으로 전환하게 되는데, 기선형망어업으로 하루에 포획하는 패류의 생산량은 1~2톤에 달했다고 한다. 1990년부터 패류가 대체어장으로 부각된 데는 1980년대 후반부터 전국적으로 어패류(특히, 패류)의 선호도가 증가하면서 어패류의 가격이 상승했기 때문이다. 게다가, 교통의 발달과 냉동설비의 보급은 수산물의 판로를 확대하는 요인으로 작용하였다. 이에 따라, 과거에는 판로가 없어 그냥 먹기 위한 대체식량에 그쳤던 패류가 상품적 가치를 획득하게 됨으로써, 조개를 채취해 온 여성들은 실질적인 경제력을 갖게 되는 한편, 그동안 여성들의 일로 여겨져 온 맨손어업에 일부 남성들이 참여하게 되었다.

'68 간척공사로 인한 생태계 변화로 가장 타격을 입은 마을은 '그레'마을의 이웃 마을인 돈지이다. 돈지 마을은 '간척공사로 죽었다'고 주민들은 말한다. 돈지는 원래 줄포 다음으로 큰 어항을 가지고 있어 어업 소득이 높았던 마을이었다. 하지만, 방조제로 바닷물이 막히면서 어항은 그 기능을 상실했고, 젊은 사람들이 마을을 떠나 지금은 나이든 노인들만이 마을을 지키고 있는 실정이다. 학생이 없어 학교도 폐교되었다. 이에 비해, '그레'마을은 마을의 사면 중 한 면의 갯벌만이 간척농지로 바뀌었고 대규모의 이주민들이 '그레'마을로 이주해 왔기 때문에 돈지 마을처럼 인구가 줄어들지 않았다. 게다가, 드넓은 간척 농지와 풍부한 어족자원은 젊은 층의 인구유출을 막는 요인으로 작용했다. 이런 측면에서, '그레'마을은 이농으로 급격한 인구 감소를 보이는 다른 농촌이나 어촌에 비해, 이출 인구가 적었고 젊은 층(40~50대)이 많아 '그레'마을 공동체는 유지될 수 있었다.[25] 그러나, 1991년부터 시작된 새만금간척사업은 '그레'마을의 자연환경은 물론 주민들에게 이제까지와는 전혀 다른 변화를 불러오고 있다. 새만금간척사업이 시작된 지 10년이 지난 2002년 9월 현재, 방조제 공사로 갈수록 갯벌과 바다 생태계가 변화되는 한편, 어패류가 급격하게 감소하고 있는 실정이다. 이에 따라 어업은 쇠퇴하고 어가의 소득 역시 급격하게 감소해 가고 있다. 이러한 어획량 감소에 따른 소득감소는 마을 사람들을 동요하게 만드는 주된 요인으로 작용하고 있을 뿐 아니라, 한정된 어획량을 놓고 마을 주민들의 경쟁은 갈수록 치열해지고 있다.

〈표-5〉 '그레'마을의 연도별, 성별 인구 추이

(단위 : 년/명·호)

	1989	1990	1992	1994	1995	1997	1998	1999	2000	2002.9
가구수	518	505	599	592	594	583	582	567	575	565
남자	1,161	1,098	1,262	1,270	1,200	1,048	1,009	947	886	803
여자	1,105	1,038	1,209	1,243	1,175	999	940	911	864	789
총계	2,266	2,136	2,471	2,513	2,375	2,039	1,949	1,858	1,750	1,592

자료 : 『통계연보』. 부안군, 각 년도.

___

25) 박재묵(2002), "새만금간척사업과 지역사회변동", 「ECO」2호, 한국사회학회.

〈표-5〉를 살펴보면, 새만금간척사업이 시작된 1991년 이후에도 인구가 증가해오다가 1994년을 정점으로 1995년부터 인구가 차츰 감소해 가고 있음을 알 수 있다. 이는 1994년~1995년에 실시된 새만금 어업피해 보상의 영향으로 보인다. 어업 보상이 이루어질 당시 보상을 타기 위해 외지인들이나 객지에 나가 살던 주민들이 주민등록을 이전했다가 보상이 끝나면서 빠져나갔기 때문이다. 무엇보다도 '그레'마을의 인구가 점차 감소하는 추세를 보이는 이유는 새만금방조제 공사로 갯벌 생태계의 변화에 따른 어획량 감소 때문이다. 새만금방조제 공사가 70%이상 진행된 2002년 9월 현재, '그레'마을은 565 세대, 총 1,592명(여 789명, 남 803명)이 살고 있는데, 새만금간척사업이 시작되기 이전(1989년)보다 674명이 줄어들었음을 알 수 있다. 새만금방조제 공사가 진행될수록 마을 주민들의 이주는 점차 늘어날 것으로 예상된다. 2011년으로 예정된 새만금간척 공사가 완공되면 '그레'마을은 간척지 내부에 자리잡게 된다. 그러면 '그레'마을은 갯벌과 바다를 상실하게 됨으로써 더 이상 어촌이 아니며, 어민으로서 살아온 주민들은 어업을 포기해야 하는 상황에 처한 것이다.

3. 주민 구성 및 마을 정체성

과거 '그레'마을은 200호 미만의 작은 규모의 섬마을로, 주민들은 상리, 중리, 하리, 개양, 수성 5개의 자연 마을에 흩어져서 살아왔다. 하지만 '68 간척공사 이후부터 '그레'마을은 섬진강 댐 건설

지역의 수몰민들이 대규모로 이주하여 원주민들과 함께 살아가게 되었다. 이는 '그레'마을이 섬진강 수계의 댐건설로 수몰된 사람들에게 정착지로 제공되어졌기 때문이다. 정부는 수몰민들을 위한 취락지구를 기존 어촌마을인 창북, 돈지, '그레'마을에 조성하였는데[26] '그레'마을에는 241동의 이주민 주택이 들어섰다.

마을 전체를 가로지르는 중심도로를 기준으로 위쪽에 있는 수성, 상리, 하리, 개양은 원래부터 '그레'마을에 살던 '원주민'마을로, 아래쪽에 있는 1리, 2리, 3리, 4리는 '이주민'마을로 나누어져 살게 되었다. 이 결과, '그레'마을은 5개의 원주민 마을과 4개의 이주민 마을이 합쳐서 총 9개 마을이 '그레'라는 하나의 리 단위를 구성하게 되었으며, 1983년부터 신생 행정구역인 '계화면'에 편입되어 현재에 이르고 있다. 현재는 '그레'마을 내에서 원주민 마을과 이주민 마을간의 엄격한 구분은 찾아보기 힘들다.

> 주민들은 농토 하나 안 주고 전~부 수재민들[수몰민], 다 그 사람들이 논 사고 집 사고 와서 이렇게 기름내고 살잖여. 그 사람들은 농사짓고 또 우리 힘없는 것도 같이 부업을 하네[이주민들]. 그 사람들은 차~암 살기가 부드럽지. 우리같은 사람들이[원주민] 어렵지. 우리들이야 하루 벌어서 하루 쓰고 . 당장 [바다]에 안 나가면 돈이 궁해 가지고 살지를 못혀. (사례3)

---

26) 정부는 기존 어촌인 창북리에 484동, 돈지리(현, 의복리)에 275동, 그레마을에 241동으로 된 이주민 주택단지 1000동을 조성하여 이주민들을 분산·배치하였다.

〈그림 5 〉 마을지도

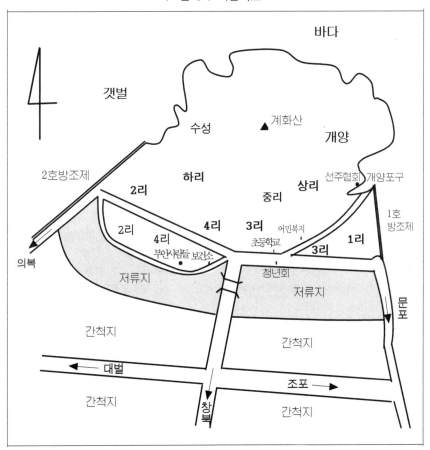

'그레'마을 원주민들은 '68 간척공사로 자신들이 이익을 본 것
은 육지가 되어 교통이 편리해졌다는 것 외에 환경피해[27]를 감

27) 방조제로 바닷물의 유입이 막히면서 마을 앞의 조류지와 방조제 안의 물이 썩

수해왔으며 개발의 수혜(간척농지 분양)에서도 배제되어 왔음에 대한 불만이 많다. 간척공사로 자신들의 삶터였던 마을 앞 갯벌이 간척지가 되었으나 정작 원주민들은 아무런 보상도 받지 못했던 것과는 달리, 이주민들은 간척지 논 2필지(15마지기)와 주택(일명, 한일집·쌍용집·대덕집)28)을 제공받았기 때문이다.

그때는 〈논에〉 염이 있어갖고 무~지허게 투자를 많이 허고 일을 많이 헌거야. 몇~번을 때우고 때우면 죽고, 짠기가 있으니까, 바다라. 그래갖고 한 3분의 일정도 수확을 해서 먹고 그런 생활을 몇 년을 하고. 처음에는 염이 안빠져 놓으니까 땅이 깡깡하니까 칼로 〈모를〉 심고 숟구락[숟가락]으로 이렇게 모를 뒤적거려 심고 그렇게 생활을 혔어. 여그 일찍 들어온 사람들은 〈재산〉 다 없애고 어쩔 수 없이 밤에 도망간 사람도 있고. 못 견디고 나간 사람들이 많아. 처음에는 여기 와가지고 여기 지역사람들하고 갈등이 상당했어.(…) 그렇게 생활을 허는디 인자 바다가 있으니까 그 논 해놓고 또 바다가서 혀다가 애들 뒷바라지하고 갈치고. 이 논만 바라보믄은 다 나갈 정도였지. (사례B)

그렇다고 해서 이주민들을 간척개발의 수혜자로 규정짓기는 어렵다. 왜냐하면 이주민들 역시 댐 건설로 고향 땅을 잃고 어쩔 수없이 낯선 어촌마을로 이주하게 되었다는 점에서, 그리고 정착 초기의 척박한 생활여건으로 힘든 생활을 해야했다는 점에서 이들 역시 정부 개발정책의 피해를 경험한 집단이기 때문이다. 다만 차이가 있다면 원주민들은 자신들의 삶터인 갯벌을 아무런

고 오염되기 시작했다. 이 결과, 그레마을 주민들은 악취와 모기떼들로 환경피해를 감수해야만 했다.
28) 그레마을 주민들은 이주민들이 살던 집을 한일집, 쌍용집, 대덕집으로 흔히 부르는데 이는 공사를 시공했던 건설회사의 이름에서 유래한 것으로 여겨진다.

보상없이 상실했으나 이주민들은 새로운 삶으로의 전환을 위한 얼마간의 정부지원을 받았다는 것이다. 간척지는 1977년 시험영농을 시작하여 1996년부터 본격적으로 쌀을 생산하게 되었다. 이주민들이 간척지구로 이주하여 살게 된 시기가 1977년이었고, 간척지가 농경지로서 정상적인 쌀 수확을 시작한 때가 1996년이었다는 점을 감안해 볼 때, 이주민들은 생계의 막막함과 개답 과정의 어려움을 감수하며 약 20년의 세월을 보내야했던 셈이다. 이런 실정이다 보니, 이주민들 중에는 많은 빚과 생활고를 못 견디고 야반도주하거나 정부로부터 받은 이주증서를 쌀 4~5가마니에 팔아 다른 지역으로 이주 혹은 고향마을로 되돌아가는 경우도 많았다고 한다. 현재 간척지구에 거주하고 있는, 다시 말해 '정착에 성공한' 이주민들은 그나마 재산을 가지고 있던 사람들이거나 어업을 겸해 온 사람들이다. 간척지 논만 바라보고는 도저히 살 수 없었던 정착 초기, 생계를 유지하고 농사비용(개답비용)을 마련하기 위해 이주민들은 갯일을 겸하게 되었던 것이다. 이에 대해, '그레'마을의 원주민들은 '힘없는 자신들의 일(갯일)까지 한다'(사례 3)며 어업과 농업을 겸하고 있는 이주민들을 그다지 호의적으로 바라보지 않는다.

다른 한편, 마을 정체성에 있어서 이주민과 원주민 모두는 '그레'마을을 "살기 좋은 곳"으로 여기고 있었다. 그러나, "살기 좋다"는 의미와 평가기준에 있어 원주민과 이주민간에는 분명한 차이를 보였다. 주로 어업에 종사해 온 원주민들에게 '그레'마을은 "풍부한 어족자원을 가진 바다와 갯벌이 있어 가진 것 없는 사람들이 살기 좋은 곳"으로 인식되고 있는 반면에, 농업을 주요 생계양식으로 살아온 이주민들은 "농사짓기 좋은 곳"으로 의미화한다. 게다가 원주민들은 척지를 '자신들의 상실된 삶터'이자 '선망과 기대가 좌절된 땅'으로서 인식하는 경향이 강하며, 이주민들에게 바다와 갯벌은 '영농과 농지매입에 필요한 돈을 저축할 수 있게 생계비용을 충당해주는 부업의 공간'으로서 의미를 지닌다. 이를 통해, 원주민들은 '바다와 갯벌'을, 이주민들은 '간척지=논'을 마을정체성을 구성하는 주요한 생태적 조건으로 상정하고 있음을 알 수 있다.

위와 같은 원주민과 이주민들의 차이는 마을공동체 내부의 갈등과 대립을 초래하였고, 이러한 어렵고 힘든 변화의 과정을 거쳐 '그레'마을 공동체는 안정을 찾을 수 있었다. 하지만 새만금 간척사업에 따른 갯벌의 매립과 보상 문제가 터지자, 표면적으로는 안정을 되찾은 듯 싶었던 이주민과 원주민간의 잠재된 갈등은 또 다시 표출되었다. 정부로부터 집과 농경지를 배분 받아 온 이주민들에 대해 원주민들은 자신들의 갯벌을 빼앗겼다는 박탈감과 피해의식을 느끼고 있었다. 이런 원주민들의 입장에서 자신들은 새만금사업의 직접적인 피해자이고 과거 간척공사 때도 정부가 아무런 피해보상을 해 주지 않았기 때문에 보상의 일차적 대상이 될 거라는 막연한 기대를 했던 것이다. 원주민들 중에는 이주민들처럼 정부가 자신들에게 농지를 배분해 줄 것이라는 기대를 가진 사람들도 있었다. 한편, 원주민들 사이에서도 '누가 보상을 더 많이 타야하느냐'의 문제를 놓고 각기 다른 생각들이 갈등·대립하였다. 보상의 문제는 마을 공동체 내의 무수한 차이들을 구분·대립하게 만드는 요인으로 작용함과 동시에, 마을 주민들간의 갈등과 반목을 초래하여 마을 공동체를 분열시키는 요인이 되었다. 게다가, 농지를 만들어내는 새만금간척사업을 놓고 어업을 주요 생계수단으로 살아온 원주민들은 새만금 반대로, 농사를 짓는 이주민들은 새만금 찬성의 입장으로 양분되면서 마을 내부의 갈등은 더욱 증폭되어가고 있다.

4. 새만금반대운동의 지역거점으로서 '그레'마을

2000년 1월 새만금 매향제[29]를 시작으로 본격적인 활동에 들어간 '부안사람들'은 바다와 갯벌을 파괴하는 새만금간척사업으로 직접적인 피해와 고통을 당하는 집단은 새만금갯벌과 바다에 생존을 걸고 살아온 지역어민들이고 이들의 생존을 지키고 인간

---

29) 2000년 1월, '부안사람들'과 환경운동단체가 연대하여 치러진 새만금매향제는 지역새만금반대운동의 시작을 알리는 행사였다. 매향은 "민중들이 미륵세상의 도래를 기원하며 갯벌에 향나무를 묻는 의식"으로 동해나 서남해안의 바닷가 마을에서 주로 이루어져왔다. 당시 매향제를 기획·준비했던 이현민 팀장은 매향제의 취지를 "새만금 갯벌에 향나무를 심는 것은 우리 후손들에게 물려줘야 할 새만금을 결코 육지로 만들 수는 없으며, 뭇생명을 품어줄 새만금 갯벌을 우리 세대가 파괴해서는 안된다는 갯벌지킴이들의 의지를 심는 것과 같다."로 설명한 바 있다(농발게 참조).

의 무분별한 개발로부터 갯벌과 바다를 보존하는 것을 지역새만금반대운동의 목표로 설정하고 있었다. 이런 운동의 취지 하에 '부안사람들'이 지역새만금반대운동의 거점으로 주목한 곳이 바로 '그레'마을이었다. '그레'마을은 어업이 잘 발달된 곳일 뿐만 아니라 드넓은 간척지가 있어서 다른 농촌이나 어촌마을과는 달리 이농현상이 적은 편으로 마을 공동체가 건재하게 유지되고 있었기 때문이다. 거기에 '그레'마을 청년회를 중심으로 새만금 간척사업이 지속되는 것을 우려하고 이를 반대하는 분위기가 마을 내부적으로 생겨나고 있었던 상황 역시 '그레'마을이 지역 새만금반대운동의 거점으로서 부각되게 된 이유라 할 수 있다. 2000년 9월에 '부안사람들'은 '그레'마을 청년회와 연대하여 지역주민들을 상대로 새만금간척사업의 진실을 알리고 사업중단을 요구하는 활동을 펼치게 된다. 정부의 새만금사업 전면 재검토 방침에 따라 새만금민관공동조사단이 사업 타당성 검증을 위한 조사활동을 펼치는 한편, '사업의 중단이냐, 재개냐'를 놓고 치열한 공방이 계속되는 상황에서 '부안사람들'과 '그레'마을 청년회는 국무총리실과 새만금공개토론회 등에 지역어민의 입장에서 사업중단을 요구하는 활동들을 전개해 나갔다. 또한, 이들은 자신들보다 먼저 간척을 경험했던 지역들을 방문하여 간척사업의 결과와 그 피해상황을 직접 눈으로 확인하고 이를 주민들에게 알리는 활동에 주력했다. 당시만 하더라도 '그레'마을 주민들 대다수가 새만금간척사업을 찬성하는 분위기였기 때문에 사업중단을 요구하는 '부안사람들'과 '그레'마을 청년회를 '전북발전을 저해하는 '음해세력', '경상도에 사주를 받은 넋빠진 놈들'이라며 비난하는 주민들도 많았다. 그나마 이들의 활동을 인정하고 관심을 가진 집단은 어업에 종사하는 어민들뿐이었고 농사를 짓는 이주민들과 지역유지, 그리고 마을 이장단 등의 대다수 주민들은 이들의 활동을 부정적으로 바라봤다.

 이러한 어려운 상황에도 '부안사람들'과 청년회는 주민들을 상대로 새만금사업의 진실을 알리는 활동을 꾸준히 펼쳐나갔다. 이들은 2001년 3월부터 새만금 전시관 앞에 천막을 치고 새만금사업의 중단을 요구하는 주말농성을 시작하였다. 주말농성 초기에는 '부안사람들'과 청년회, 그리고 새만금반대운동을 하는 지역과 중앙 환경단체들이 주로 참여하였으나 차츰 새만금반대운동에 관심을 가진 어민들, 특히 여성어민들이 하나둘씩 참여하게 되었다. 주말농성장은 지역어민들과 환경단체 활동가들, 그리고 종교인들이 함께 모여 이야기를 나눌 수 있는 자리였고 이러한 대화를 통해 지역어민들은 새만금간척사업의 부당성을 차츰 알아가게 되었다. 거기에, 정부의 새만금사업 결정을 앞두고 사업중단을 요구하는 시민환경·종교단체들의 활동과 새만금사업의 타당성에 대한 논쟁들을 대중매체를 통해 접하게 되면서 새만금간척사업에 대한 마을 주민들의 입장은 서서히 변화되기 시작했다. 공사의 잠정적인 중단과 정부의 사업결정이 아직 내려지지 않은 상태에서 전국적으로 사업중단의 여론이 높아지자, 그레마을 주민들은 새만금 사업이 중단될 수 있다는 희망과 기대를 가졌다. 하지만 정부는 2001년 5월 25일에 사업강행결정을 내렸고 중단되었던 새만금 방조제 공사가 재개되자, 마을 주민들은 '정부에서 하는 일인데 힘없는 우리가 어떻게 막냐'며 자포자기 심정으로 빠져들었다. 부안 사람들의 활동가와 청년회원들 역시 정부의 결정에 실망과 분노를 느낄 수밖에 없었고, 이 결과 지역 새만금반대운동은 침체기로 접어들게 된다.

2001년 12월, '부안사람들'은 정부의 사업재개결정으로 한동안 침체되어있던 지역새만금반대운동을 다시 회복하는 방법은 지역 주민들의 삶에 뿌리내린 운동이 되어야 한다는 판단하에 '그레' 마을로 사무실을 이전하게 된다. '그레'마을로 사무실을 이전한 '부안 사람들'과 청년회가 주민들을 대상으로 첫 번째 시도한 것이 시화호 탐방이었다. 2001년 12월과 2002년 1월, 두 차례에 걸쳐 이루어진 시화호 탐방은 새만금사업을 찬성하는 입장이 지배적이었던 마을 분위기를 바꿔놓는 계기가 되었다. 시화호를 다녀온 이후, 그레마을 주민들 중에서도 지역새만금반대운동에 적극적으로 참여한 집단은 여성어민들이었다. 실제 갯벌에서 생합을 캐며 살아온 여성어민들에게 시화호는 자신들의 미래를 보여주는 것이었고 새만금사업이 중단되지 않으면 자신은 물론, 가족과 마을 사람들이 살아갈 수 없다는 것을 깨닫게 되었기 때문이다. 2002년 들어, 새만금 갯벌 살리기 범종교인 기도회와 주민집회 그리고 주말농성에 여성들의 참여는 두드러졌고 여성의 삶과 목소리가 새만금반대운동 속에 반영되고 자주 거론되어졌다. 이후,

'부안사람들'은 2002년 가을부터 새만금 반대운동의 일환으로 '갯벌 체험' 프로그램을 진행하였다. 이는 새만금 갯벌과 바다를 지키고자 하는 사람들이 '그레'마을로 내려와 여성들과 함께 직접 갯벌에 나가 생합을 채취해 봄으로써 새만금 갯벌과 함께 살아온 주민들의 삶을 이해하고 갯벌과 뭇생명들을 몸과 마음으로 느껴보게 하기 위한 것이었다.

〈표-6〉시대별 새만금간척사업 추진 및 새만금 갯벌 살리기 경과

년도	월	주 요 내 용
1991	11	새만금간척개발사업 기공식
1994	1	시화방조제 물막이 공사 완료
	8	1,3호 새만금방조제 7.4km 끝막이 공사 완료
1996	4	새만금간척 피해어민들의 항의 농성 ('선보상, 후공사'요구)
	6	수자원공사의 시화호 무단 방류
1997	10	새만금 지역어민 총궐기 대회 (선보상 후공사 요구)
1998	7	정부의 영산강 4단계간척사업 포기 발표
	9	'새만금간척사업 백지화를 위한 시민위원회' 결성/ 새만금갯벌살리기 본격화 감사원, 새만금사업의 총체적 부실을 지적하는 감사결과 발표
	10	전북지역 시민·사회단체 소속 각계 인사 '새만금간척사업 전면 재검토를 위한 100인 선언문' 발표
1999	1	농진공, 전북도가 검토해 온 새만금지구 복합산업단지 계획 백지화 유종근 전북지사, '새만금간척사업 전면 재검토'방침 발표 전북시민단체 공대위, 새만금재검토를 촉구하는 캠페인 전개
	5	새만금간척사업 환경영향 민관공동조사단 발족 및 조사 실시
2000	1	'새만금사업을 반대하는 부안사람들' 창립 새만금매향제 개최
	3	새만금간척사업 중단을 요구하는 '부안지역 1000인 반대선언'
	9	'그레'마을 청년회와 '부안사람들', 국무총리실 수질기획단 방문
	10	새만금갯벌 살리기 33일 철야농성(조계사)
	11	범종교인 2000명, 새만금 생명평화선언

	2	정부의 시화호 담수화 계획 백지화 발표
2001	3	새만금사업 중단을 요구하는 주말농성 시작 (부안 '해창장승벌') 4대 종단 종교인 '새만금갯벌 살리기'기도회/ 새만금갯벌 생명평화연대 발족 군산 내초도, 부안 '그레'마을 어민들의 새만금 결사 반대 데모 일본 이사하야 어민, 새만금지역 방문 및 '그레'마을 주민과 간담회
	4	새만금갯벌 생명평화 법당(불교)과 기도의 집(가톨릭) 개원 지역어민 삭발식 - "지사직을 걸었습니까? 우린 목숨을 걸었습니다"
	5	'그레'마을 청년회 시화호 방문 '그레'마을 어민 새만금1차 공개토론회 참가 새만금갯벌 생명 살리기 바닷길 걷기 및 '그레'마을과 내초도 어민결의대회 새만금 갯벌과 생명을 살리기 위한 3步 1拜 기도수행 '그레'마을과 내초도 어민, 서울역 단식농성 및 정부 종합청사 앞 1인 시위 정부, 새만금사업 강행 확정 1,445인 새만금 시국선언 새만금사업 강행결정 무효화 선언 및 새만금 타임캡슐 봉인식
	9	정부의 쌀증산정책 포기 선언 새만금 갯벌과 어민을 생각하는 '김정식 노래마당' (서울, 전주, 부안, 군산) 새만금간척사업 즉각 중단을 위한 주말농성(2001.9~2002. 1월까지)
	10	새만금 생명학회 창립
	12	'부안사람들', '그레'마을로 사무실 이전 및 개소식 '그레'마을 주민 시화호 탐방(1차)

2002	1	'그레'마을 주민들의 2차 시화호 탐방 새만금생명학회 전문가와 '그레'마을 주민 간담회
	2	습지의 날 기념예배와 새만금갯벌에 십자가 세우기 (부안)
	3	군산 내초도, 새만금갯벌살리기 노래마당 새만금 어민들, '부패지사 퇴진' 촉구(전북도청)
	4	새만금갯벌 살리기 범종교인 기도회-'죽음의 방조제를 생명의 갯벌로' 새만금방조제 공사 저지를 위한 1차 주민투쟁 (새만금전시관 앞)
	5	새만금방조제 공사 저지를 위한 2차 주민투쟁 (군산 내초도) 해창석산 점거 농성 - "더 이상 죽이지 마라" (5월 25일~6월 20일)
	6	새만금방조제 공사 저지를 위한 3차 주민투쟁 - "새만금사업 장례식"(새만금전시관 앞) 해창석산 농성장 강제 침탈 및 절벽고공농성 돌입
	7	새만금사업단의 서두터(변산면 대항리) 강제 철거
	9	새만금 갯벌 살리기 바닷길 걷기 & 북미 원주민 생명의 례(부안) 미군, 미군비행장 시설 부지로 새만금간척지 1백30만평 요구 논란 '부안사람들'. 새만금갯벌과 주민들의 삶 체험 프로그램 실시 (2002년 9월 ~ 12월)
	11	해창산 농성관련 주민과 활동가들에게 업무방해죄 적용, 법정투쟁 중

제3장 여성들의 삶과 갯벌의 유기적 관계

> 인간―자연의 전일적 관점을 반영하고 인간의 생존에 필수적인 생계유지적 생산활동과 생명재생산활동을 포괄하는 개념으로서 '갯살림'의 관점에서 '그레'마을 여성들의 삶과 갯벌이 관계를 맺어온 과정에 대한 총체적인 접근을 시도할 것이다.

새만금간척사업과 이로 인한 환경악화가 '그레'마을 여성들의 삶에 미치는 영향과 이에 대한 여성들의 저항 경험이 의미하는 바를 알아보기 위해서는 여성들이 '그레'마을의 자연환경에 적응하며 살아온 간척이전의 삶에 대한 통합적인 이해가 필요하다. 이를 위해 본 연구자가 주목한 것은 '그레'마을 여성들의 이야기 속에 등장하는 '갯살림'이라는 단어다. '그레'마을 여성들은 자신들의 삶을 '갯것 뜯어먹고 산다'거나 '갯살림'으로 흔히 표현한다. 인간이 자연과 상호작용을 하는 과정에서 얻어지는 결과물이 바로 삶의 생산이라고 한다면 삶의 생산은 어느 시대에나 일상적인 생계수단의 생산과 생명 재생산의 두 차원을 갖는다(이수자, 1998:89). 다시 말해, '몸을 가진 존재'로서 인간은 거주할 수 있는 구체적인 장소를 필요로 하는 한편, 생존을 위해 일상의 '먹고사는 문제'를 해결할 수 있는 생계유지적 생산활동과 임신·출산 및 양육 그리고 가사노동과 같은 생명재생산 활동 모두가 반드시 이루어져야 한다. 이런 맥락에서 '갯살림'은 인간 삶의 물질적 토대로서 바다와 갯벌(= '갯'가, 바닷가)이라는 구체적인 장소(place)와 생명이 태어나고 양육·성장하며 생명을 유지하기 위해 이루어져야 할 경제적 활동으로서 '살림'30)(허라금, 2000 :58)이 결합된 단어라 할 수 있다. '갯살림'은 새만금 지역 주민들의 삶과 문화에 대한 총체적인 이해와 접근을 가능케할 뿐만 아니라, 이제까지 일상적 삶의 유지를 위해 통합적 역할을 수행해 온 여성들의 경험이 갖는 긍정성을 부각시키는 데 유용하다.

본 장에서는 인간−자연의 전일적 관점을 반영하고 인간의 생존에 필수적인 생계유지적 생산활동과 생명재생산활동을 포괄하는 개념으로서 '갯살림'의 관점에서 '그레'마을 여성들의 삶과 갯벌이 관계를 맺어온 과정에 대한 총체적인 접근을 시도할 것이다. 이 장에서 다룰 주요 내용은 다음과 같다. '갯살림'은 어떠한 원리에 의해 이루어지며, 이러한 '갯살림'을 유지하기 위해 '그레'마을의 여성과 남성은 각각 어떠한 일에 얼마만큼의 노동력

---

30) 정작 경제의 원래 의미는 손익계산이나 이윤추구에 있지 않았다. economy라는 단어는 그리스어에서 유래한 것으로 '집(oikos)을 관리한다(nomos)'라는 뜻을 갖는다. 고대 그리스인들에게 '경제'는 한 가구의 살림에 드는 비용과 아울러 구성원들 사이의 관계를 조율하는 것, 즉 삶의 경영을 뜻했다. 경제는 부의 축적이 아닌 살아감의 원리이고, 그것의 실천은 실제적 욕구(기본적 필요)의 충족이다(노승희, 2000:71~72).

과 시간을 투여해 왔는지, 그리고 성별화된 일과 역할은 자연환경과의 관계를 어떻게 맺어오게 했는지를 구체적으로 살펴보겠다.

1. 여성의 삶과 갯벌의 생태적 주기로서 '물때'

어촌지역 주민들의 생계기반이 되는 해양생태계와 그것이 조성하는 생활영역에서 어민들이 그들의 주위환경이나 인간활동에 대해 인식하고 있는 인지구조 또는 세계관은 환경에 적응해나가는 인간의 문화라는 차원으로 이해될 수 있다(전경수, 1986:102 재인용). 어민들의 어업활동 속에서 형성된 자연에 대한 인지는 이들의 삶의 주요한 원칙으로 작용하고 있다는 점에서 어촌지역 주민들의 삶은 자연환경인 해양생태계와 긴밀하게 연결되어 있다고 할 수 있다. 이런 맥락에서 이들의 삶을 총체적으로 접근하기 위해서는 자연환경에 대한 주민들의 인지체계에 주목할 필요가 있다.

어촌지역의 자연환경과 주민들의 삶을 특징짓는 주요한 원리는 바닷물의 순환주기인 조석이다. 바다의 생태적 순환 주기인 조석에 대한 어민들의 인지체계는 '물때'라는 명칭으로 흔히 불리운다. '물때'는 바닷물의 순환주기인 조석에 대한 어민들의 인지체계, 즉, '시간감'(sence of time)이라 할 수 있다. 이러한 물때는 조개채취나 어로행위와 같은 생계활동을 하며 오랜 세월동안 축적되어온 해양 생태계에 대한 어민들의 체험적 앎에 근거한 것이다. 물때에 따라 이들은 생계활동과 일상적 삶을 살아간다. 이처럼, 어촌지역에서 물때는 자연환경과 인간의 삶을 구성하는 "생태적 시간"이라 할 수 있는데 자연에 대한 인지체계와 관련하여 어민들이 가지고 있는 생태적 시간을 살펴볼 필요가 있다. 생태적 시간이란 자연환경의 변화과정에 의해서 결정되는 시간의 개념이다(전경수, 1986:125~126). 어민들의 생태적 시간 중에서 가장 주목되는 것은 바닷물의 이동과 관련된 '물때'로 사람들은 이 시간감을 갖고 음력월의 한 달에 들어있는 날들에 바닷물의 이동에 따른 명칭을 붙이고, 한 달을 바닷물 이동의 주기에 따라 분할하고 있다. 명칭에서부터 가장 중요한 자연환경인 물(바다)이 시간의 인지에 작용하는 요소가 되고 있음을 잘 나타내주고 있다(조경만, 1993). 갯벌을 중심으로 이루어지는 여성들의 삶은 바다의 생태적 순환주기인 '물때'에 따라 이루어진다. 갯벌에 나가 조개를 채취하는 '그레'마을 여성들에게 '물때'는 자신들의 노동공간인 '갯벌'의 드러남과 사라짐을 상징하는 것과 함께, 갯벌에서 노동할 수 있는 시간을 의미한다.

현지조사를 하는 과정에서 본 연구자는 '그레'마을의 각 가정마다 물때(조석시간)가 적힌 달력이 걸려 있는 것을 볼 수 있었다. 이 달력에는 여성들이 그날그날 잡은 조개량을 적어놓거나 가정의 대소사를 적어 놓는 경우도 있었다. 이처럼, 어촌 지역에서 물때를 알려주는 달력은 여성들의 삶과 노동을 구성하는 원리이자, 삶의 일기였던 것이다. 갯벌에서 조개나 해초류를 채취하며 살아가는 '그레'마을 여성들에게 있어 물때를 아는 것은 가장 필수적인 '삶과 노동의 지혜'라고 할 수 있다.

> 개맥이 어장만 혔지, 처음와서는. 〈생합〉은 잡을 줄 모른께. 나는 살기도 애당초에 정읍서 나서 정읍에서 큰 사람이라, 바다라는 것은 그때 처음으로 와서 구경을 한 거여.(…) 내가 개맥이 어장이 상당히 먼데, 여기서 국수를 삶아서 이고 바다를 가서는 샛거리를 주고 오고. 근디 지금은 샛거리를 안 줘도 물때가 질어야 〈길어야〉 일곱시간 일이여. 근디 멍청헌께 해서 이고 댕기느라고 나 다리가 다 휘어졌어. (사례 8)

사례8)은 정읍에서 '그레'마을로 이사온 초창기에 물때를 몰라 농촌의 생활방식대로 갯벌에서 일하는 사람들에게 '새참'을 가져다주었다고 한다. '그때는 멍청헌께' 그런 고생을 했다는 그녀의 이야기는 바다와 갯벌의 생태적 주기인 물때에 따른 바닷가 삶에 대한 부적응을 보여준다. '그레'마을 여성들이 말하는 '물때'는 갯벌에 나가 조개를 캘 수 있는 시간을 의미한다. 아래의 〈표-7〉은 '그레'마을 주민들의 '물때'를 음력월을 기준으로 나타낸 것이다.

〈표-7〉 부안 '그레'마을 사람들의 '물때'

음력일	물때		물이 서는 시각 (최간조시각 1)	물이 서는 시각 (최간조시각 2)
1일(●,작은사리)	일곱마	사리발	10:00	22:10
2일	여덟마		10:40	22:40
3일	아홉마		11:10	23:10
4일	열마		11:40	23:40
5일	열한마	거끔	12:10	
6일	한개기		0:10	12:40
7일	대개기		0:40	13:20
8일(◐,조금)	조금		1:10	14:00
9일	무심		2:00	15:10
10일	한마	산짐	3:00	16:30
11일	두마		4:40	18:00
12일	서마		6:10	19:00
13일	너마		7:30	20:00
14일	다섯마	사리발	8:20	20:50
15일(○,큰사리)	여섯마		9:20	21:30
16일	일곱마		10:00	22:10
17일	여덟마		10:50	22:50
18일	아홉마		11:30	23:30
19일	열마		12:20	
20일	열한마	거끔	0:10	13:00
21일	한개기		0:50	13:50
22일	대개기		1:40	14:40
23일(◑,조금)	조금		2:30	15:50
24일	무심		3:40	17:10
25일	한마	산짐	5:10	18:10
26일	두마		6:30	19:10
27일	서마		7:30	19:50
28일	너마		8:20	20:30
29일	다섯마	사리발	9:00	21:00
30일(●,작은사리)	여섯마		9:30	21:30

* 2003년 군산외항 조석표 기준(새만금지역 적용가능 / 부안 '그레마을)

이 표를 보면 물때는 한 달이면 두 사리(그믐·보름 사리)로, 보통 한 사리(15일)를 주기로 1물~11물(마), 한객기, 대객기, 조금, 무쉬(무심)로 구분되며, 물때는 하루에 두 번이고 매일 50분씩 느려진다.

물때는 일년내내 일정하고 하루 두 번씩 주기적으로 물이 들고나지만, '그레'마을 여성들에게 갯일을 할 수 있는 시간을 의미하는 물때는 계절에 따라 달라진다.

> 〔물때가 사계절마다〕 틀리지. 여름에는 밤에 〔물이〕 주로 많이 스고〔나가고〕 겨울에는 낮물이 주로 많이 서고. 여름에는 밤에 많이 나가니까. 밤에도 다녀. 밤에 가면 더 많이 잡었거든 (사례 2)

> 겨울에는 1마, 2마 때는 새벽 물때고 해가 일찍 안 뜬께, 어두우니까 그때는 이틀 간은 쉬지. 새벽이라. (…) 여름에는 두 물때거든, 아침·저녁으로. 근데 3마 때부터는 저녁 물때 가면 너무 늦고 아침에 일찍 갔다오고. (사례 5)

겨울하고 여름의 물때가 바로 그것인데, 이것은 해가 뜨는 시간의 차이에서 비롯된다. 아침(새벽)·저녁으로 갯벌에 나갈 수 있는 여름에 비해, 겨울은 저녁이나 이른 새벽에는 날이 어두워서 물이 빠졌더라도 하루에 한번만 갯벌에 나가 조개를 캘 수 있다. 이렇듯, 물때에 따라 여성들이 갯벌에 나가는 시간은 물론, 조개 채취량이나 갯벌에서의 채취시간은 달라지게 된다.

> 물때가 좋은 때가 조금 때. 그때〔조금때〕 생합을 많이 잡어유. 사리 때는 물

이 세갖고 생합이 다 뒹굴러 가, 이 물 밑으로. 근게 생합을 못 잡어. 조금 때는 물이 천천히 간께, 생합이 올라왔다가 그 자리에 그대로 있는 거여. (…) 생합이 잘 잡힐 때가 서마 날, 두마 날, 한마 날. 그러고 한객기허고 대객기허고 열 한 맛날까지 생합이 잘 나와. 여덟마 날부터 생합이 쪼끔 못 잡어요. 그러고 이제 조금 때, 물이 천천헐 때가 한마 날, 한개기[한객기], 대개기[대객기 또 조금, 무심[무쉬], 한마, 두마, 서마, 너마, 다섯마, 여섯마, 일곱마 날까지는 생합 많이 잡어유. (사례 9)

물때가 산짐[조금→사리] 물 때 있고 사리 있고 거끔[사리→조금] 있거든. 물때가 산짐 물때가 좋지. 왜냐면은 두 번 다닐 때고 인자 겨울에는 산짐에는 못 다녀, 너무 일르고.[이르고] 너무 늦고 허니까. 왜냐면 시간[물때가] 이 쪼끔밖에 안되잖아. 작업할 시간이 없어. 근데 생합은 산짐에 이동을 해, 잠깐 잠깐. 산짐이 서마, 두마 그 때가 산짐이고 인자, 열 마, 열한 마 그때가 거끔. 사리에서 산짐 물때인 조금 때로 넘어가는 때를 거끔이라 하고 서마, 두마가 산짐 물때라고 하고 그래. (…)사리 때는 [생합이]물 밑에만 있고 물빨이 싸니까 물 밑에만 있고 잠깐 하니깐 없어. 근데 물 밑에 생합이 있을 때는 사리 때가 좋은 물때라 하는데 요즘에는 물 밑에 생합이 없으니까 산짐이 좋은 물때고 글안허면은 거끔. 물이 좀 죽어질 때. 사리 때가 물발이 세잖아? 그러니까 물에 깨껴[떠내려] 내려가서 [생합이]없고 그런께 인자 거끔 물때가 좋은 때고. 거끔하고 산짐하고 좋은 때야, 아무튼 조금 때가. 산짐 때가 좋은데 우리가 그레질 할 때 걸리는 횟수는 산짐에가 많은데 산짐 물때는 잠깐이잖아? 근데 잠깐해도 긴 물 때 잡는 만큼의 양을 잡어. 그런께 생합이 그때 이동을 많이 하거든. 근데 사리 지나서 거끔으로 들어갈 때는 물때는 길으니까 생합이 덜 잡혀도 잡는 양은 [산짐 때와] 비슷하지, 나오는 양은 언제나.(사례 2)

사례 2)는 '그레'마을에서 태어나 현재까지 살고 있는 토박이고, 사례 9)는 14살 때 그레마을로 이사온 이후로 줄곧(35년 동안) 생합을 잡아온 여성이다. 이 두 여성은 일명 '생합 기술자'로 통하며, 아무리 물때가 짧아도 최하 5만원 값의 소득을 올린다고 한다. 이 여성들에 따르면, 좋은 물때(생합을 많이 잡을 수 있는 때)란, 바닷물이 천천히 들어와서 작업시간이 길어지는 조금 때라는 것을 알 수 있다.

　사례 2)는 물때를 '산짐', '사리' 그리고 '거끔' 물때로 구분하는데, 물때가 바뀌는 특성에 따른 것이다. 즉, '산짐'물때는 조금에서 사리로 바뀌는 때이고, '거끔'은 사리에서 조금 때로 바뀌는 때를 이른다. 과거에는 사리 때에 생합을 많이 잡았으나, 간척공사로 갯벌이 쌓이고 변화하면서 요즘에는 사리 때를 좋은 물때로 보기는 힘들다고 한다. 산짐과 거끔 물때가 갖는 공통점은 바닷물이 천천히 들어오는 시기라는 점이다. 차이가 있다면, 산짐 때는 물살이 점점 빨라지는 사리를 향해 가기 때문에 작업시간이 짧아지지만 생합이 이동을 하는 시기로 짧은 시간동안 많은 양의 생합을 잡을 수 있다. 이와는 대조적으로, 거끔 때는 '물이 죽는', 다시 말해 바닷물이 천천히 들어오는 조금 때로 바뀌는 시기라서 작업시간은 길어지나, 생합이 잘 안 잡히는 때이다. 하지만 '산짐'과 '거끔'때의 평균을 따져 보면 생합 채취량은 비슷하다. 사례 2)의 물때에 대한 설명을 참고하여 '좋은 물때'를 한 사리로 나타내보면, 1마(물)~7마와 11마, 한객기, 대객기, 조금, 무쉬(무심)로 사례9)의 진술과 맞아떨어진다. 한 사리(15일)를 기준으로 약 12일 정도가 생합이 잘 잡히는, 혹은 일정한 양을 잡을 수 있는 때라 할 수 있다. 이는 '그레'마을 여성들이 한달 평균 20~25일 정도 갯벌에 나간다는 것과도 일치한다.

　　[물때가 새벽일 때는] 한 3시 반쯤, 4시쯤 그렇게 일어나 갖고 밥혀서 아뜰 [애들] 벤또[도시락] 싸놓고, '너들 갖고 가고, 밥먹고 가그라' 그렇게 허고

가고. 그러면 밥 먹고 그대로 놔 둔 거여, 밥상을. 인자 [바다]갔다와서 또 치워야지, 깐난 애기였을 적에는. (사례16)

어촌지역의 삶과 자연환경의 생태적 주기인 '물때'는 갯벌에서의 여성노동은 물론, 가정 내에서 여성들의 생명재생산활동에도 깊은 연관성을 갖는다.

2. 여성노동력 위주의 '갯살림'

어촌지역의 삶과 일은 흔히 '어촌=어업=바다=어부'라는 등식으로 연결되는 경향이 있다. 이러한 등식은 어촌지역의 남성의 삶과 일, 그리고 생산공간을 상징화하는 것으로 공동체 내의 여성들의 기여와 일을 비가시화하곤 한다. 하지만, 많은 어촌지역에서 여성들은 어업과 관련된 일을 광범위하게 수행하고 있을 뿐만 아니라 가구의 생계와 소득에 상당부분 기여하고 있는 것이 사실이다(Sachs, 1997: 68). 게다가, 생계 혹은 시장경제활동에 참여하고 있든지 간에 여성들은 가정 내에서 임신과 출산, 양육, 가사노동과 같은 생명재생산활동과 함께 마을 공동체내에 비공식적으로 영향력을 미치고 있다. 이 절에서는 자연자원에 의존하여 살아가는 '그레'마을 공동체 내의 성별노동분업에 초점을 맞춰 '갯살림'을 유지하기 위한 여성과 남성의 일과 역할을 비교해 볼 것이다.

> 그때 당시에는 배가 없었기 때문에 아줌마들은 배를 탈 수도 없었고 또 아줌마들이 필요한 노동이 없어요. 단지 필요한 노동은 그물 갖고 가갔고 깔고 고기를 워낙 많이 잡아오면은 포구에 와갔고 간〔소금간〕이나 해주는 사람이지. 예전에 아줌마들은 갯벌에 나가갔고 조개 잡고 〔잡어 온 고기에〕간 이나 했지.(사례 H)

'그레'마을의 삶에 있어, 여성들은 갯벌에 나가 조개를 캐고 남성들은 배를 타고 바다에 나가 고기를 잡으며 살아왔다. 전통 어촌에서는 배를 지켜주는 수호신인 뱃서낭이 질투한다하여, 그리고 여자가 배에 오르면 부정탄다 하여 여자를 회피하는 것이 상례였다(조경만, 1988:141). 이러한 문화적 금기는 어촌지역의 여성과 남성의 일과 역할을 규정하는 데 영향을 미쳤다. 사례 H)에 따르면, 과거 '그레'마을의 여성들은 고기잡이에 쓰일 그물과 남성들이 잡아온 고기를 손질하거나 갯벌에서 조개를 채취하는 일을 주로 담당해왔음을 알 수 있다.

> 그전에 우리 배 헐 때에는 내가 꽝아리〔광주리〕에다가 막 이고 댕기믄서 팔고, 저그 부안까지 막 단박질〔달음박질〕 허는 거여. 거그서 팔고 또 오믄서 보리 팔어 갖고 와서 먹고. (…) 인자 바다 갔다 오믄은 밭에 가서 보리밭 매고 또 익으면은 보리 비고〔베고〕. 그전에는 트랙타도 없었응께로 그 많은 밭을 괭이로 다 파갖고 고구마 심고 콩 심고 항시 안 놀았어. 쪼깐 뺀허면은 막 산으로 다 나무허러 가고 또 뺀허믄은 바다로 가고 밭으로 단박질허고. 그전에는 쉴 참이 없었지.(사례 10)

> 그때는 여그가 섬이라 장사가 안들어 와. 갯일 해갔고 얼른 집에 와서 아뜰〔아이들〕 밥 챙겨주고는 그 길로 부안으로 나가. 저그 중리에 다리 있잖여. 거그가 옛날에는 나루여. 거그서 배타고 갯꼬랑〔갯골〕 건너서 창북리로 가지, 곧 물이 들어온 게 빨리 가야 혀. 갯바닥이 미끄러운 게 발에다 이렇게 새내끼〔새끼줄〕로 감고, 고개껏 이고 부안에 가면 쌀보리 한 되나 받어가꼬

저녁 늦게나 집에 와. 그러고들 살았어.[31]

　'그레'마을에서 농경과 땔감 구하기, 가사노동은 여성들의 일
이었다. 여성들은 힘든 갯일을 하고 집에 돌아오자마자 밭에 나
가 일을 해야했고 산에 나무를 하러 다녀야했다. 또한 과거 어판
장이 없던 시절, 여성들은 물이 빠질 때에 맞춰 조개와 고기를
광주리에 담아 이고 부안 읍내나 인근 농촌마을로 나가 이것들
을 팔아 쌀과 보리를 산 후, 물이 들기 전에 다시 '그레'마을로
돌아오기 위해 갯벌을 '달음박질'해야만 했다. 이렇듯, 그레마을
여성들은 가정에서의 가사노동 및 양육은 물론 갯일과 밭일, 땔
감 구하기 그리고 고기와 조개를 팔아 보리와 쌀을 사오는 교역
까지 담당해왔다.

> 우리 집 영감 사는 것은 배해서 돈벌어 갖고 오믄은 남자들은 놀아. 남자들
> 은 댕기면서[다니면서] 막 윷도 놀고 화토도 치고 술도 먹고 그러고 세월을
> 보내다가 넘는디. 우리 각시들은 지하불천허니 밭도 허고 집의서 일도 허고
> 산에 나무도 허러 댕기고 그러고 살지, 뭐. (사례 12)

　이와는 달리, 바다에서 고기를 잡고 마을로 돌아온 남성들은
잡아온 고기를 배에서 내리고 그물과 어구를 손질하고 나면 여
성들에 비해 여유로운 시간을 보냈다. 남성이 고기잡이를 하는
바다는 거센 풍랑과 예측 불가능한 기상 악화와 같은, 그래서 늘

---

31) 위의 사례는 '그레'마을의 개양에 거주하는 이복순 할머니(78세)를 사진작가
　 허철희가 인터뷰하여 자신이 운영하는 〈부안21〉 홈페이지에 올린 것을 인용한
　 것이다. 이 사례를 인용한 이유는 과거 '그레'마을 여성들의 일상적인 삶에 대
　 한 상세한 정보와 당시의 마을 상황에 대한 이해를 돕기 위해서이다.

죽음과 위험이 산재된 험란한 환경이다. 이러한 바다 한 가운데에서 이루어지는 남성들의 고기잡이는 각종 위험과 죽음의 공포를 자신들의 근육과 감각만으로 이겨내야 하는 그런 일이다. 이런 작업환경에서 오는 힘듦을 남성들은 육지에 와서 술과 노름 등으로 풀어냈던 것이 바닷가 남성들의 문화였다. 남성들의 조업활동은 바다의 기상상태와 어종에 따라 유동적으로 이루어졌는데 조업을 나가지 않는 기간동안 남성들 대부분은 술과 화투, 노름 등을 하며 휴식을 취했다.

> 신랑하고 살을 때만 그냥 답답하고 폭폭혔지〔힘들었지〕. 남자가 그렇게 폭폭헐 때가 있든만요. 인자 답답할 때 있으면은 그냥 죽는다고, 우리 신랑이 때린다고 허믄은 나는 죽이라고 대줘요, 죽이라고 대줘. 그런께 집의가 있으믄은 자꾸 신랑하고 쌈허고 술 갖고 와라, 뭣혀라 그런께 그냥 바다 가버려유. 바다 가믄은 좋지, 바다가서 돈 벌고…다 잊어 불지.(사례 9)

험란한 바다에서 조업을 끝내고 육지로 돌아온 사례 9)의 남편은 술과 노름으로 대부분의 시간을 보냈다. 술을 마신 남편은 그녀를 구타하는 경우가 많았고 이런 남편의 술값과 노름빚으로 그녀는 늘 빚에 허덕여야했다. 이러한 바닷가 남성들의 문화는 여성들에게 생계를 책임져야만 하는 부담으로 작용했을 뿐만 아니라, 남편의 폭력과 뒤치다꺼리로 여성들은 고통을 당할 수밖에 없었다.

> 남자들은 술 먹고 허믄은 자기가 벌어 갖고 자기 똥구멍도 처리 못 혀, 술 먹고 노름허는 사람들은. (할아버님은?)아—휴! 술… 말도 못 혀. 술 아조 악질이었어, 악질!—조그만 소리로 손을 내저으며— 말도 못 혀, 말도.〔할

아버지는〕 그냥, 놀고 놀아. 술 먹고 집의 와서 자고. 우리는 밤이두 생합 잡으러 댕기거든, 물만 있으믄은. 밤에 갔다가 집이 오면은 어쩔 때는 새북 (새벽) 2시까지 되기도 혀. (사례 10)

사례 10)의 남편의 삶 역시, 다른 남성들과 다를 바가 없었던 것으로 여겨진다. 술을 지독히도 좋아했던 그녀의 남편은 집에 있을 때는 매일같이 술을 마셨다고 한다. 고기잡이로 벌어 온 돈은 목돈이 되긴 했으나, 이러한 남편의 술값으로 나가는 게 대부분이었다. 이런 형편이다 보니, 사례 10)은 가구의 생계를 책임져야 하는 역할까지 감당해 내야 했으며, 물만 빠지면 밤이든, 낮이든 조개를 캐러 갯벌에 나가서 일을 해야했다. 이와 같은 바닷가 남성들의 일상적 삶과 문화는 여성들로 하여금 가구의 생계와 소득의 일차적 책임을 담당하게 하는 기제로 작용하고 있음을 알 수 있다.

저 갯바닥이 우리 새끼들 8남매 다 키웠어. 아뜰이〔아이들이〕 올망졸망 애릴〔어릴〕 때는 방에 놓아두고는 문꼬리에 숟구락 찔러서 잠그고 갯일 허로 갔어. (이복순, 78세)

그전에 바다 댕기믄서 내가 벌어야 하는디 애기들 땜에 못번께, 애기들을 방에다가 가둬. 인제 오강〔요강〕 씨쳐서〔씻어서〕 넣어놓고 먹을 것, 과자, 우유같은 거 사서 들여놓고 바다 댕겨. (…) 〔바다〕 갔다오면은 똥하고 오줌하고 방바닥에다 싸 갖고 막 손으로 다 으깨 갖고 그 똥하고 먹을 거하고 같이 그거를 막 먹은거야. (…) 그래도 어떡해, 새끼들 안 굶겨 죽일란께 벌어야 되고 그 이튿날 또 그렇게 하고 바다 나가고. (…) 그때부터 그냥 할 줄 몰라도 이를 악물고 댕겼지. 빈 몸으로 〔재금:분가〕나왔으니까, 인제 열심히 안하면은 우리가 살아갈 길이 없잖아. (사례1)

자녀가 결혼하면 '재금(분가)나게' 했던 결혼풍습에 따라 '그레'마을 원주민들의 갯살림은 핵가족 단위로 이루어졌다. 부모와는 독립적으로 살아가는 개별가구들이 갯살림을 유지하기 위해서는 가구내 여성과 남성 모두가 생계활동에 참여해야 했다. 앞서 지적한 대로 '그레'마을에서 여성들은 실질적인 생계유지자로서 책임과 역할을 맡아왔다. 게다가 가정에서 이루어지는 임신·출산 및 양육 그리고 가사노동과 같은 생명재생산활동 역시 여성들의 몫이었다. 자녀들을 돌봐 줄 다른 가족구성원이 없는 상황에서 갯일을 가야했던 위의 사례들은 어린 자녀들을 방에 남겨두고 문을 잠근 채 갯벌에 나갈 수밖에 없었다. 갯일을 하고 집에 돌아와 보면 아이들은 방안에서 놀거나 울다 지쳐 잠들어 있었고, 이런 자식들의 모습을 바라보며 여성들은 안타까움과 아픔을 느꼈다. 하지만 어린 자식들과 가족의 생계를 위해 여성들은 다음날 또다시 갯일을 나가야만 했다. 이는 여성들의 자식과 가족에 대한 애정과 책임감에서 비롯된 것이라 할 수 있다.

> 남자가〔남편〕 아무것도 없어 갖고 그냥 양식장 집에서 살았는디 인자 내가 생합을 좀 잡어서 여그 이 집을 쪼그맣게 하나 지었어요. 그런께 내가 생합을 잘 잡은 게 사는 거지. 내가 벌어서 먹고 사는 거여. 우리 남편은 배에서 남편대로 그렇게 빚을 갚은디, 내가 벌어서는 인자 애들 멕이고 애들 갈키고〔가르치고〕 그렇게 혀는 거여, 내가. (사례 9)

다른 한편, '68간척공사로 육지와 연결되고 1980년대 들어서면서 해태양식과 바지락·백합 양식, 그리고 개맥이 어장[32] 등으로 그레마을의 어업 형태가 다양해졌다. 이러한 어업 형태의 다양화는 주로 남성들의 경제활동이 변화되는 것과 밀접한 관련이 있다. 해태 양식장을 운영하기 위해서는 많은 돈이 필요하다. 넉넉한 가정 형편이 아니었던 남성들 대부분이 돈을 빌려서 양식장을 시작했는데 해태(김)을 수확해 돈을 갚아가는 형태로 양식장을 운영했다. 이렇게 해태 양식장을 운영하는 가정에서는 주로 남편이 해태 양식장 일을 했는데 빚을 갚아야 했기 때문에 가구의 생계와 소득은 실제로 여성들의 조개 채취로 감당할 수밖에 없었다. 또한 해태 양식과 개맥이 어장 등을 하기 위해서는 각 가정마다 소형 어선이 필요했다. 이때부터 소형 배들을 구입, 소유하는 가정이 생겨났으며, 이는 70~80년대 이후 정부의 수산업 진흥정책에 힘입었다고 할 수 있다. 사례 9)의 남편은 마을 사람과 동업으로 배를 구입하여 개맥이 어장을 했는데 개맥이 어장에서 벌어들인 돈을 다른 동업자와 분배를 하고, 배를 사기 위해 빌린 돈을 갚고 나면 실제로 남는 돈은 없었다. "내가 벌어서 먹고 산 거여"라는 사례 9)의 말처럼, 여성들의 생합 채취나 패류 양식장에서의 노동이 가구의 생계와 소득에 상당한 비중을 차지했고 여성들은 생계 부양자로서 기여해 왔음을 알 수 있다. '그레'마을에서 '누구네 집이 제일로 좋게 만들어지는가는 누구네 집 여인이 조개를 제일로 잘 캐는가에 달려 있다'는 말이 있을 정도로 그레마을을 지탱하는 데 있어 여성들의 일과 수입은 매

---

32 개맥이 어장이란, 갯골(tidal channel)에 그물을 쳐서 바닷물에 밀려오는 고기를 잡는 어업형태를 말한다. 과거 그레마을 주민들은 개맥이 어장으로 높은 소득을 올렸으나 두 번의 간척으로 바다 생태계가 변화되면서 지금은 일부 주민들만이 개맥이 어장을 운영하고 있다.

우 중요한 경제활동이었다.

　　〔여성의 경제력은〕생계를 유지할 수 있는 원동력이었던 거예요. 남자들은
　　아무것도 아니에요. 남자들은 여그서〔그레마을〕생활도 안했어요. 태안반도
　　있죠? 그리 전부다 갔어. 서산, 대하 잡으러. 〔몇 달 동안?〕몇 달이 아니
　　죠. 거의 반년이죠, 반년. 〔마을에는〕여자들하고 자식들, 아니면 노인양반
　　들. 전부다, 어머니가 생계유지를 다 시켜줘야 되요. 〔어머니가 조개 캐
　　서?〕그렇지요. 쉽게 말해서, 아버지라는 사람은 반년동안 객지야. 잘 벌으
　　면 괜찮은데 못 벌으면 적자야. 그러면 거꾸로 줘야돼, 선주한테. 옛날에는
　　그렇게 돼있었어, 구조가. 쉽게 말해서, 내가 반년동안 나가서 고생한 돈이
　　이거다, 목돈이라고 하는 그 결과만 남아 있는 것이지, 실상 아무것도 아니
　　야. 사실 그 나머지 부분을 어머니가 다 한 거야, 여기 사람들은. (사례 H)

　　남성들의 조업활동은 육지를 떠나 바다에서 장기간 이루어지
는 노동이었다. 남성이 부재한 기간동안 육지에 남아있는 가족들
의 생계를 책임지는 일은 여성들의 몫이었다. '그레'마을에서 태
어나 자라온 사례 H)의 기억 속에 '아버지'라는 존재는 일년에
한·두 번 얼굴을 볼 수 있는 사람이었다. 아버지가 없는 반년동
안 가족들의 생계를 책임지는 사람은 바로 어머니였으며, 아버지
가 벌어 온 돈은 '목돈이라고 해도 실제 생활에는 그다지 도움이
될 수 없었다'고 이야기한다. 과거 그레마을에서 배를 가진 선주
는 몇 사람에 불과했다. 배가 없는 남성들은 선주에게 고용되어
배를 탔다. 가정형편이 어려웠던 그레마을 사람들은 배를 타주기
로 약속하고 선주로부터 '전돈을 가져다 쓰는' 즉, 미리 돈을 받
아서 쓰는 경우가 많았다. 하지만, 남성들의 고기잡이는 예측 불
가능한 바다 환경의 조건에 따라 그 어획량은 늘 유동적이고 불

안정할 수밖에 없다. '운이 좋으면 만선으로 돌아오지만, 운이 나쁘면 빈배 혹은 가벼운 배'로 돌아오는 경우도 있다. 그럴 경우에, 미리 받았던 돈을 선주에게 다시 되돌려줘야 하는 그런 구조였던 것이다. 이에 비해, 여성들의 조개 채취는 일년내내 잡을 수 있을 뿐 아니라 자신들의 노동에 따라 일정한 양의 조개를 안정적으로 채취할 수 있다. 이런 점에서, 여성들의 조개채취는 하루하루의 생계, 먹거리를 해결할 수 있는 원동력이 된다. 남성들이 돌아오기 전까지, 여성들은 마을에 남아있는 가족들의 생계를 유지시켜야 하는 역할을 담당하는데 이는 매일같이 갯벌에 나가 이 여성들이 채취한 조개가 있어 가능한 일이다. 물론 조개가 화폐가치로 환산되지 않았던 시절에는 그다지 큰 소득을 올리지는 못했다. 하지만, '먹고사는 문제', '끼니를 해결해야 하는' 어려운 갯살림에 조개(생합)는 '대체 식량'이었을 뿐 아니라, 주식인 쌀과 보리를 살 수 있는 교환 수단으로서의 가치는 충분했다.

> [시집와서] 처음에 온께는 그냥 도저히 살래야 살 수가 없더랑께, 여그 사람들은 아조 단련이 되여갖고 굴도 따고 뭣도 거시기하고 그런디 우리는 거 그서[삼례] 그런 것[갯일]을 안 해 먹다가 여그로 온께, 일도 못허지 도저히 앞뒤 물만 철렁철렁허고 살 길이 없잖여.(…) 여그는 막 일이나 하고 굴이라도 까는 사람이 사람이지, 집의서 그냥 살림하고 사는 사람은 사람 아닌 걸로 취급을 해버려. [갯벌에] 나가서 인자 잘 혀야 그 사람 옳은 사람을, 며느리를 얻어왔지(…)(사례 15)

과거 섬이었던 '그레'마을의 여성들에게 있어 갯벌에 나가 조개를 캐는 갯일은 필수적인 노동이었으며, 산자락을 개간하여 만든 밭에 나가 남자 못지 않게 밭일도 잘 해야만이 '옳은 사람' '좋은 며느리'로 평가받을 수 있었다. 먹고 사는 문제를 해결하는 것이 무엇보다 중요한 상황이었기 때문에 여성들이 집안에서 살림만 하는 것은 '게으름'으로 취급당했고 '아무리 얌전해도 바다 안 다니면 욕을 하는 곳'이 '그레'마을이었다,

이상과 같이, '그레'마을 공동체내에서 여성들은 생산자이자 재생산자로서, 그리고 마을 공동체의 주생활자로서 살아왔다. 갯벌과 바다의 자연 자원에 의존하여 살아가야 하는 '그레'마을의 생활여건 속에서 여성들의 갯일은 가구의 생계와 소득에 중요한 비중을 차지했을 뿐 아니라, 오랜 기간(짧게는 하루, 길게는 반년에 이르는 기간) 바다에 나가 있는 남성을 대신하여 마을을 지키고 가족들의 일상적 삶을 유지하는 데 매우 중요했음을 알 수 있다. 이렇듯, '그레'마을 여성들이 가정은 물론, 마을 공동체 그리고 인근 시장과 농촌에 이르는 광범위한 영역에 걸쳐 공식·비공식적으로 활동해 온 점을 감안해 볼 때, 여성들의 노동력은 영토와 자원의 제한성과 상대적 고립성 등과 같은 섬 지역 특유의 열악한 생활여건 속에서 '갯살림'을 유지하는 원동력이었다고 볼 수 있다. 더욱이, 이러한 여성들의 역할 수행은 '그레'마을에서 여성들의 지위를 결정하고 여성에 대한 성역할 규범을 구성하는 주요한 기준이 되어왔다. 마을 공동체 내의 성별노동분업의 원리에 따른 여성과 남성이 하는 일과 공간의 다름은 여성과 남성의 일상적 삶을 상이하게 구성해왔음을 알 수 있다.

3. 여성의 노동과 갯벌의 관계 맺기

인간과 자연과의 상호작용은 노동을 통해 이루어진다. 인간의 노동행위는 자연에의 직접적인 참여를 기본으로 하며, 이는 생태적으로 자연을 알고 관계를 맺어가는 과정이라 할 수 있다. '그레'마을의 성별분업 체계에 따라 여성들 대부분은 갯벌에서 조개를 채취하며 삶을 생산해왔다. '그레'마을 여성들이 갯벌에서 조개를 채취하는 어업형태를 맨손어업(흔히, 갯일)이라 하는데, 바닷물이 빠지고 갯벌이 드러나면 호미나 갈쿠리, 그레로 바닥을 뒤집거나 긁어서 그 속에 서식하는 조개를 잡는 것을 말한다. 여성들의 맨손어업은 매일같이 반복되며 지속적으로 이루어지는 생계유지적 생산활동이다. 매일의 참여와 지속성을 특징으로 하는 갯일은 여성들이 갯벌을 생태적으로 알아가는 과정이자 일상적으로 갯벌을 경험하고 갯벌과 지속적인 관계를 맺고 자신들의 삶에 갯벌을 의미있는 공간으로 자리매김하는 과정이라 할 수 있다. 이 절에서는 '그레'마을 여성들 대부분이 생합(백합)을 잡는다는 점에서 생합 채취를 중심으로 갯벌에서 이루어지는 여성들의 노동을 살펴보기로 하겠다.

1) 여성들의 생계유지적 생산활동 : '갯일'과 경제력

'그레'마을 여성들이 갯벌에서 주로 채취하는 조개는 생합으로, 이는 '그레'마을의 주변 갯벌이 바닷물과 민물이 만나는 하구갯벌로서 모래펄이 넓게 분포하여 백합의 산란 및 생육에 적합한 생태적 조건을 갖추고 있을 뿐만 아니라 백합이 다른 조개류에 비해 가격이 높기 때문이다. 다른 한편, 공동생산·공동분배 방식의 마을 공동어업을 발달시켜 온 다른 어촌지역과는 대조적으로 그레마을 여성들의 맨손어업은 개별 작업으로 이루어진다. 이는 드넓은 갯벌 속에 다양한 조개류들이 서식하고 있고 여성들마다 채취하는 조개종류가 다르기 때문이다. 이러한 특성상, 여성들은 경운기나 선외기(배)를 타고 작업공간인 갯벌로 함께 나가지만, 일단 갯벌에 나가면 각자가 잡고 싶은 조개가 있는 곳을 찾아가 개별적으로 채취를 한 후, 이를 판매하게 된다. 특별한 자본없이 호미와 갈쿠리로 갯벌에서 조개를 채취하는 맨손어업은 일년내내 이루어지고 그 생산량이 일정하기 때문에 삶의 터전이 바다와 갯벌밖에 없던 그레마을의 삶을 살아가는 데 있어 매우 중요한 경제활동이다.

갯벌의 특성상, 여성들의 생합 채취는 갯벌이 드러나는 간조(썰물) 때 주로 이루어지며 갯벌에서의 작업시간은 만조와 간조 사이, 즉, 물이 빠지는 4~5시간 정도이다. 여기에 생합이 있는 갯벌까지의 왕복시간인 2시간을 합하면, 여성들의 총 작업시간은 6~7시간이다. '그레'마을 여성들은 물때에 맞춰, 한 달 평균 20~25일 정도 갯벌에 나가 생합(백합)을 채취한다.

> 저 수성에 살을 적의는 저 하리..수성 앞[하리갯벌]으로 경운기를 타고 댕겼는디, 이리로[그레3리−개양포구쪽 마을] 이사오고는 인자 배타고 댕긴 거여.(…)경운기는 3천원, 배는 5천원 그렇게 혀, 성개가[삯]. (사례10)

〔배타고 가면〕 멀리도 가고, 가고 싶은 데로 가. 가깝게 갈라면 가고 멀리도 갈라면 가고. 멀리 가지, 아무튼. 배도 〔경운기와〕같은 시간에 나가. 근디 들어오는 건, 배가 먼저 들어오지. 우리는 등〔물이 없는 갯벌〕으로 댕기지만, 거기(개양포구)는 골〔갯골〕로 댕기니까 물이 빨리 올라오지. 그러니까 거기는 빨리 오고, 여기는 아무래도 더 늦고. (사례2)

　바닷물이 빠지면 '그레'마을 여성들은 갯벌로 나간다. 과거에는 걸어서 갯벌을 나갔지만, 요즘엔 경운기와 선외기(쏘내기, 모터가 달린 소형배)를 타고 간다. 이러한 차이는 갯벌로 나가는 통로가 '어디냐'에 따른 것이다. '그레'마을에서 갯벌로 나가는 통로는 하리갯벌과 개양포구이다. 하리 갯벌은 육지와 접해 있어서 물이 빠지면 바로 갯벌이 드러나는 곳이고 개양포구는 물이 빠진 후에도 어느정도 물이 항상 들어와 있는 포구라는 차이가 있다. '그레'마을 중, 그레2리, 4리, 하리, 수성에 거주하는 사람들은 주로 하리 갯벌로 경운기를 타고 나가고, 그레 상리, 중리, 1리, 3리, 개양의 여성들은 개양포구에서 배를 타고 갯벌에 나간다. 배를 타고 가면 더 멀리까지 갈 수 있다는 장점이 있는 반면에, 경운기보다 더 일찍 들어와야 한다. 왜냐하면, 배는 갯골(tidal channel, 현지: 골, 꼬랑)을 통해 먼 바다로 나가는데 이러한 곳은 물이 더 일찍 들어오기 때문이다.

우리 학교 다닐 적에는 경운기가 없었어요. 그때는 〔갯벌을〕 걸어 다녔단 말입니다. 근디 해태 해 가지고 〔바다〕길이 생기고 하니까 이제 경운기 타고 왔다갔다하는 바람에, 해태(김)할 때는 경운기를 주로 많이 썼잖아요. 그래서 나도 경운기를 다룰 줄 알고 그러니까 여름에 그 공간이 비잖아요, 해태할 때 그 기간에. 그래서 놀 수 없으니까 일단은 한 푼이라도 바다 가서 벌어야 되니까. (사례 G)

〈그림 6 〉 경운기와 선외기

사례 G)는 경운기를 소유한 남성 '생합잡이'이다. 그레마을 여성들이 경운기나 선외기(쏘내기)를 타고 갯벌에 나가기 시작한 것은 1980년대 이후의 일이다. 이때부터, 바다에 나가 고기를 잡던 남성들이 해태 및 패류 양식과 개맥이 어장으로 어업활동을 전환하게 되었는데 해태양식은 7월 중순부터 시작해서 다음해 4월까지 이루어진다. 해태 양식을 끝내고 남는 5·6·7월의 세 달 동안을 이용하여 '그레'마을의 일부 남성들이 생합을 채취하기 시작했다. 과거 여성들의 일이었던 생합 채취에 남성 생합잡이가 등장하면서, 걸어서 다니던 갯벌을 경운기와 선외기를 타고 다니게 되었다. 한편, '68 간척공사 이전에는 백합의 서식지가 마을 바로 앞에 있어서 손쉽게 채취작업을 할 수가 있었다. 간척공사 이후 둑이 생기면서 진흙이 쌓여 마을 주변의 갯벌은 진흙갯벌로 바뀌었으며, 백합이 사는 모래갯벌을 찾아서 먼 바다 쪽으로 나가야 했다. 따라서, 경운기와 선외기가 백합잡이에 이용된 것은 갯벌의 변화와도 관련이 있다고 여겨진다.

〈그림 7〉 생합 채취 과정

여성들의 생합 채취는 "(물이 빠질 때쯤)경운기/선외기 타고 갯벌 나가기 → 갯벌에 도착하면 각자 흩어져서 그레질하기 → 생합 주워서 구럭에 담기 → (물이 들 때쯤) 경운기/선외기 타고 육지로 되돌아오기 → 육지에 도착하면, 크기별로 생합 분류하기 (대, 중, 소합) → 생합 장사에게 팔기"의 과정으로 이루어진다. 실제 갯벌에서 생합을 캐는 과정을 구체적으로 살펴보면 다음과 같다. ①구럭(망태)은 등에 지고 그레의 끈을 허리에 매서 길이를 조절한다. ②'ㄷ'자 모양의 그레날(칼날)로 갯벌의 표층을 5-10cm(깊이는 생합의 크기와 계절에 따라 달라진다)정도 끌면서 뒷걸음질한다. ③그레날에 생합(조개)이 걸리면 갯벌을 뒤적거려 생합을 주워 구럭에 담는다. ④구럭이 가득 차면 망(그물망으로 된 주머니)에 붓는다. 바닷물이 들어오기 전까지 ②~③의 과정을 반복한다.

> [한 물때에] 많이 벌 때는 12만원, 10만원, 8만원, 7~8만원 벌 때가 있고 또 못 캘 때는, 물때가 짧고 할 때는 3~4만원 캘 때도 있지만 5.6.7.8 만원은 보통으로 한 거야. 그것은 기준이 없고 이게 물때대로. 그럴 때는 한 3~4만원을 벌고. 가격도 떨어질 때가 있거든. (사례 1)

물때에 따라 생합의 채취량은 차이가 나는데, 즉 물때가 짧으면 그만큼 생합 채취량은 줄어들고 물때(작업시간)가 길면 더 많아진다. 여름철에는 물때가 하루 두 번씩일 때도 있다. 이런 때는 여성들의 채취량은 더 많아지게 된다. '그레'마을 여성들이 한 물때 작업으로 벌어들이는 소득은 여성들마다 생합을 잡는 기술과 지식에 따라 다르지만 평균 5만원 정도이다.

> (…)요즘 [2002년 1월:겨울]은 그래도 여름에다 비하면 안떨어진 거지.
> 겨울철에는 1만원도 가고 7~8천원 가는데, kg당 큰 것은. 근데 여름에는
> 큰 것이 5천원, 잘 가야 5천원, 아니면 4천 5백원, 중간 게 3천원, [작은
> 것은] 2천 5백원. 그 선이니까 뭐 많이는 캐도 돈은 안돼. (사례 5)

여성들이 생합을 채취해 벌어들이는 소득은 물때에 따른 채취
량의 차이 이외에도, 생합의 가격(시세)에 영향을 받는다. 생합은
계절에 따라 가격 차이가 나는데 여름에는 가격이 좀 떨어지고
날씨가 추워지는 가을과 겨울에는 가격이 오른다. 하지만 여성들
의 연평균 소득(액)은 일정한 수준을 유지한다. 왜냐하면, 생합이
많이 나오는 여름철에는 생합 가격은 낮으나 소비량이 많고, 겨
울철에는 생합이 갯벌 깊숙이(5~10cm정도) 들어가서 채취량이
적은 데 비해 가격이 높기 때문이다. 따라서, 여성들의 생합 채
취는 일년내내 잡을 수 있고, 그 생산량과 소득이 일정하다는 점
에서 가구의 생계와 소득에 있어 안정적인 수입을 보장한다.

> 그때 [70년대 이전]만해도 [지금처럼] 생합들을 많이 안 샀죠. 그랬는디 지
> 금 생합장사들이 생합을 사게 된 것이 한 27,8년 될까. 근디 그때는 되박
> [되]으로 되야서 사고. 그때 [1970년대~80년대 초반]은 지금같이 생합금
> [값]이나 비쌌간이? 안 비쌌지. 생합 1kg에 아니, 1관..4kg에 돈 300원,
> 200원 그랬었지. 이게 한 십년 전 [1980년대 중반부터 90년대초]부턴가
> 외국으로 수출을 하지. [생합이] 수출은 겁내게 나갔어, 그때는. 생합금이
> 이렇게만 나가깐이? 그때에 비하믄은 지금 생합금이 많이 떨어졌지. (사례
> 6)

70년대, 주곡인 쌀과 보리로 바꾸는 교환수단이었던 생합이 상품적 가치를 갖게 된 때는 1980년대 후반부터이다. 이는 68년 간척공사로 그레마을이 육지와 연결되면서 생합이나 어패류의 판로가 생기고 생합장사들이 그레마을로 들어오기 시작하면서 생합이 상품으로서 화폐가치를 갖게 되었기 때문이다. 게다가, 1990년대 초반부터 패류 양식이 활발해지고, 생합이 외국(특히, 일본)으로 수출되면서 생합의 화폐 가치는 현재보다 더 높았음을 알 수 있다.(우리나라 국민들의 식생활 변화, 일본식 회문화가 우리나라에 도입되는 때와 같이한다.) 이처럼, 어패류의 상품화와 함께 백합(생합)이 고가의 상품이 되면서 여성들은 실질적인 경제력을 갖게 된 것이다. 목돈으로 들어오는 수입이 아니어서 하찮은 것으로 여겨졌던 여성들의 맨손어업은 가정과 그레마을 공동체에서 실질적인 경제적 지위를 획득하게 되었다. 이때부터 그레마을에는 그동안 여성들의 일("갯일=아녀자들의 일")로 여겨졌던 맨손어업을 하는 남성들이 생겨났다. 이러한 남성 '생합잡이'의 등장은 생합의 상품적 가치의 상승과 함께, 남성들의 어업 활동이 해태양식이나 어장 등과 같이 다양해지면서 이 어업 활동의 사이사이에 남는 기간을 갯벌에 나가 생합을 잡는 것으로 대체하게 된 데서 비롯되었다고 볼 수 있다. 이 결과, 그레마을 내의 성별분업 체계는 일정정도 변화를 겪게 되고 가정과 마을 공동체에서 여성과 남성의 역할과 지위에 영향을 미치게 된다.

우리가 벌면은 한 달이면 사리가 두 사리가 들었거든. 많이 댕기면은 (한 사리에〕 11일, 12일 이렇게 댕겨. 그러면은 우리가 전표를 다 띠거든. 보통 여자들도 5~60만원, 7~80만원, 8~90만원 다 그렇게 혀. 한 달이면〔사리가〕두 번인께, 한 번 계산해 봐. 그것도 한 달이면 160만원, 170만원이여.(…) 그렇게 안 막을 때〔새만금 방조제 공사 이전〕에는 한 사리면 200만원까지 벌었어. (사례 4)

   사례4)에 의하면, 그레마을 여성들이 생합만 캐서 벌어들이는 한달 평균 소득은 최하 100만원~최고 200만원 이상이며, 이를 일년으로 계산하면 1000만원에서 2000만원이 넘는다고 볼 수 있다.(하루 평균 5만원을 잡고 한 달에 20~25일을 갯벌에 나간다고 하더래도 여성들의 한달 소득은 최하 100만원 이상이다.) 사례4)는 올해 67세인 여성으로 47년동안 생합만을 캐왔으며, 현재까지 이 일을 계속하고 있다. '그레'마을과 같은 어촌 지역에서 남성들은 나이가 들면 일찍 바닷일을 그만두는 것에 비해, 여성들은 60~70대가 넘어서도 갯일(맨손어업)을 지속하는 것을 흔히 볼 수 있다. 그레마을에서도 60살이 넘은 여성(노인)들이 갯벌에 나가 생합을 캐는 것을 쉽게 볼 수 있는데, 이들은 젊은 여성들에 비해 채취량은 다소 떨어지나(나이가 들어 더 힘들지만), 오랜 갯일에서 체득된 기술과 지식이 있기 때문에 사례4)와 같이 상당한 수입을 올리는 경우가 많다. "즈그들〔자식들〕이 용돈 주면 몰라도 글 안하면은 손 안 벌리지. 절대 아들보고 '너, 나 용돈 돌라'는 소리를 안혀지"하는 올해 72세인 사례 6)의 말처럼, 그레마을의 여성들은 나이가 들어도 자신의 몸만 건강하면 갯일을 해서 독립적으로 살아간다. 심지어, 가정 형편이 어려운 자식들을 도와주는 여성 노인들도 있다고 한다. 이렇듯, 그레마을 여성들이 나이가 들어서도 자식들에게 의지하지 않고 자립적으로 자신의 삶을 살아갈 수 있었던 것은 바로 갯벌이 있기 때문이다.

우리 어머니같은 경우는 낼모레면 나이가 70이거든요. 지금은 많이 줄어들었어. 인자 나이도 드시고 환경이 좀 안 좋고 그래가지고. [일년의 연봉이] 기본이 2000(만원)이야. 노인양반이 2000이면은……그것[장부를] 보면 진짜 어마어마해. 우리 어머니는 뭐 일년에 2000 벌면 전부 자식들한테 쓰는 것이지, 우리 어머니가 쓰는 것은 별로 없어요. 나도 내 나이 이만큼 됐지만, 나 우리 어머니한테 손 벌려요. 내가 워낙 힘들고 저거할 때, '어머니, 나 좀 도와주시오' 그래요. 내가 까먹은 것만 하더라도 한 2억 된께. (사례 H)

새만금으로 해서 제가 직장을 잃고요, 가축을 키우고 뭣하고 하면서 이제 버는 건 없고 빚같은 것이 계속 늘어나고 그러니까 사실 그 뒷치닥거리는 각시[부인]가 다 한 거예요. 그니까 아마 우리 각시가 바다에서 수입원이 없으면은 우리 집이 상당히 힘들었을 거예요. 그렇게 버니까 내가 다른 데 다니면서 이렇게 큰 소리라도 치고, 뭐 새만금 반대운동이다, 어쩌다 이렇게 사실 돌아다닐 수 있는 것도 각시가 있기 때문에 이렇게 할 수 있는 것이거든요. (사례 K)

젊은 시절, 사례H)는 객지에 나가 사업을 했으나 실패를 거듭했다고 한다. 그럴 때마다, 어머니가 사업밑천을 대주거나 빚을 갚아주었다. 현재, 그는 그레마을에 살면서 어장을 운영하고 있는데 지금도 자신이 경제적으로 힘들면 어머니에게 도움(경제적 지원)을 청한다. 그에게 있어, 70을 바라보는 어머니는 언제든 달려가면 경제적 지원을 해줄 수 있는 힘을 가진 존재이자, 든든한 버팀목이다. 사례K)는 과거 바지락 양식장의 관리인으로 일하다가 새만금 사업에 따른 어업보상과 함께 양식장 관리일을 그만

두게 되었다. 그 이후로, 그는 가축사육을 시작하였는데, 이 사업은 사료 값이나 시설 투자비, 그리고 가축이 성장하기까지 소득을 벌어들이기 힘들다. 이런 이유에서 그는 많은 빚을 지게 되었는데 자신의 부인이 갯벌에 나가 벌어들이는 돈으로 생활을 꾸려갈 수 있었다. 그의 아내가 벌어들이는 소득이 있기 때문에 자신이 현재, 새만금 반대운동을 열심히 할 수 있다고 말하는 사례 K)는 농담삼아 자신을 '고개숙인 남자가 됐다'로 표현했다. 흔히, 그레마을에서는 '억척스러울 정도'로 생활력이 강해 가정이나 마을 공동체에서 상당한 경제력을 가진 여성들과 비교하여, 남자들을 '반걸충이'로 부르기도 한다고 사례 K)는 말해 주었다. 위의 사례들을 통해서 보면, '그레'마을 여성들은 생합을 캐서 벌어들이는 돈을 주로 가계 운영이나 자식들을 위해 지출하는 경우가 많음을 알 수 있다. 이는 자신이 벌어들이는 돈이 자신을 위한 것이라기보다는 가족 전체를 위한 것으로 여기는 가족주의와 모성이데올로기를 내면화하고 있는 결과라 할 수 있다.

> 내가 살려면 어쩔 수 없잖나? 당신들이 못 가르쳐서 내놨기 때문에 내가 가르켜서 쓴다는데, 당신들[시어머니와 시숙한테]이 뭣이냐? (…) 쥑여도 내가 죽이고 살려도 내가 살릴테니까…내가 폭폭헌데[어렵고 살기 힘든데] 고쳐서 살어야지. 당신들이 못 고칠 바에는 참견하지 말어라. 지금까지도 못 고쳤으면서 왜 참견을 하나. 장가를 안보냈으면은 내가 이 집 안에서 이렇게 당하고 살 것도 없고… (사례 1)

사례 1)은 서울에서 공장생활을 하다가 그레마을로 시집을 왔다. 그러나, 중매쟁이에게 들었던 것과는 전혀 다른 시댁의 가정

형편과 남편의 무능력 그리고 고약한 술버릇과 구타로 신혼 초기에 고생을 많이 했다고 한다. 그녀가 첫 아이를 낳느라 산고를 치르고 있는 상황에서도 남편은 술을 먹고 들어와 그녀를 구타하여 그녀는 막 태어난 아이를 두고 집을 나가려고 했다고 한다. 그 이후로, 시어머니와 시숙의 시집살이가 더해졌으며, 매일같이 술을 먹고 들어와 자신을 때리는 남편의 폭력은 지속되었다. 고된 시집살이와 남편의 폭력에 시달리던 그녀가 갯일을 본격적으로 시작하게 된 계기는 태어나자 마자 심하게 병을 앓았던 둘째 아이를 살리기 위해서였다. 남편의 벌이는 늘 시원찮았고, 행여 돈을 번다해도 술값으로 나가는 게 비일비재했기 때문에 그녀가 매일같이 양식장에 나가 '황소처럼(그녀의 표현)' 조개를 캐서 벌어들이는 수입으로 아이의 약값과 병원비는 물론, 가정 살림을 할 수밖에 없었다. 그녀는 한 물때에 15만원 값을 혼자서 잡을 정도로 생합을 잘 캤으며 한 달에 벌어들이는 수입 역시 상당했다. 이렇게 생합을 캐며 힘겹게 살아오던 어느 날, 그녀는 더 이상 남편의 폭력과 고된 시집살이를 견뎌낼 수 없다는 생각이 들었고, 자신과 자식들이 살아가기 위해서는 '남편을 고쳐 살아야 되겠다'는 의지를 갖게 되었다고 한다. 이처럼, 여성들의 경제력은 가족내 부부관계는 물론 시댁식구들과의 관계에도 영향을 미치게 되는데, 대체로 그레마을 여성들은 자신의 경제력에 기반하여 독립적이고 주체적인 태도를 형성해왔다고 할 수 있다.

힘들지— [갯일은] 노동치고는 최고 된[힘든] 상노동이여, 바다 나가서 몇 시간 작업하는 것이. 왜냐, 정신없이 해야 그만큼의 대가를 얻을 수 있기 땜에 농땡이나 치고, 내가 힘없다… 게을러 가지고, '아, 내가 좀 쉬어야지' 뭐 해야지… 그러면은 그만한 보상을 못 갖고 와. 내가 땀 뺀 만큼 벌어 갖고 오는 거여. (사례 3)

바다 가서 일하는 것은 사람이 고되기는 해도 내가 일을 하고 나서 그만 만큼의 보수가 있단 말이여. 누가 주는 건 아니지만은 내가 내 힘만큼 넘 눈치 안봐가면서 내가 힘들면 힘든만큼 그냥 하다가 쉴 수도 있고 그렇게 해 가면서 내가 어떤 보상이 있는 거지.(…) [갯일은] 진짜 최고로 좋은 건데. 나이 제한 없고 학력제한 없고. 안 그래요? (사례 5)

'그레'마을 여성들에게 갯일은 하루하루의 생계를 이어가야 하는 부담이 아닐 수 없다. 그러나, 이들은 자신과 가족들이 먹고 살기 위해 해야만 하는 힘든 갯일이지만 자신이 수고한(노력한) 만큼의 보상을 받아올 수 있었기에 즐겁고 보람을 느낄 수 있었다. 평생을 갯일로 살아온 사례 3)은 못 배우고 가진 것 없는 사람들한테 갯벌은 자기가 땀흘려 일한 만큼 대가를 주고 정직하게 자신들을 대해 준다고 이야기한다. 연령이나 학력과 같은 어떠한 차별과 편견 없이, 갯벌은 이들 여성들을 보듬어 안고 이 여성들 역시 갯벌 속에서 성실하고 당당하게 자신들의 삶을 살아낼 수 있었다. 그레마을 여성들에게 갯일은 '노동치고는 최고로 힘든 상노동'이지만 '남의 눈치 안보고 내가 열심히 일한 만큼의 대가'를 받을 수 있는 일이며, 힘들면은 중간에 쉬면서 자유롭게 할 수 있는 '최고로 좋은 직업'인 것이다. 현 노동시장의 구조 속에서 저학력의 40~50대 여성들이 할 수 있는 일들은 매우 한정되어 있을 뿐 아니라 식당일이나 파출부 등과 같은 저임금의 직종들이 대부분이다. 이런 여성 노동시장의 현실을 감안할 때, 그레마을 여성들의 생합 채취는 하루종일 매이지 않는 한물 때 작업으로 비교적 자유로울뿐 아니라 노동시간에 비해 높은 소득을 올릴 수 있다. 이와 같이, '그레'마을 여성들이 남편의 수입에 의존하지 않고 자신의 일에 자부심을 가지며 독립적으로 생활을 해 나갈 수 있었던 것은 바로 갯벌이 있어 가능했다. 그래서 이 여성들은 아무리 힘든 갯일이지만 '자신이 번다'는 보람을 느끼며 당당하게 삶을 살아냈던 것이다.

2) 여성들의 생태 친화적 생산방식 : '몸-생산도구-갯벌의 하나됨'

'그레'마을의 갯벌에서 이루어지는 조개채취는 그레와 갈쿠리, 그리고 구럭(망태)를 이용하는 여성들의 맨손어업과 갯벌에 그물을 쳐서 조개를 채취하는 방식 그리고 배를 소유한 남성들에 의한 기선형망어업으로 구분될 수 있다. 갯벌에서 조개를 채취하는데 있어 생산방식과 도구는 작업장소인 갯벌 생태계에 직접적으로 영향을 미치게 된다. 이 절에서는 여성들의 맨손어업과 남성들의 그물로 채취하기 및 배를 이용한 기선형망어업이 갯벌 생태계에 미치는 영향을 갯벌 생태계의 재생 가능성과 생산성 유지라는 측면에서 살펴보고자 한다.

[여기는] 맛도 잘 안 잡거든. 맛은 깔꾸리질[갈쿠리] 하고 쏘개질하고 주서[주워] 담고, 복잡혀.(…) 암튼 생합 잡는 게 최고로 양반이여. 꼬막[동죽]하고 날추[가무락]를 잡을라면은 앉아서 깔꾸리질 해야 되니까, 장화에 어

디로 그냥 뻘이 튀겨서 묻고 엉덩이고 다 묻고. 근디 맛을 잡을라믄은 막 기냥 딱딱하들 않은 죽뻘에서 잡으니까 허리에다가, 구녁[구멍]뚫은 다라[대야]에다가 줄을 매갔고 끌고 다니면서 깔쿠리질 해갔고 쏘개질하고 주서 담고 그렇게 해야 되야. 칙게[칠게]라고 낙지밥으로 쓰는 거는 푹푹 빠지는데 가서 손가락을 집어넣어 갖고 한께, 완전히 뻘투성이가 되버리지. (사례 5)

반지락 같은 것은 호맹이[호미]로도 잡고 굴은 왜 조세라고 호맹이보다 쯥은 거 있어. 그리고 죽합은 맛써개라고 나무자루에 기다란 철사 박어가꼬 이렇게 꼬부려, 생합은 글이[그레]라고 지금꺼하고 달라. 지금껏은 폭이 이렇게 넓어가꼬 많이 잡을 수 있는데 그때 껏은 이렇게 좁아. 그리고 이렇게 한쪽 어깨에다 메고 옆으로 끄꼬댕겨[끌고다녀]. 그리고 지금은 생합잡을 때 비료푸대로 만든 멜빵[구럭]이라 개벼운디[가벼운데] 그때는 대[대나무]로 만든 광주리라 무거웠어. (이복순/78세, 개양마을 거주)[33]

위의 사례들의 진술에 따르면, 여성들의 맨손어업은 조개의 종류와 서식환경의 특성에 따라 채취방식과 도구가 달라짐을 알 수 있다. 이를 참고로 조개종류별 채취도구와 서식환경의 특성을 분류해보면 아래의 〈표-8〉과 같다.

---

33 그레마을 여성들이 갯벌에 나가 조개를 캘 때 사용하는 도구들에 대해 좀더 상세한 정보를 제공해준다. 그림작가 허철희가 운영하는 사이트인 〈부안21〉 http://www.buan21.co.kr에서 인용하였다.

〈표-8〉 조개종류별 서식환경 및 채취도구

조개류	현지명	채취도구	조개별 서식환경*
백합	생합	그레(그렝이), 구럭(망태)	담수의 영향을 받는 비교적 평탄한 모래뻘에서 주로 서식함.
동죽	꼬막 (고막)	갈쿠리, 구럭	중부 조간대의 모래나 진흙이 많은 곳에 살며, 바지락, 백합과 생활장소가 같다.
바지락	반지락	갈쿠리·호미, 바구니	모래가 많은 갯벌에 자갈이 조금 섞인 곳에 분포함.
큰구슬 우렁이	배꼽	갈쿠리, 바구니·구럭	모래가 많은 갯벌에서 파묻혀서 서식함.
가무락 (모시조개)	날추	갈쿠리, 바구니	전국 뻘갯벌의 상부에서 주로 서식함.
가리맛	죽합(맛)	맛대, 써개, 바구니·대야	질퍽거리며 진흙이 많은 뻘갯벌의 갯골근처에 분포함.
개량조개	해방조개	갈쿠리, 구럭·바구니	고운 모래와 진흙이 많은 갯벌에 서식함. 바지락과 백합과 생활장소가 같다.

* 장창익(2001:199~201) ; 홍재상(1998), 『한국의 갯벌』 참조.

'그레'마을 여성들 대부분은 백합을 주로 잡으나, 일부 여성들은 동죽, 맛, 바지락 등과 같은 조개들을 채취하기도 한다. 위의 표에서 나타나듯이, 조개종류별로 채취도구나 생산방식은 다른데 이는 조개의 서식환경에 따른 것이다. 여성들의 채취도구는 조개를 캘 때 사용하는 그레, 갈쿠리 그리고 호미와 조개를 담는 구럭과 바구니이다. 이러한 채취도구들은 갯벌에서 자연적으로 자라는 조개를 채취하고 모으고 담는 기능을 가진다. 다른 한편,

여성들의 채취방식은 조개가 있는 곳을 찾아 걸어가기, 서서 뒷걸음질하며 그레질 하기, 앉아서 갈쿠리와 호미로 갯벌을 파헤쳐 조개 캐기, 캔 조개를 허리 굽혀 손으로 줍기, 구럭과 바구니에 담기 등의 과정으로 이루어짐을 앞서 살펴보았다. 이 과정에서 여성의 몸은 생산의 일차적 역할을 담당하며, 생산(채취)도구는 여성의 몸과 갯벌을 연결시켜주는 매개적 기능을 갖게 된다.

> 처음에는 허리 아프지. 자고 잇나면〔일어나면〕 꼼짝도 못 허고. 근디 지금은 하면서 익숙해지고 그레 끈을 내 키에 맞춰 갖고 하니까.〔그레도〕 자기 키하고 맞춰야 해. 줄이 너무 길어지면은 허리가 더 아퍼. 그레도 사람 몸에 다 맞춰야 해. (사례 5)

〈그림 8 〉그레와 구럭(왼쪽) / 백합(생합)조개(사진/허철희)

〈그림 9〉 '갈쿠리꾼'과 '그레꾼'의 모습

갯벌의 다양한 조개들 중에서도 '그레'마을 여성들이 주로 잡는 조개는 백합(생합)으로, 여성들이 주로 사용하는 도구는 그레(그렝이)이다. 현재 사용하는 그레는 삼각형 모양으로 중앙의 막대 양쪽에 손잡이가 있고 그레날의 양쪽에는 끈을 매달아 손과 허리의 힘을 이용하여 끌게 되어 있다. 이때 중요한 것은 손잡이의 위치와 끈의 길이를 잘 조절해야만 힘이 균형적으로 실리게되어 장시간 그레질을 해도 힘이 덜 들고 생합도 잘 잡을 수 있다고 한다. 이런 이유에서, 그레는 사람의 체형에 맞게 맞춤·제작하여 사용한다. 따라서, 여성들의 생합채취는 여성 자신의 몸과 그레 그리고 갯벌이 하나로 결합되어 조화와 균형을 이룰 때, 여성들의 생산성은 높아질 수 있다.

> 그레는 〔갯벌을〕 안 뒤적거려. 땅을 가만히 파가지고 생합 있는 데만 뒤적거리고. 내일 가면은 다시 땅〔갯벌〕이 판판해지는데 깔꾸리로 판 자리는 안 판판해지고 그대로 몇 날 있어. 이렇게 우굴뚱뿌굴뚱〔울퉁불퉁〕허니. 그레하고 깔꾸리하고는 아주 틀리지. (사례 7)

여성들의 맨손어업은 크게 그레로 생합을 잡는 여성들과 갈쿠리로 동죽과 바지락을 캐는 여성들로 나뉘어진다. 일명, '그레꾼'과 '깔꾸리꾼'으로 대별되는 '그레'마을 여성들의 맨손어업에 있어, 그레는 갈쿠리에 비해 친환경적인 채취 도구라 할 수 있다. '그레'는 갯벌의 표층을 얕게 끌면서 생합이 걸리면 그곳의 갯벌만을 뒤적거려 잡기 때문에 그레가 지나간 자리는 물이 들어오면 다시 평평해진다. 이에 비해, 갈쿠리는 갯벌을 다 파헤쳐서 조개를 캐는데 갈쿠리로 판 갯벌은 뒤집어진 채, 며칠씩 공기 중에 노출되게 된다. 갈쿠리로 이렇게 파헤쳐져 공기중에 노출된 갯벌에는 조개들이 다시 자리를 잡고 생육하는데 어려움이 있다. 이처럼, 그레가 지나간 자리는 갈쿠리로 파헤친 곳에 비해 원상태로 회복되는 속도가 빠르다는 점에서 갯벌 생태계가 다시 안정될 수 있도록 하며, 따라서 여성들의 생산성 역시 지속적으로 유지될 수 있다.

> 그물을 이렇게 쭈욱 쳐놓으면은 그 뻘이 싹싹 물로 씻어서 물살이 내려가야 되는데〔뻘이〕못 내려가고 쌓이는 거야. 쌓여 가지고 돋아져, 높이.〔뻘이〕이렇게 고르게 쫙 펴져야 생합도 앉고 하지, 이렇게 높아지면은 생합이 없어지거든. 근데 그것도 지장이 있지, 작은 거… 키워서 잡아먹을 거 다 잡아 가지(…) (사례 2)

> 〔방〕배가 막 그냥..아주 말할 것도 없이 아예 씨를 말려. 뭘 밑에다 넣고 하는지는 모르지만,〔방배는〕종패까지 다 긁어 가버려. 종패고 뭐고 할 것 없이, 뭐 동죽 새끼까정. 그래갖고 그것을 갖다가 저기다 다 버린다는구만, 다 주서〔주워〕가지고. (…) 그러니까 마구잡이야. (사례 7)

여성들의 생산방식에 비해 남성들의 그물과 배를 이용한 조개 남획은 더 약탈적이고 갯벌 파괴적인 측면이 강하다. 먼저 그물로 조개를 채취하는 경우, 그물은 바닷물의 흐름을 방해하기 때문에 갯벌이 밀려와 그물과 말뚝 주변에 쌓여 갯벌의 지형을 변화시키는 요인이 된다. 이렇게 쌓여져 높아진 갯벌은 '죽뻘'(뻘이 죽어 생물이 살 수 없는 갯벌)로 변하게 되어 조개들의 서식환경으로서 부적합해진다. 다른 한편, '그레'마을에서 흔히 '방배'로 불리우는 기선형망어업의 어구는 자루모양의 그물입구에 갈퀴나 철침, 납 등을 부착한 것으로 약 30cm정도 갯벌을 파고 들어가 뻘이나 모래 속에 묻혀 있는 패류를 잡는다. 그물코의 크기에 따라 잡히는 조개의 크기는 달라지나, 조개의 종류와는 무관하게 걸리는 모든 조개를 잡게 된다. 여성들의 맨손어업에 비해 남성의 기선형망어업은 생산 면적이나 생산량에 있어 대규모일 뿐만 아니라 무작위적으로 조개를 남획하게 되어 갯벌 생태계를 교란시키고 생산성을 떨어뜨리게 하는 요인으로 작용할 수 있다. 게다가, 방배는 잡아 올린 조개들을 모두 파는 게 아니라 상품이 될만한 것만을 구분하기 때문에 여기에 제외되는 조개는 무작위로 버려지게 된다.

따라서, 여성들의 맨손어업은 여성의 몸(머리, 손, 다리, 허리)과 채취도구, 갯벌이 상호 유기적으로 연결되어 모든 작업이 이루어질 뿐 아니라 이러한 특성은 여성들이 분별있는 생산활동을 할 수 있게 해준다. 다시 말해, 채취행위의 주체로서 여성은 자신이 잡고 싶은 조개 종류에 따라 채취방식과 도구를 결정하고 갯벌에서 채취하는 조개의 종류와 크기를 선별하는 과정을 거치게 됨으로써 갯벌의 생산성을 유지하는 데 협력할 수 있다. 다른 한편, 여성들의 맨손어업은 물때를 기준으로 노동시간이 정해져 있기 때문에 채취량과 작업면적은 소규모로 제한된다. 갯벌을 파헤치는 행위는 조개뿐만 아니라 그 속에 서식하고 있는 많은 생물들의 서식처를 교란하게 된다. 파헤치는 범위가 소규모일 때는 바닷물이 드나들면서 자연적으로 회복될 수 있지만, 대규모일 때는 갯벌 생태계를 파괴할 수도 있기 때문이다.

4. 지속가능한 '갯살림'을 위한 체험적 앎과 전략

1년 365일 매일같이 반복되는 여성들의 갯일은 여성들이 일상적으로 '갯벌과 만나는 과정'이자, 물때와 계절에 따라 변화하는 갯벌의 환경과 생합의 서식 특성들을 몸으로 알아 가는 '앎의 과정'이라 할 수 있다. 이렇게 체득된 갯벌 생태계에 대한 여성들의 체험적 앎(embodied knowing)은 생산성의 토대가 되고 삶의 지속성을 위한 하나의 전략으로서 여성들의 노동 과정에 다시 반영되는 순환 구조를 반복하게 된다. 앞서 살펴본 바와 같이, 그 레마을 여성들의 생합 채취가 갖는 특징은 경운기나 선외기를 타고 함께 갯벌에 나가지만, 일단 갯벌에 나가면 다들 흩어져서 개별적으로 조개를 채취한다. 이러한 개별 노동형태로 작업이 이루어지는 이유는 갯벌이 매우 넓게 펼쳐져 있다는 점과 여성들마다 잡는 생합의 종류가 다르기 때문이다. 즉, 큰 생합만을 잡는 여성, 작은 생합만을 잡는 여성, 크기와 상관없이 생합이나 다른 조개류를 잡는 여성 등으로 구분되는데 드넓은 갯벌에서 자기가 잡고 싶은 생합이 있는 곳을 찾아 흩어지게 되는 것이다. 따라서, 자기가 원하는 생합을 잡기 위해서는 갯벌의 특성과 생합의 서식 환경에 대해 잘 알아야 하며, 그레를 끄는 데에도 기술(skill)과 감각이 필요하다. 무조건 갯벌에 나가 그레질을 한다고 해서 모두가 똑같이 생합을 잡을 수 있는 것은 아니다. 여성들의 갯벌 생태계에 대한 지식과 기술에 따라 작업공간의 범위와 생합 채취량은 달라진다. 이러한 갯벌 생태계에 대한 지식은 해양생태계의 순환원리와 변화과정, 그리고 현상들에 대한 관찰과 경험을 통해 체득된 것이다.

> 바다도 보면은 맛이 자랄 수 있는 환경이 따로 있고, 꼬막이 많이 자라는 환경이 있고, 생합이 많이 자라는 환경이 있고 그 바탕이 다 틀려요. 큰 것이 나오는 데를 아는 사람은 그런 바탕으로만 찾아가. 자기가 꾸준하게 다녀보면은 생합이 앉는 자리가 꼭 그 앉는 자리에만 앉거든. 큰 것이 많이 나오는 자리가 있어요. 그러면 고런 자리를 찾어가는 거지. (사례 5)

> 인제 뭐 생합도 있는 자리에만 있어. 꼭 캐는 자리에 가서만 캐지, 생갠〔생전〕 안 댕긴 자리에 가면은 없어. 〔생합이〕 사리 때는 인자 '물 밑'에로 많이 다니고, 조금 때는 인제 '등' 같은 데로 많이 다니지. 또 큰 생합은 물 있는, 물가 밑에가 많고 깊이 끌어야 잡을 수 있어. 잔 생합은 된 동, 등에 많은데, 잔 것은 얕게 끌어야 하고. 여름에는 모래뻘에서 많이 잡히고 겨울에는 참뻘〔진흙뻘〕에 가야 잡을 수 있어. 바람이 많이 불고 난 뒤로 가믄 더 잘 잡히지. (사례 2)

'그레'마을 여성들이 주로 잡는 백합(생합)은 민물과 바닷물이 만나는 하구 갯벌 중에서도 주로 모래성분이 진흙보다 많은 조하대(하부 조간대[34])의 모래뻘(모래와 진흙이 섞여져 있는 혼합

---

34) 갯벌은 상부 조간대(high-tidal flat), 중부 조간대(mid-tidal flat), 하부 조간대(low-tidal flat)로 구분되는데 이는 해수면의 높이에 따른 것이다. 해수면의 높이에 따라 갯벌의 퇴적물 입자의 크기가 달라지고, 이에 따라 서식하는 생물의 종류도 달라진다(고철환, 2001: 14).

뻘)에 주로 많이 서식한다(전승수, 2002)[35]. 이러한 갯벌의 특성에 비춰봤을 때, 여성들이 말하는 '생합이 앉는 자리'란, 하부 조간대(갯벌)에 형성된 모래뻘을 의미한다. 또한 물때에 따라 생합이 있는 장소가 달라지는데 사리 때는 바닷물이 빠지고 난 후에도 물이 고여있는 '물 밑' 또는 '물 가'(갯골 주변)에 주로 생합이 있고, 조금 때는 갯벌이 드러나 솟아오른 '등(된 동)'(갯벌에서 조금 올라와 있는 부분)에 주로 분포한다. 매일같이 갯벌에 다니면서 생합의 서식 환경을 아는 여성들은 드넓게 펼쳐져 있는 갯벌에서 자기가 잡고 싶은 '생합이 어디에 있는지'를 알고 그곳을 찾아가서 생합을 채취할 수 있다.

> 같이 바다 나간다해도 똑같이 잡는 게 아니야. 다 틀려, 층층이 있어. 인자 기술이 있는 거지. 어디 가면 더 있고, 어떻게 끌으면은 〔생합이〕 닿고. 우리가 잡는 것〔생합〕은 지금은〔겨울철〕 얇게 끗고〔끌고〕 다니면은 없어. 깊이 넣으면은 소리도 감각이 있어. 이렇게 닿둥 만둥〔마는 둥〕하는 소리가 있어. 그런 거를 기술있는 사람하고 기술없는 사람하고 차이가 지는 거지. 인자 소리가 민감해, 아무튼 '아무 소리도 아니다'하면서도 파보면은 기거든. 근데 그거를 몰르는 사람은 그것을 제치고 지나가 버리면은 그것을 못 캐는 거지.(사례 2)

> 남 많이 잡을 때 나는 못 잡거든. 인자 〔그레질을〕 할 지도 모르고 이 그레가 닿아도 멍청해 갖고 그 소리를 잘 못 알아들어. 생합 소리가 틀리고 꼬막 소리가 틀려, 이렇게 닿으면. 근디 나는 맨날 뚱떡거려야 하잖아. 뭐 이것저것 닿는대로 허니까 근게 못 잡어. (사례 8)

---

35) 새만금 생명학회 전문가들과 그레마을 주민들의 간담회 내용 중, 전남대 해양학과의 전승수 교수의 설명을 참조한 것이다.

흔히, 여성들의 맨손어업은 특별한 자본이나 기술없이 누구나 갯벌에 나가 할 수 있는 일들로 여겨진다. 갯벌에 나가 모든 사람들이 조개를 캘 수 있는 것은 사실이지만, 그 채취량이나 질에 있어서는 차이가 난다. 이러한 차이는 맨손어업을 오랫동안 해오면서 체득한 갯벌 생태계와 물때에 대한 지식, 그리고 이러한 생태적 특성에 따른 백합(생합)의 서식 환경을 체험적으로 잘 아는 사람과 그렇지 않은 사람의 생합 채취량은 다를 수밖에 없으며, 따라서 그 결과물인 수입도 달라진다. 그레마을 여성들은 갯벌에 나가 한 물때에 생합을 채취하는 양을 좌우하는 데 있어, 그레를 끄는 숙련된 기술과 감각이 무엇보다 중요함을 지적한다. 즉, 모든 사람들이 그레질을 한다고 해서 똑같은 양의 생합을 잡을 수 있는 것은 아니라는 것이다. 그레를 끄는 기술은 계절별, 생합의 크기별로 다른데, 생합이 갯벌 얕게 있을 때인 여름철에는 그레를 얕게 끌어야 하며, 겨울철에는 생합이 갯벌 깊숙이 들어가기 때문에 겨울철 그레질은 더 깊이 끌어야만이 생합을 캘 수 있다. 주로 물 밑에 있는 큰 생합은 그레를 깊이 끌어야 잡을 수 있고, 등에 주로 많이 있는 작은 생합은 얕게 끌어야 한다. 또한, 조개의 종류마다 그 외피의 두께에 따른 그레에 부딪히는 소리가 각각 다르기 때문에, 그것이 생합인지 다른 조개인지를 구분하기 위해서는 소리에 민감해야 한다. 생합만을 주로 잡는 그레마을 여성들의 경우, 소리에 민감하지 않으면 사례 8)처럼 그레에 뭔가가 부딪힐 때마다 갯벌을 뒤적거려 생합인지 아닌지를 가려내야 하기 때문에 그 생산량은 더 적어지게 된다.

우리가 가면은 잔[작은] 것은 안 잡잖아, 아예. 종패36)는 안 잡어, 절대 안 잡어. 우리가 소합이라고 하는데 최하 소합만 한 것만을 잡지. 키워야 또 잡어 먹잖아. 그것까지 잡어 먹으면은 아예 씨가 말라 버리니까, 싹 없어져 버리지. 그리고 물 서서[빠져서] 나가면은 이제 물 들어오면은 '아, 이제 생합 임자가 들어오니까 우리는 가자' 하고 오는 거고. [물이 들어오면] 우리가 인자 못 잡어, 물이 들어오면 가야 하니까. 물이 들어오면 '아, 우리보고 생합 이제 그만 잡으라고, 집으로 가라고. 생합 임자가 들어오니까 우리는 가자' 이렇게 얘기하고 오지. 생합 임자잖아, 물이. 물이 안 들어오면 무한정 잡지. 사람 욕심이 그렇잖아. (사례 7)

　자연 자원에 의존하여 생계를 유지하며 살아가는 공동체의 삶을 지속가능하게 하는 토대는 바로 자연환경이다. 특히, 바다에서 자연적으로 자라나는 해초류나 조개, 물고기 등을 잡아 생활하는 그레마을과 같은 어촌 지역은 농촌에 비해, 바다와 갯벌에서 나오는 수산자원에 더 의존적이라 할 수 있다37)(양식은 예외이지만). 사례 7)은 그레마을 여성들이 갯벌에 나가 생합을 잡을 때 반드시 지켜야 되는 원칙들을 알려주었다.

　일단은 백합(생합)의 어린 새끼인 치패(→종패)는 절대 잡아서는 안되고 적어도 소합 정도의 크기만을 잡아야 된다. 이러한 원칙은 농부가 다음해 농사를 위해 종자를 남기는 것과 유사하다고 볼 수 있는데, 생합이 생육·성장할 수 있도록 놓아줌을 의미

36) "종패는 농업에 있어서 종묘와 같이 일정기간을 기른 다음, 다른 곳으로 옮겨 성채로 기르는 소위 '씨 : 종자'를 말하는 것으로서 종패의 크기는 개의치 않는다. 종패는 크기 1cm 이내의 치패를 이식 성육시키는 경우도 있고 2cm 이상의 종패를 이식하는 경우도 있다. 치패는 말 그대로 어린 조개를 의미한다"(서울대 해양학과 박사과정의 류종성으로부터 자문을 받았다.).
37) 한상복(1976)의 앞 글에서 참조.

한다. '키워야 또 잡어 먹잖아…아예 씨가 말라버리면 생합이 없어져 버려서 안된다'는 사례 7)의 말속에는 바다와 갯벌에서 자연적으로 자라난 백합을 채취하는 그레마을 여성들의 맨손어업에 있어, 갯벌 생산성의 유지는 곧 삶의 지속성과 연결되어 있다는 사실이 내포되어 있다. '그레'마을 여성들은 자신들이 살아가기 위해 생합을 잡지만, 몇몇 여성들은 생합이 자신들에게 잡혀 죽을 수밖에 없는 것에 대해 미안함을 느끼고 생합이 나오면 고마움과 감사한 마음을 갖게 된다고 연구자에게 말하기도 했다. 두 번째 원칙은 '물때에 순응·협력하기'이다. 여성들의 생합 채취는 주로 물때에 따라 이루어진다는 사실을 앞서 살펴보았다. 바다와 갯벌의 입장에서 보면, 물때란 이 여성들에게 갯벌에서의 노동을 허락한 시간이다. 여성들은 바닷물이 들어오는 것을 '생합 임자가 들어온다'로 표현한다. 생합의 주인은 바다와 갯벌이고 자신들은 잠시 한 물때 정도를 갯벌과 바다에게 허락을 받고 땀흘려 열심히 일하면 그만큼의 생합을 캐서 가져갈 수 있을 뿐임을 이 여성들은 알고 있다. 물때가 아니면, 인간의 욕심은 무한정해 질 수밖에 없다. 하지만, 물때는 인간에게 더 이상 욕심을 부리지 말고 이제는 집으로 돌아갈 시간임을 나타내주는 것이며, 물이 들면 여성들은 '생합 임자'인 바다에게 갯벌을 되돌려 주어야 한다.

바닷물이 갯골을 따라 서서히 들어오기 시작하면, 여성들은 이제 돌아갈 준비를 해야 한다. 평생동안 갯일을 해 온 여성들은

바닷물이 들어오는 '때'를 잘 안다. '누가 물 들 시간이다, 가자'
는 말을 안해도 흩어져서 생합을 캐던 여성들은 하나, 둘 경운기
가 있는 곳으로 모이기 시작한다. 아무리 '생합이 그레에 닿아도'
더 이상 욕심을 부려서는 안된다. 아쉽지만, 갯벌이 자신들에게
허락한 시간동안 잡은 생합에 만족하고 이제는 돌아가야 한다는
것을, 그리고 내일 또다시 갯벌은 이들을 맞이해 줄 것이라는 사
실을 이 여성들은 몸과 마음으로 안다. 이렇듯, 바다의 순환주기
인 물때에 따른 여성들의 갯일은 갯벌에서 자라는 생합을 채
취·소비하여 삶을 지속할 수 있을 뿐만 아니라, 생합이 다시 자
랄 수 있도록 바다 생태계의 재생과정에 협력하는 방식이라 하
겠다.

5. '여성화된 공간=갯벌'의 의미와 가치

'그레'마을 여성들은 갯벌에서의 생합 채취를 통해 직접 생산
활동을 하며 일상의 생계를 유지해 왔을 뿐만 아니라 재생산 영
역인 가정에서의 가사와 양육을 담당해 왔다. 또한, 고기잡이를
간 남성들을 대신하여 마을을 지키고 남아있는 가족들을 보살피
는 역할을 수행해왔음을 앞서 살펴보았다. 이렇듯, '그레'마을의
성별분업에 따른 여성과 남성의 하는 일과 공간의 구분은 여성
과 남성의 일상생활은 물론, 노동이 이루어지는 갯벌과 바다에
대한 의미 역시 성별 특화된 방식으로 형성되어 왔다고 할 수 있

다. 여성들은 일상 생활을 하다가 물이 빠질 때에 잠깐 나가서 조개나 해초류를 채취해서 물이 들면 다시 마을로 돌아온다. 여성들의 갯벌에서의 노동은 일상 생활이 이루어지는 마을과 갯벌이 서로 연결되어 그 지속성을 갖는 측면이 있다. 또한 갯일은 매일같이 반복되는 노동행위이고 언제든 물이 빠지면 나가서 일을 하고 다시 되돌아올 수 있다. '그레'마을 공동체 내에서, '여성 : 집—갯벌—밭·산—인근 시장·농촌—집' / '남성 : 집—바다—집'으로 일과 공간의 흐름을 구성하는데 여성들은 '그레'마을이라는 공간 속에 지속성을 가지며 '장소귀속성(embeddedness)'을 획득해 나갈 수 있다. 이에 비해, 남성은 '그레'마을과 바다라는 공간을 일정 기간동안 떨어져 지내게 되면서 마을에 뿌리내리기보다는 늘 '떠남과 되돌아옴'의 반복과 간극이 존재하는 형태라고 볼 수 있다. 따라서 남성은 마을과 바다를 장소(place)로서보다는 각각 '쉼(휴식)의 공간(space)', '정복과 이용의 공간(space)'으로 인식하게 된다. 따라서, '그레'마을 여성들은 매일같이 반복되는 갯일을 통해 자신뿐 아니라 가족의 생계를 책임지고 보살피는 역할을 담당해왔을 뿐 아니라 갯벌과의 일상적인 만남은 자신들의 삶에 갯벌을 의미있는 공간으로 자리매김하는 과정이었다고 볼 수 있다.

1) 자립과 희망의 생계터전인 갯벌

'그레'마을에서 갯벌은 흔히 '생금밭'으로 통한다. '생금밭'으로서 갯벌은 '돈을 벌 수 있는 곳'이라는 공통점을 갖지만, 여성들 내부에서도 자신의 일상적 삶 속에서 차지하는 위치와 이에 따른 역할에 따라 갯벌을 의미화하는 방식은 다르다. 갯벌을 '돈을 벌기 위한 수단'으로 여기느냐, 아니면 자신의 생계·생존과 적극적으로 연결시켜 '생계/삶의 터전'으로 인식하느냐에 따라 갯벌의 의미와 가치는 달라진다.

> 나? 육남매. 생합 잡어서 다 먹고 살고. 그것[생합] 아니믄 죽었지. 여그가 생금밭이여~! 날~마다 캐도 또 가믄 또 있고, 또 가믄 또 있고.(…) 진짜 여그 사람들은 이것이 황금밭이거든. 말인께 그렇지 내가 스무 살 먹어 시집와갔고 평상(평생)을 바다만 벌어먹고 사는디, 밭 한 뙈기나 있어, 논 한 배미나 있어? 암~꿋도 없어 갖고 이 달랑 살꿍둥이 하나 갖고 먹고 사는디. 생합 안잡았으면 참말로 우리집 형편없어. 새끼들도 못 맥여 살려서 굶어 죽였어. 내가 그래도 그렇게 숱헌 돈 벌었은께 다 그렇게 먹고살고 그랬지.(사례 10)

사례 10)은 정읍(농촌)에서 섬이었던 그레마을로 시집와 처음엔 도저히 살 수가 없을 것 같았다고 한다. 그녀는 "막 시집와서 못 살겠다 싶었는데 갯벌에서 생합 잡아 돈버는 재미로, 그것에 취미를 붙여서 인자 정 붙이고 산 거여"라고 말하였다. 그녀는 갯벌에 나가 울었던 기억을 떠올리며, '내가 폭폭헌게 울었지, 먹고살기 힘든게'로 그 이유를 설명했다. 그녀가 낯선 바닷가 삶에 적응할 수 있도록 해 준 것은 갯벌이었고, 이 갯벌이 있었기 때문에 어려운 가정 형편에도 6남매를 먹이고 키울 수 있었다. 이런 갯벌을 그녀는 날마다 가도 한 구럭 가득히 생합을 캐 올 수 있는 '생금밭', '황금밭'임을 강조하였다. 사례 10)의 말처럼, '그레'마을에서 갯벌은 '날이면 날마다' 가도 언제든지 생합을 캐올 수 있는, '다이아몬드 광산'보다 더 좋은 '생금밭'으로 통한다.

> 그 놈(생합) 잡는 재미로 다 잊어버리지, 모든 걱정을 다 잊어버리지. 그놈 하나썩 잡는 것이 '이게 다 돈이다'하고 그놈 줍는 재미로. 그러고 많이 잡으면 몸도 덜 피곤하고, 조금 잡으면 더 피곤하고 더 돌아다니니까. 이게 생금밭이여. 이게 후딱 말혀서 자연 통장이여, 우리는 적금통장이 뭔 필요가 있어. 그렛대허고 구럭만 하나 짊어지고 나가믄 저게 통장이잖아. (사례 6)

> 내가 그냥 집에서 이것 저것 스트레스가 쌓였다가도 바다가믄은 그 넓은 바다가서 마음 투~욱 터여 가지고 진짜 생합잡는 재미로 거기에 몇 시간 진짜 정신 쓰이고, 안 나오면 먼 바다, 먼 산 쳐다 보고. 진짜 바다를 몇 km씩 걸어 다니면은 그게 화~악! 풀려 버린다고. 그리고 경운기 타고 올 때는 또 즐거운 마음으로 '야~! 오늘도 또 이 작업이 끝났구나. 내가 또 가서 자식들 돈 써주고 가서 또 오늘 하루 또 살아야 되겠지'하는 그런 마음으로 집에 오는데. (사례 1)

특별한 자본을 투자하지 않아도 그레(그랭이)와 구럭만 들고 나가 자신이 땀흘려 일하면 언제든지 돈이 되는 생합을 캐 올 수 있는 갯벌이 여성들에겐 앞으로의 삶을 보장하는 적금통장이나 다를 바 없다. 또한, '돈버는(=생합줍는) 재미'가 있어 여성들은 힘든 갯일이 즐거울 수 있다. 사례 6)이 말하는 '돈 버는(=생합줍는) 재미'속에는 일하는 즐거움(성취감)은 물론, 이렇게 돈을 벌어서 또 하루를 살아갈 수 있다는 삶의 희망이 담겨져 있다. 그래서 이들의 삶은 지속될 수 있었다. 위의 사례들을 통해 알 수 있듯이, '그레'마을 원주민 여성들에게 갯벌은 '생금밭=목숨'과 같은 삶터(생계터전)로서 힘든 갯살림을 살아갈 수 있는 의지와 희망을 주는 장소라 할 수 있다.

또 부업이 바다가 있으니까. (…)이 바다에서 버는 돈은 내 몸 공이 들고 닳아져서 그러지, 투자한 자본이 없잖아. 근디 이 쌀 사는[농사지어 번] 돈은 일년내~ 기냥 그 나락[벼] 모가지 하나 질라고[지을라고] 끈고[끌고] 그러고 댕기다가 쌀 산 돈은 진짜 쓰기 아까워, 바다서 댕긴 돈은 안 아까워, 써도.(…) [바다에서 번 돈으로] 가용돈 쓰고 이 농사지은 돈은 저축된다. (…)아, 바다가는 것은 되도 안혀.[힘들지도 않아], 아 돈 캐갖고 온게. (…) [가을에 노랗게 익은 벼를 바라보면] 차~암 사랑스럽지. 딱 모가지 나와갖고 놀노름허게 고개 숙여 봐, 얼매나 옹골지고 재밌어.(생합은요?) 생합도 좋지. 아이고 니가 나와서 돈 벌어주는구나. 진짜 여가 생금밭이네. (사례 11)

이에 비해, 농사를 생업으로 살아가는 이주민 여성들에게 갯벌은 '생계터전'이라기보다는 가계운영에 도움을 줄 수 있는 '용돈벌이' 혹은 '부업'의 공간으로 인식되고 있었다. 이는 '농사지어서 번 돈을 쓰는 것은 아까워도 갯벌에서 버는 돈은 안 아깝다'는 사례 11)의 진술에서도 단적으로 드러난다. 이렇게 갯벌을 의미화하는 사례 11)에게 생합은 '돈을 벌어주는 것'으로 바라보는 것과는 대조적으로, 노랗게 익은 벼는 '자식처럼 사랑스럽고 옹골진 결실'이라며 강한 애착을 보였다.

난 지겨워요, 고향이나 바다하면은. 지겹다는 거 보다도 [바다를] 계속 다니다보니까 항상 일상 생활이 자고 일어나면은 바다에 나가잖아요. 어쩔 때는 두 물때도 하고. 지금은 그런 생각이 안 드는데 그전에는 그래서 잠깐 [도시에] 갔다 온 거예요. 바다만 보면 어지럽고 머리가 아프니까. 근디 어디가나 남의 돈 먹기가 뭐 이렇게 쉽지는 않잖아요? 그러다보니까 내가 차라리 남의 밑에 있으니 여기 와서 내가 가고 싶으면 가고 안가고 싶으면 안 가고. 잠깐 [바다] 갔다가 와갖고 시간이 많이 있잖아요, 내 자유니까. 맘 하나는 편해요. (사례 G)

맨손어업으로 살아가는 사례 G)는 '바다와 갯벌을 떠올리면 지겹고 어지럽다'고 말한다. 위의 진술에 의하면, 그에게 갯일은 매일같이 반복되는 지겨운 일이며, 조개를 캐는 바다/갯벌은 '어지럽고 머리 아픈 곳'으로 여겨진다. 그래서 그는 한동안 도시로 나가 직장생활을 했었다. 하지만 '남의 밑에서' 돈 벌기란 어려웠다. 물때에 따라 자유롭게 노동하며 살아왔던 자신의 삶에 비해 공장의 보수는 더 적었고 자유롭지 못했기 때문이다. 그런 이유로 그는 다시 고향마을로 돌아와 맨손어업을 하며 살아가고 있다. 맨손어업에 종사하는 일부 남성들은 '논 9필지보다 더 수입이 높다(사례 B)'거나 '맨손어업만한 직장이 없다'와 같이 갯일을 '직업' 혹은 '돈벌이'로서 의미화하는 경향이 강했다.

2) 마음의 안식처이자 치유의 장소인 갯벌

그레마을 여성들은 여성으로서 경험하게 되는 억압과 고통을 갯벌에서 일하면서 풀어냈다. 드넓은 갯벌에서 쉼없이 조개를 캐는 여성들의 갯일은 자신과 가족들의 생계를 이어주는 것임과 동시에, 노동이 이루어지는 갯벌로부터 편안함과 치유를 얻게 되는 '살아남'의 과정이었다고 볼 수 있다. 바닷물이 빠지면 갯벌은 열린다. 열린 갯벌과 함께 여성들의 '오늘'은 시작되고 갯벌은 품고 있던 생합(조개)들을 여성들에게 내어준다. '생합 임자'인 바닷물이 들어오기 시작하면 오늘을 살아갈 수 있을 정도의 생합을 채취한 여성들은 가정과 마을 공동체라는 또 다른 삶터로 향한다. 집으로 돌아온 여성들은 아내, 며느리 그리고 어머니

노릇으로 분주하다. 이러한 노릇들로부터 억압과 고통, 상처를 경험한 여성들은 내일 또 다시 열릴 갯벌을 품고 있는 바다를 바라보며 오늘을 보낸다. 다시 열려 드넓게 펼쳐진 갯벌에 여성들은 홀로 서서 울거나 일하면서 이를 풀어내게 된다. 산과 바다, 갯벌 그리고 뭇생명들(생합=생계의 존재를 이어주는 고마운 존재)은 자신들의 억압된 목소리와 고통을 들어주는 존재들이다. 이 존재들로부터 여성들은 편안함과 치유의 힘을 얻게 되고, 이는 갯벌과 여성이 '다시 살아감'의 원리가 된다.

> 진짜 바다도 못 가게하고 집에 꽁꽁 묶어놓고 그럴 때는 속으로 어떤 생각을 했냐면은 인자 새장 속에 새를 생각했어. 내가 새장 속의 새다. (…) 그래갖고 진짜 계속 죽을 생각을 하면서도 '내가 왜 이렇게 새장 속에 새가 되가지고 내가 이렇게 하게 됐는가. 진짜 내가 열쇠만 열 수 있어 갖고 이 새장 속에서 나가갔고 새같이 날러 다녔으면 좋겠다' 그런 생각도 했어. (…) 내가 바다 나가면서부터는 OOO이 아빠〔남편〕한테 '나, 바다가 내 마음의 고향인게, 나 바다 가는 거 잡지마' 그렇게 얘기를 해버리거든. (…) 나도 꾸준하게 가다가 바다를 이렇게 안가니까 내 마음이 항상 불안해. 근께 잡든 못 잡든 바다 가갔고 그레질 한번 하고 오든가 그냥 바다 갔다가 그냥 돌아 오든가 그래야 마음이 편해. 그냥 집에 앉아 있는 것보다. 그니까 지금도 바다 못 가면 나, 이상해져. (사례 5)

사례 5)는 농촌에서 바닷가인 '그레'마을로 시집온 여성이다. 결혼 초기, 그녀는 바닷가 삶과 공동체에 적응하기 힘들었다. 그녀의 남편은 양식장을 관리하는 사람이었다. 시집오자마자 갯일을 시작하는 다른 여성들과는 달리 그녀는 갯벌에 나가 조개 캐는 일을 할 수 없었다. 아이들이 어려서도 그렇지만, 남편의 외출금지령 때문이었다. 이는 남편의 사소한 오해(이 부분에 대한 자세한 이야기는 하지 않았다)에서 비롯된 것이었다. 그녀를 오해한 남편은 그녀의 치마(외출복)와 화장품 등을 다 없애고 외모를 가꾸거나 치장하는 일을 못하게 했다. 남편의 오해는 쉽게 풀리지 않았고 자신을 집에만 가둬두려는 남편에 대한 원망과 불만으로 부부싸움은 빈번해졌다. 부부싸움을 지켜보던 딸이 자신의 아빠에게 '엄마, 때리지 마라'고 울면서 매달렸다는 그녀의 이야기를 통해 그녀의 남편은 그녀에게 폭력을 휘두른 것으로 짐작된다. 그녀는 죽을 생각도 하고 자식들을 놔두고 도망갈 생각도 했다고 한다. 그 당시 자신의 상황을 '새장 속에 갇힌 새'로 사례 5)는 표현하고 있다. 이렇게 억압된 상황에 있던 그녀가 자유를 얻을 수 있게 된 것은 새만금 어업피해 보상이 이루어지면서 남편이 양식장 관리인을 그만두게 된 때부터이다. 남편의 실직으로 가정살림이 어려워지자, 그녀가 갯일을 시작하게 되었고 이렇게 벌어들이는 그녀의 수입은 가계를 운영하는 주요 소득원이었다. '새장 속에서 풀려난' 그녀에게 갯벌은 자유와 해방감을 느낄 수 있는 '마음의 고향'이었다. 남편이 자신에게 준 상처는 쉽게 아물 수 없는 것이라고 이야기하며 그녀는 눈물을 흘렸다. 그녀는 마음 속의 응어리로 남아있는 상처와 생계의 부담을 잊기 위해 바다에 나간다고 말하였다. 그녀의 삶에서 유일한 위안은 갯벌에 나가 조개를 캐는 일인 것이다. 그렇기 때문에 하루라도 갯벌에 나가지 않으면 그녀는 불안하고 우울해진다.

인자 바다는 나의 행복이라고 정말, 내가 지금까지 건강하게 살아온 것이 바다 덕이라고, 정말. 살면서 너무 힘들어 가지고. (…) 우리 신랑이 완전히

미쳐 버려 갖고 인자 날마다 집의도 안 들어오고 돈벌어 갖고 전부 다 술먹
고 바람피고 노름허고 그냥 미쳐 갖고 다니네, 그러니 나는 어쩌겠는가,
잉? 신랑이 집의를 안 들어오니까 인자 우리 시누들이 나를 볶아 먹고. 시
집살이는 엄청 살아진 거야, 말도 못해. (…) 그만큼 고통받고 살고 우리
시누들이 볶아 먹어서. 날마다 뚜들어 맞고 살고. (…) 우리 신랑이 엄청
[집안 살림] 망해 먹은 거야, 6번을 살림을 망해 먹은 거야. 그래갖고 14년
동안을 내가 생과부 생활을 했어, 14년 동안을. 그 세월을 그니까 바다 때
문에 살았잖아. [바다 나가면] 편안해. 너무 편안하고 너무 진짜 평화로워.
딱 5시간동안, 그때는 진짜로 행복한 시간이야. 밤에 잠잘 때하고. 그래야
바다 가서 웃고 그러지, 집에서는 웃을 수가 있간이? 쥐 죽은 듯이 살아야
되는데… (사례 14)

사례 14)의 남편은 그녀가 둘째 아이를 낳고 난 이후로, 아예
집에 들어오지 않았다고 한다. 밖에서 다른 여자와 바람을 피우
고 살림을 차리게 된 것이다. 그녀는 이런 남편의 외도로 14년
동안을 생과부 생활을 해야만 했다. 밖에서 다른 여자와 바람을
피우고 술과 노름에 빠져 있던 남편의 방탕한 생활은 집안 살림
을 6번이나 '망해먹는' 결과로 돌아왔다.

그녀의 시댁은 과거 '그레'마을에서 배를 여러 척 부리며 부유
하기로 소문났던 집안이었다. 하지만, 외아들인 남편 때문에 6번
이나 거덜난 집안 살림은 갈수록 힘들어졌다. 밖으로만 떠돌던
남편은 집에 돈 한푼 가져다 주지 않았고 시부모와 어린 자식들,
그리고 이혼하고 일본으로 돈 벌러간 다섯 째 시누이의 아이들(3
명)까지 그녀가 보살펴야만 했다. 게다가, 남편의 외도와 방탕한
생활(술과 노름)의 원인을 시누이들은 그녀의 탓으로 여겨 그녀
는 5명의 시누이들에게 시집살이와 구타를 당하는 수모를 겪어
야 했다.

이렇게 힘든 삶을 살아온 그녀에게 갯벌은 '행복의 공간'이었다. 남편의 외도와 시누이들의 고된 시집살이, 그리고 어려운 가정살림을 혼자서 꾸려가야만 했던 그녀의 삶에서 갯벌에 나가 조개를 캐는 5시간과 잠잘 때가 가장 행복한 시간이었던 것이다. '쥐 죽은 듯이 조용히 살아야 되는' 집을 벗어나 그녀가 웃을 수 있고 숨을 쉴 수 있었던 곳은 바로 갯벌이었다. 갯벌에서 생합을 캐기 위해 땀흘려 일하는 그 5시간 동안 그녀는 가장 평화롭고 편안할 수 있었으며, 그렇게 일해서 번 돈으로 가정 살림을 혼자서 지탱해갈 수 있었다. 14년 동안 생과부 생활을 하며 쓰러져가던 집안을 일으켜 세우고 남편을 맘 잡게 하기까지 그녀는 인내의 세월을 보내야만 했다.

사례 14)는 이 세월을 '바다 때문에 살았잖아'라며 자신이 지금까지 건강하게 살아올 수 있었던 것은 '바다 덕(분)'임을 강조하였다.

이렇듯, '그레'마을 여성들에게 갯벌은 '생계터전이자 마음의 안식처/치유의 장소'로서 의미와 가치를 가진다. 오로지 바다와 갯벌에만 의지하여 살아갈 수밖에 없었던 그레마을의 삶에서 하루하루 생계를 이어갈 수 있고 삶을 지속할 수 있게 해 준 것은 여성들이 갯벌에 나가 힘들게 채취한 생합이 있어 가능했다. 언제든 가면 하루를 살아갈 수 있는 생합을 주는 갯벌은 어려운 바닷가 삶을 살아낼 수 있게 해 준 희망과 자립의 토대였다. '노동 치고는 최고로 힘든 상노동'이던 갯일이지만, '돈버는 재미=삶을 지속할 수 있다는 희망'이 있어 일하는 보람과 기쁨을 느낄 수 있었다. 더욱이, 고된 시집살이와 술버릇 사나운 남편의 구타, 그리고 힘든 가정 살림을 혼자서 꾸려가야 했던 여성들은 가난한 갯살림의 어려움과 고통을 갯벌에 나가 '울면서' 혹은 '일하면서' 풀어냈다.

여성들은 갯벌만 나가면 아프던 몸도 낫는 것 같고 마음이 편안해진다고 이야기한다. 갯벌에 나가 비록 생합을 잡지 못하더라도 여성들은 드넓은 갯벌에 서서 먼 바다와 산을 바라보며 자신의 고통과 아픔, 그리고 모든 걱정거리를 풀어내며 마음의 평화와 치유를 얻게 된다. 그렇기 때문에, 갯벌을 못 가면 이 여성들은 마음이 불안하고 답답해진다. 매일같이 갯벌에 나가 생합(조개)를 캐며 살아왔던 그레마을 여성들에게 갯벌은 삶 그 자체였음을 알 수 있다. 여성들에게 갯벌은 하루하루 생계를 이어주고 여성 스스로의 힘으로 당당하게 삶을 살아나갈 수 있는 자립을 키워갈 수 있는 공간이었다. 뿐만 아니라, 여성으로서 겪게 되는 고통과 아픔을 풀어내며 위로를 받을 수 있고 자유와 해방감을 느낄 수 있는 장소였던 것이다.

6. 여성의 생명 감수성

'그레'마을 여성들이 생합을 대하는 태도와 의미화 방식은 다양하다. 하지만, 여성들이 사용하는 언어나 표현 방식의 차이가 있을 뿐, 보편적으로 생합을 자신들의 삶을 이어주는 '생명줄',

'목숨(목쉼)'—경제적, 정서적 의미 모두를 지닌—으로 여기고 있음을 알 수 있다.

생합 나올 때는 그래도 이게 '내 생명을 이어주는 생명줄이다'라고 생각을 하지. 반갑고 기쁘고 재미있고. (사례 2)

나는 이 생합나오는 것이 그렇게 사랑스럽다구. 이상하게 생합만 나오면 그 소리가 전 그렇게 사랑스럽게 들리는 이유가 생명이잖아요? 생명의 소중함을 아마 다른 사람들은 못 느끼는데 난 참 생명이 소중하다는 것을 알아요. (⋯) 나는 그게(생합) 나오면 '아휴, 너밖에는 나를 도와줄 사람이 없구나', '나와줘서 고맙다.' 내가 그래유. 그것은 아마 내가 혼자 사는 사람이기 때문에 아마 그런 것 같아요. (⋯) 그 생합이 그 많은 새끼를 산란을 해서 우리 인간들한테 멕이고 우리는 그 속에서 더불어 잡아다가 먹고 살고 진짜 우리가 생명을 유지하고 살고 허는디, 하루아침에 그걸 죽인다고 생각하믄 아, 정신이 왔다 갔다 해. 진짜 마음속으로 항상 고마움을 내가 느끼고 그러는데 가을 들어서 새만금이 공사를 저렇게 한다고 하니까, '와, 너하고 나하고 언제 헤어질지..' 그 생각만 하믄은 마음이 울컥울컥한다니까. (사례 7)

사례 7)은 다섯 식구의 생계를 책임져야 하는 여성 가장이다. 갑작스러운 남편의 죽음은 이 여성에게 깊은 상처와 상실의 아픔을 경험하게 했다. 소중한 사람을 준비없이 보내야 했던 이 여성은 한동안 정신적인 충격과 상실감으로 삶을 추스릴 수 없는 상태였다고 한다. 더욱이 다섯 식구의 생계를 책임져야 하고 4남매의 자식들을 뒷바라지해야만 하는 가장으로서의 역할까지 혼자서 감당해야 했던 막막한 상황이 되었던 것이다.

이런 막막한 상황에서 사례 7)이 혼자서 아이들을 공부시키고 당당하게 삶을 꾸려나갈 수 있는 의지와 희망을 준 것은 다름 아닌 갯벌이었다. 특히, 남편의 죽음으로 생명에 대한 소중함을 누구보다 절실하게 느낀 이 여성에게 갯벌에서 나오는 생합은 단순한 생계 수단만이 아닌 자신의 아픔과 어려움을 함께 나눌 수 있는 존재이다. 갯벌만 나가면 이 여성은 맘이 편해지고 아프던 몸도 낫는 것 같다고 이야기했다. 이 여성은 생합을 보면, '너 밖에는 나를 도와줄 사람이 없구나' 하며, 고마움과 반가움에 한번 더 쓰다듬으며 마치 친구에게 이야기하듯 대화를 나누곤 한다.

갈수록 줄어들고 죽어 가는 생합들을 보면서 '너와 내가 언제 헤어질지 모르겠다'며 안타까움에 마음이 우울해진다.

> [새만금간척사업은] 사람을 다 죽이는 거여. 없는 사람을 죽이는 거고, 우리 갯벌 (그…) 저기들(생명)도 다 죽이는 거고. 여러 목숨이 다 죽어 가는 거여. 어쨌든 안 막아야 할텐데..몰라. 중단만 시켜 갖고 이대로만 있어도 그냥 밀려가면서 그냥 사람 목숨도 부지하고 우리 좋은 그 조개, 고기들 목숨들 부지하고 서로 의지하고 살 판인디 … 아휴~ 갯벌 없으면 못 살어. 그란디, 큰 일이네. 막는다고 한께. 나가 인자 엇저녁 때 기도하면서, '사람의 힘으로 못 헌께, 하나님 아버지가 안 막게 혀주라'고… ─목이 메인다. ─ [긴 한숨] (사례 8)

갯벌에서 나오는 생합과 더불어 살아왔던 여성어민들의 삶에서 새만금간척사업은 생명들(생합)을 죽이는 일로 인식될 수밖에 없다. 여성어민들이 뭇 생명들에게 경외감과 소중함을 느낄 수 있었던 것은 갯벌과 자신의 삶을 일체화시켜 살아왔던 '갯살림'의 경험에서 나온 것이라 할 수 있다. 그렇기 때문에, 여성들은 '지금 당장 새만금간척사업을 중단'하는 것만이 갯벌의 무수한 생명들을 살리고 자신들도 갯벌과 더불어 삶을 살아갈 수 있다고 주장한다. 여성들은 새만금 방조제 공사로 '죽어가는 생명들을 한번이라도 와서 보고 그 생명들에게 미안함을 느끼는 사람이라면 새만금 갯벌을 막을 수는 없을 것이다'며 안타까움을 드러냈다. '사람의 힘으로 안된다면 하나님 아버지가 안 막게 해주라'며 기도한다는 사례 8)의 소망은 방조제로 죽어가는 갯벌과 뭇생명들에 대한 안타까움과 갯벌을 향한 절박한 심정을 느낄수 있게 한다.

이상과 같이, 새만금 갯벌과 뭇생명들에 대한 여성어민들의 이해와 절박한 심정은 갯벌에서 노동을 하며 삶을 생산해 온 경험으로부터 형성된 것이다. 여성어민들은 가구의 생계와 소득을 위한 생계유지적 생산활동과 가정에서의 임신, 출산 및 양육 그리고 가사노동과 같은 생명재생산 활동을 하며 삶을 생산해왔다. 갯살림을 유지하기 위한 여성어민들의 일상적 활동은 갯벌과 뭇생명들에 대한 경외감/존중을 느낄 수 있도록 하는 조건이었을 뿐만 아니라, 이렇게 체득된 생명에의 감수성과 삶에 대한 책임성에 기반하여 여성들은 갯벌과 동반자적 관계를 맺어올 수 있었다. 갯벌과 동반자적 관계를 맺으며 갯살림을 유지해 온 여성어민들의 위치에서 보면, 새만금간척사업은 갯벌과 뭇생명을 죽임으로써 자신과 가족의 생명(생존)까지 죽이는(위협하는) 것으로 인식될 수밖에 없다.

제4장 새만금간척사업으로 인한 갯벌 파괴와 여성의 주변화

> 새만금간척사업을 추진하고 있는 정부와 개발론자들의 논리가 갖는 문제점을 그레마을 여성과 남성의 목소리를 통해 드러내고 간척사업의 논리와 내용 및 방식이 여성들의 삶에 미치는 영향을 구체적으로 살펴보고자 한다.

'그레'마을 여성들(원주민)의 삶은 갯벌과 더불어 살림을 살아온 '갯살림'이었음을 앞서 살펴보았다. 여성들의 '갯살림'에 있어 갯벌은 자신과 가족들의 생존을 유지하는 토대였을 뿐만 아니라 여성으로서 겪게 되는 어려움과 고통을 풀어내며 삶에 대한 희망과 의지를 키워갈 수 있는 장소였다. 이렇듯, '그레'마을 여성들에게 갯벌은 단순히 먹고사는 생계수단을 넘어 '삶 그 자체', 즉 물질적·문화적 생존의 토대로서 의미와 가치를 지닌 삶터였던 것이다. 그런 갯벌을 '쓸모없는 황무지'라며 이를 방조제로 막고 농지를 만들겠다는 것이 새만금간척사업이다. 새만금간척사업이 현실에서 추진될 수 있게 하는 것은 바로 갯벌을 '쓸모없는 땅'으로 여겨 이를 상업적 이윤을 획득하기 위한 다른 용도로의 전환이라는 자본주의적 경제가치에 근거한 개발(간척)의 논리가 강력한 추동력이 되고 있다고 할 수 있다.

이 장에서는 새만금간척사업을 추진하고 있는 정부와 개발론자들의 논리가 갖는 문제점을 그레마을 여성과 남성의 목소리를 통해 드러내고 간척사업의 논리와 내용 및 방식이 여성들의 삶에 미치는 영향을 구체적으로 살펴보고자 한다. 여기에서는 갯벌을 '쓸모없는 땅'으로 여겨 농지를 만들겠다는 간척의 논리와 그에 터한 간척 사업의 전개 과정에서 여성들의 일과 삶은 어떻게 비가시화되는지, 새만금간척사업으로 해양 생태계가 악화되어감에 따라 여성들이 경험하게 되는 피해와 고통은 무엇인지, 마지막으로 이러한 환경악화와 삶의 변화들에 대해 여성들은 이를 어떻게 대응해 나가는지를 주요한 내용으로 다룰 것이다.

1. '여성화된=쓸모없는' 땅으로서 갯벌, 농지 만들기

간척사업을 간단히 정의하면, 갯벌을 '쓸모없는 땅', '황무지', '저개발', '무가치', '생산성이 낮은' '낙후'된 것으로 여겨 이를 메워(자본주의적 생산 구조 속에서) 더 높은 생산성과 상업적 이윤을 획득할 수 있는 공장부지나 농경지를 만들어 내겠다는 것이다. 이런 의미에서 볼 때, 간척대상 지역의 어민들은 바다문화와 어울리지 않는 농경문화(예컨대, 갯벌을 매립하여 농토로 사용한다)거나 산업문화(예컨대, 갯벌을 매립하여 공장부지로 사용한다)를 강요받아 온 것이다. 이제까지 정부의 개발정책은 '산촌 사람들을 해변으로 옮겨 어부로 만든다'(댐건설 지역의 수몰민 이주대책의 경우)거나 '어부들을 육지로 옮겨 농부로 만든다'는 발상에 근거하고 있다(전재경, 1998: 67). 이러한 개발정책에 내재된 문제점은 바로 해당 지역의 자연환경과 이에 적응하며 살아온 주민들을 선별적으로 희생자화한다는 것이다. 특히, 간척사업의 경우에 있어서 '황무지'로 전락한 갯벌과 함께 가치폄하되고 비가시화되는 집단은 갯벌자원에 의존하여 살아온 가난한 여성들이다.

> [새만금사업을] 반대한 것은 우리가 먹고 살 터전이니까. 자기네들이 생존권 보상해주고 호당 7.8000씩 준다고 한께 그놈 갖고 사는 동안, 여그가 10년 안에 여그가 공장이 들어앉고 부안이 시가 되고 여그가 읍이 되고 여그가 아파트가 들어앉고 저기가 공장이 생기고 여그가 항구가 되믄은, 아 자식들도 여그와서 벌어 묵고 살 거 아니여. 그래서 둘러 갖고[속아서] 했지. (…) 그때 [정부가] 거짓말을 많이 했지. 지금같이 했으면은 누가 여그서 찬성할 사람이 하나나 있어? 하나도 없지, 하나도 없어.(사례 6)

위의 사례들이 말하는 바와 같이, '그레'마을 주민들과 전라북도 도민들 대부분은 새만금 사업의 목표는 복합산업단지의 건설이라고 알고 있었고, 지역발전에 대한 기대 속에서 새만금간척사업을 찬성하는 입장이었다. 그들은 새만금 사업이 완공되면 울산만한 첨단산업단지와 부산항 만한 국제항구가 들어설 것이며, 그레마을이 도시가 되어 아파트가 세워지고 주변에는 첨단 영농단지와 수산양식장을 만들어 지역 주민들이 잘 살게 될 거라고 기대[38]했던 것이다. 이렇게 전라북도가 발전되면 자신의 자식들은 힘들게 갯벌에 나가 고생하지 않아도 될 뿐만 아니라, 도시로 나가 어렵게 직장을 잡을 필요없이 고향에서 살아갈 수 있으리라는 기대 역시 이들이 자신들의 삶터인 갯벌을 포기하면서까지 새만금 사업을 찬성한 이유였던 것이다. 그러나, 이들의 기대와 달리 새만금간척사업은 농지조성을 위한 사업이라는 사실이 뒤늦게 밝혀졌다. 이에 대해 마을주민들은 자신들을 속여 온 정부에 대해 실망과 분노를 느낄 수밖에 없었다. 이처럼, 새만금간척사업의 가장 중요한 명분은 식량확보를 위한 농지조성이었다.

> 우리나라가 도로 내고 건물 짓고 하느라 일년에 없어지는, 농토가 엄청나게 소멸이 된다고 그래요. 그러다 보면은 좁은 한반도 안에서 없어지는 만큼 어디서 새로 생겨나야 할 거 아니여? 그럴 때 간척사업은 우리 한국에서 필수적이다. 뭐, 일년에 3000정보가 없어진다는 소리를 들었어요. …정부에서는 자동적으로 없어지는 땅이 있는데 그 농토를 어디서 보충을 해줘야 할 거 아닙니까? 그러면 간척사업을 해야 된다는 얘긴데, 간척사업을 하면은 자동적으로 한쪽 주민이 피해를 봐야할 거 아니냐? 그래야 국가적으로 좀 발전이 될 거 아니냐. (사례 E)

그레마을 주민들 중, 새만금간척사업에 찬성하는 입장을 보인 사례E)는 도로, 주택, 산업용지 등으로 해년마다 농지가 줄어듦을 이야기하며 이렇게 소실되는 농지를 보충하기 위해서 간척은 필수적임을 주장한다.[39] 또한 국가나 지역 발전을 위해 개인이나

---

38) 김한태의 글 참조, 생명평화연대신문 2001년 3월 14일자.

해당 지역은 피해를 감수해야만 한다는 논리를 폈다. '아무런 희생을 치르지 않고 어떻게 잘 살 수 있겠느냐'는 반문과 함께 말이다. 위의 진술에서 나타나는 사례 E)의 새만금간척사업의 필요성과 태도는 정부의 입장과 유사한데, 이는 국가 발전주의와 개발 이데올로기를 내면화하고 있다고 볼 수 있다. 즉, '국가 발전'이라는 대의명분을 위해서는 개발 대상 지역과 그 주민들은 희생을 감수해야만 국가(혹은 지역)가 발전할 수 있을 뿐 아니라, 국가나 지역의 발전이 곧 개인의 복지와 풍요를 가져다 줄 것이라는 생각이 바로 그것이다. 사례 E)가 위와 같은 새만금간척사업에 대한 태도를 갖게 된 배경은 그의 사회적 위치와 경험에서 비롯되었다고 볼 수 있다. 사례 E)는 '그레'마을에서 과거에 오랫동안 이장과 어촌계의 위원직을 맡아 왔으며, 총동문회와 지역의 선거운동에도 적극적으로 활동해 온 사람이다. 이러한 활동을 해온 그는 관공서의 행정 공무원들은 물론 지역 정치인들과의 친분을 쌓아올 수 있었으며, 그 결과 정부의 정책에 관한 정보를 쉽게 접할 수 있었다. 또한 새만금 사업이 시행되기 이전에, 그는 어촌계가 소유·관리하던 양식장을 임대하여 바지락 양식장

---

39) 새만금간척사업의 사업시행주체인 농림부에 따르면, 우리나라의 농지는 매년 새만금 사업에 의해 조성되는 농지의 1.3배(2천 6백만 ha)가 사라지고 있다. 지난 10년동안 22만ha의 농지가 감소되어 왔으며, 앞으로 2011년이 되면 소실된 규모만큼의 농지가 더 줄어들 것이라고 한다. 하지만 이러한 농지의 감소는 정부가 연평균 1만 5천ha 규모의 기존 농경지를 다른 용도로 변경해주고 있는 현실과도 무관하지 않다. 따라서, 간척으로 농지를 확보하기보다는 기존 농경지를 경제성이 없다는 이유로 용도변경해주는 정부의 인식 자체를 바꿔야 할 일이며, 기존 농지의 효율적인 관리와 농업정책의 근본적인 검토가 더 절실하다 할 것이다.

을 운영해 왔는데 새만금 어업 피해 보상이 이루어지면서 양식
장에 대한 면허어업 보상으로 1억이 넘는 보상금과 함께, 맨손어
업 보상(4등급)까지 받았다(그의 아내 역시 1등급으로 맨손어업
보상을 받았다.).

> 간척 공사하고 그 간척한 지역을 거의 활용하지 않고 자꾸 간척만, 개발만
> 하는 이런 것들이 우리들 모르는 소리라고 할 지도 모르지만 쪼끔은 이상한
> 그런 생각이 들고, 두 번째로는 정부의 어떤 이익만을 생각하는 것이 아니
> 라 그 정말 생명줄을 연장하는 지역에 사는 그 생명들도 좀 생각을 해야 될
> 것이고 세 번째는 우리 사람만 생명이 아니고 모든 어패류 종류라든가, 해
> 물이라든가, 어떤 이런 철새라든가 이런 것들도 다 생명이잖아요? 저희들은
> 무식하지만은 그런 것들도 생명인데 너무 무지막스럽게 좀 절단하는 게 아
> 닌가…(사례 J)

> 도대체 이것을 막아서, 없는 돈에 돈을 들여서 1년에 농사 한 번을 지어서
> 도대체 뭣을 할려고 그러는지 나는 도대체가 이해가 안 가.(…) 〔기존의〕
> 농토를 다 메워 가지고 지금 〔다른 용도로〕 쓰는 데가 엄청 많을 거여. 지금
> 그레마을 앞의 개간지〔간척지〕 같은 것도 농사 안 짓는 데가 있고. 그런데
> 자꾸 갯벌 막아 갖고 이거 진짜 말이 안되지.(…) 토지 넓힌다고 해 가지고
> 지금 바다를 완전히 다 죽이고 있지.(사례 2)

하지만 사례 J)와 사례 2)의 생각은 다르다. 위의 사례들은 시
화호를 비롯한 우리나라 간척지들은 간척만 해놓은 채, 제대로
활용하지 못하고 방치되어 있거나 기존 농경지를 다른 용도로
전환해주고 있는 실정임을 지적한다. 이런 현실에도 정부가 농
지를 만들기 위해 막대한 예산40)을 들여가며 새만금간척사업을

---

40) 감사원의 새만금 사업에 대한 감사 보고서에 따르면, 당초(1991)의 새만금간척

하겠다는 것은 '정부의 이익'을 위해 지역주민들의 생명줄인 바다와 갯벌을 죽이는 행위이며, 갯벌과 연관되어 살아가는 무수한 생물들의 생명을 끊어버리는 일로 인식될 수밖에 없다. 그렇기 때문에 이들은 간척사업으로 소실되는 농지를 보충하기보다는 차라리 새만금간척사업에 들어가는 비용을 기존 간척지/농경지에 투자하여 활용할 수 있는 방안을 모색하는 것이 더 필요하다고 주장하였다. 농지조성의 목적은 식량확보이다. 농림부는 새만금간척지를 만들어 전국 쌀 생산량의 3%에 달하는 14만여톤의 쌀을 생산하는 효과를 거둘 수 있다고 주장하고 있다. 이러한 주장에 대해 '그레'마을에서 농업과 어업을 겸하고 있는 사례 11)은 강하게 반박한다

> 근디 농토로 만들어 갖고 농사를 짓는다는 것은 말도 아닌 소리여. 우리는 시방 농사를 짓는다해도 올해 쌀 12,000원 가네, 13,000원 가네 그러는디, 그것 아무 짓도 아니여. 농약금은 그대로 비싸고 비료값 비싸고 노임값은…… (…) 시방 여그 농토도 시방 쌀이 남어 돌아간께는 일년을 묵혀. 땅을 일년을 썩혀야 헐 시상인디 농토로 쓴다믄은 정부에서 가만히 글을 쓰고 앉어서, 책상 앞의 앉어서 허는 짓거리가 인간 짓거리도 아니지.(사례 11)

사업에 들어갈 총 사업비는 농지조성 1조 3,000억원(외곽 공사비 8,200억원, 내부 개발비 4,800억원), 복합단지조성 4조 8,457억원(외곽공사비 8,200억원, 내부 개발비 4조 257억원)으로 계획되었다. 그러나 1998년을 기준으로 사업비는 농지조성 2조 510억원(외곽공사비 1조 5,710억원, 내부 개발비 4,800억원), 복합단지조성 11조 5,298억원(외곽 공사비 1조 5,710억원, 내부 개발비 9조 9,588억원)으로 계상되었다. 또한 2011년 공사 완공 예정까지의 추정 공사비는 농지조성 5조9,530억원(외곽 공사비 2조 2,930억원, 내부 개발비 3조 6,600억원), 복합산업단지조성 28조 5,529억원(외곽공사비 2조 2,930억원, 내부 개발비 26조 2,599억원) 달할 것으로 예상된다.

사례 11)이 말하듯이, 우리나라는 쌀을 자급하는 수준을 넘어 '쌀이 남아 돌아가는' 실정이다.[41] 일년내내 비싼 농약값, 비료값, 인건비, 그리고 기계값을 들여가며 힘들게 생산해 낸 쌀은 갈수록 가격이 떨어지고, 게다가 쌀증산을 억제하고 앞으로의 쌀수입 전면 개방을 대비하여 전업농의 비율을 줄여가는 한편, 기존 농경그림 단계적으로 줄이고 휴경농을 장려하겠다는 정부의 농업정책은 우리나라 농민들을 위기로 내몰고 있다. 이런 농업의 현실을 직접 경험하고 있는 사례 11)의 입장에서, 정부가 쌀을 생산할 수 있는 농지를 만들 목적으로 새만금간척사업을 하겠다는 것은 '세 살 먹은 애들이 들어도 한심스러운, 말도 안되는 일'로 여겨질 수밖에 없다. 실제 '쌀이 남아 돌아가서 있는 논도 놀려야 되는' 농업의 현실에도 불구하고 새만금 사업을 추진하려는 정부의 행동을 그녀는 탁상행정에 불과하다며 강한 어조로 비판하였다.

> 내 속으로만 '아이고, 저 생합이 안 없어져야 하는디, 글고 논 맨들면은 당장 농사지어 먹간이? 그래도 몇 년, 몇 십년 있어야 논 되잖아. (…) 시방 '쌀도 썩어 나가고 쌀금〔쌀값〕 싸다고 데모하고 난린디 논 맨들어서 뭣 헐 것이여' (사례10)

> 여기도〔그레마을도〕 우리 아랫집 아줌마도 옛날에 처음 와갔고 농사짓느라고 빚은 빚대로 다 들여놓고 염 타갖고(염해로) 다 망해 버렸어요. 빚에 쪼들리다 보니까 도망을 갔어요. 이 앞으로도 막어져 갖고도 마찬가지지.(사례 5)

---

41) 2000년말, 우리나라의 쌀재고량은 98만톤(재고율 19%)으로 세계 식량농업기구 (FAO) 권장 수준인 17~18%을 상회하고 있다(http:www.kfem.or.kr).

위의 사례들은 정부에서 주장하듯이, 새만금 갯벌을 메워 농지로 만든다할지라도 실제로 간척 농지에서 쌀을 생산하기까지는 오랜 시간과 노력 그리고 막대한 비용이 들어가야 됨을 지적한다. 그레마을 사람들은 과거 68년 간척공사로 간척을 한번 경험했다. '그레'마을 앞의 간척지가 현재와 같이 농사를 지어 질좋은 간척지 쌀을 생산하기까지 간척지를 개답하는 역할은 이주민들의 몫이었다. 이주민들은 밤낮으로 간척지 논에 나가서 땅을 고르고 수로를 만들며 바다였던 간척지를 논으로 만들어가야만 하는 힘든 삶을 살아야 했다. 또한, 바다였던 간척지 논의 염분을 제거하기까지 10년이 넘는 세월동안 이들은 빚과 생계의 막막함으로 힘든 초기 정착생활을 시작해야만 했다. '그레'마을 주민이라면 개답과정의 힘듦을 누구나가 아는 사실이다. 이러한 초기 이주민들의 삶을 모습을 지켜본 '그레'마을 사람들은 새만금 간척공사도 '68 간척공사와 마찬가지로 힘든 과정을 거쳐야 한다는 것을, 그리고 새만금간척 이후의 자신들 삶 역시 이주민들의 정착과정과 별반 다르지 않을 것임을 알고 있다.

여그(새만금간척사업) 막으믄은 여기 갯벌이 날리면 여기 이 논에도(기존의 논) 굉장한 피해가 올 거여. 여기는 엄청 널릅잖아. 그렇다고 여그가 바람이 적은 데여? 바람이 굉장히 심한 데 잖아. 우리 새만금을 막어 버리믄은 큰 재앙이 올 거여.(사례 7)

여그 막으면은 황톳땅 같으면은 괜찮은디 뻘흙이라, 뻘흙땜에 [벼]꽃피었을 때 지장이 있겄드라고. 시화호 사람들도 감도 잘 안 넌다[열린다] 안혀? 꽃 피어 갖고 먼지 끼니까. (사례 11)

'그레'마을의 이주민들은 초기 간척농지의 개답과정을 '뻘 서 말을 먹어야 시집간다'로 표현하곤 한다. 이는 이주 초기 간척지를 개간하는 과정에서 이주민들은 논에서 일하다가 점심때가 되면 온통 새까만 뻘로 뒤덮여 있는 밥을 먹여야 했던 상황을 이르는 말이다. 갯벌을 땅으로 만든 간척 농지를 구성하는 성분은 뻘(진흙)이다. 이 뻘이 마르면서 간척지 논에는 하얀 소금기가 올라와 쌓이게 된다. 이런 상태의 간척지 논에 바람이라도 부는 날이면 어김없이 시커먼 '뻘바람'이 몰아쳤다. 소금기가 섞인 뻘 바람은 주변의 다른 농경지에서 자라는 작물들에게도 피해를 주게 된다. 시화간척사업의 경우, 방조제 공사가 끝나고 시화간척지가 생겨나면서 인근 포도밭이 염해 피해로 도저히 농사를 짓지 못하게 되었던 것에서도 알 수 있듯이 간척공사는 갯벌만을 파괴하는 데서 그치는 것이 아니라 육상의 생태계에도 영향을 주게 된다. 이렇듯, 새만금간척공사는 연안 생태계는 물론, 육상 생태계에도 엄청난 변화와 파괴를 가져올 수밖에 없는 사업인 것이다. 게다가, 새만금간척사업은 시화간척공사보다 3배나 더 큰 대규모 간척사업이다. 규모가 큰 만큼 이 사업이 몰고 올 환경 피해는 인간이 상상할 수조차 없는 엄청난 대재앙이 될 거라며 사례7)은 우려하고 있는 것이다.

우리가 왜 막으면 썩는다고 이야기를 하냐면은 이 배수갑문이 옛날에 육십 몇 연도에 만들어진 것이기 때문에 옛날 기술이 많이 떨어져 갖고 물이 많이 샜어요. 새가지고 이 앞의 물이 냄새가 안났어, 바닷물이 좀 유입되고 빠지고 그래서. 그런데 작년에 다시 갑문을 막으려고 다시 공사를 했어요. 어떻게 했는지 물이 한방울도 안 새버리든만. 불과 3개월, 4개월 되니까 물이 썩어 버리더라고. 한 600ha 되는 조류지도 그냥 냄새나고 썩어 버리더라고. 우리는 뭐 환경, 이런 거는 잘 모르지만, 우리는 단순하게 막으니까 썩더라. 그거는 알겠드라, 직접 보니까.(사례 D)

　　정부는 새만금간척사업의 효과로 식량안보를 위한 농지조성이외에도, 새만금 담수호 11,800ha를 조성하여 535백만톤의 수자원을 확보할 수 있게 된다고 주장하고 있다.[42] 이에 대해 사례 D)는 과거 간척공사로 생겨난 마을 앞의 조류지가 썩고 냄새가 났던 사실로부터 새만금 담수호 역시 조류지처럼 오염될 것으로 예측하고 있다. 조류지가 썩게 된 원인은 배수갑문을 다시 공사하고 난 이후로 바닷물이 완전히 차단되었기 때문이라고 그를 비롯한 '그레'마을 주민들은 설명한다. 과거에 지어졌던 배수갑문은 기술수준이 지금보다 더 낮았던 탓에 바닷물을 완전히 차단하는 데는 한계가 있어 조류지의 물은 썩지 않을 수 있었다는 것이다. 600ha에 불과한 마을 앞의 조류지도 막히면 썩게 된다는 것을 직접 경험한 마을 주민들의 입장에서 볼 때, 11,800ha 규모의 새만금 담수호의 수질오염은 '불을 보듯 뻔한 일'로 여겨질 수밖에 없다.

　　바다에서 나오는 양이 많나, 농토에서 농사지어서 나오는 양이 많나' 그렇게 [TV]토론을 하드라고.(사례 3 : 당연히, 바다에서 나오는 양이 많지) 근디, 그 사람들이 바다에서 나오는 것은 농사지어서 나오는 것보다 훨씬 적

게 나온다는 거여.(사례 3 : 워매, 그게 뭔 소리디야?) 지금 그레마을이 저녁 끊일 것 없는 사람들도 바다만 나가면은, 한 물 때 벌면은, 아무리 할 줄 모르는 사람도 2일, 3일 먹을 놈을 벌어. 식구 4~5명이 되는 사람은 2~3일 먹을 놈을 번다구, 쌀 댓 되 가지면 먹응께.(사례 4)

　아, 지금 생명이 살아 있는데 쓸모없는 땅이라니 그건 말이 안되는 소리지. 그 속에서 우리 인간이 살고 있잖아. 그러니까 살아있는 땅이지. 우리는 그걸 먹고 사니까. 이런 뻘땅을 왜 저렇게 해 놓는거야? 우리가 거그서 돈을 벌고 농사지어서 돈을 벌 듯이 조개 잡어서 돈을 버니까 [농지와] 똑같은 땅이지. (사례 7)

　새만금간척사업의 경제적 타당성과 관련한 논쟁에서 주요한 내용으로 등장하는 것은 바로 갯벌과 농지의 가치비교이다. 새만금 갯벌에 대한 가치평가는 농지가 갯벌보다 1.4배~2.64배 우월하다는 입장에서 갯벌이 3.3~100배 높다는 연구에 이르기까지 다양한 의견이 제시되고 있다. 이러한 가치들은 갯벌과 농지의 수익성이라는 시장경제적 가치에 근거하고 있다. 하지만, (자연)자원의 가치는 경제적 수치로 측정할 수 없을 뿐만 아니라 '수익성'으로만 한정될 수 없다. 자연환경에 대한 인간의 적응과정인 삶의 생산과 관련하여, '다시 일어날 수 있는 능력을 가지고 있는 것'으로서 자원(Resource)의 '힘있고 값어치 있음' 즉, 가치(Value)는 자연과 인간사회가 재생·지속할 수 있도록 하는 생명력을 의미한다.[43]

---

43) 가치라는 단어는 라틴어로 'Valere'인데 의미는 "힘있고 값어치 있다"라는 뜻이다. 물을 신성시하는 공동체에서 물의 가치는 동식물과 생태계에게 생명력을 주는 역할과 기능에서 비롯된다. 'Value'라는 단어와 마찬가지로 'Resource'도 역시 흥미로운 어원을 가지고 있다. 이 단어는 'Surge'라는 단어에서 파생하였는데, 그 의미는 "다시 일어날 수 있는 능력을 가지고 있는 것"이다(Vandana Shiva, Water Wars, 이상훈 옮김, 『물전쟁』(서울: 솔 출판사, 2003), pp.228~229.

3장에서 살펴본 바와 같이, '그레'마을 여성들의 갯일(생산활동)은 바다의 생태적 순환주기인 '물때'에 순응·협력함으로써 갯벌 자원의 재생과 생산성을 해치지 않을 정도의 분별력 있는 생산 활동이었다. 이러한 자연의 재생과 순환리듬에 대한 여성들의 존중은 '갯살림'을 유지하는 원리였으며, 갯벌과 그 속의 모든 생물(생명)들은 힘든 갯살림에도 희망과 의지를 갖고 삶을 살아갈 수 있도록 하는 원동력이었다. 갯벌과 동반자적 관계를 맺으며 살아온 여성들의 삶의 위치에서 사례 7)은 갯벌 속에 생명이 살고 있고 그러한 생명들을 인간이 먹고 살아가기 때문에 갯벌은 '살아있는 생명의 뻘땅'이라며 목소리를 높인다. 그녀에게 있어, 갯벌의 의미와 가치는 '조개나 몇 개 캐먹고 마는 죽어있는 황무지'가 결코 아니다. 그렇기 때문에 여성들은 갯벌을 '뻘땅' 혹은 '뻘밭'으로 부르며 육지의 농경지와 똑같은 생산공간으로 여길 뿐 아니라, 갯벌을 자신과 가족의 생계와 생존('식구들을 먹여 살리는 일')을 유지하는 구체적인 삶터로서 의미와 가치를 부여해 온 것이다.

> 논 만들어서 뭣 헐 것이여? 여그를 뭣 할라고 물막이 공사를 혀서 이 생금 밭을 없애 버리고. 전라북도는 여기 새만금 막어 버리면 베래요〔잘못된다〕, 베래. 전라북도는 망혀요. 정부도 망혀, 세금 못 낸께. 세금을 뭣 갖고 내야? 먹고 살기도 죽겄는디.(사례 6)

이러한 맥락에서 여성들은 자신들의 삶터인 갯벌을 '그대로 놓아둠'으로써 지역발전도 가능한 일이라고 생각한다. 그레마을 주민들과 여성들은 '새만금간척사업이 되면 전라북도가 발전된다'는 개발론자들의 주장에 대해 '전북이 농지가 부족해서 그동안 발전을 못했냐'며 반박한다. 지역주민들이 각자의 삶터에서 일을 해서 먹고 살아갈 수 있어야 지역이 발전되고 국가도 발전한다고 사례 6)은 주장한다. 새만금지역 주민들의 삶터인 갯벌과 바다를 메워 이들을 생계위협이라는 빈곤의 상황으로 내몰리게 하는 것을 지역발전이라 할 수 없다는 것이다.

2. 가부장적 보상체계의 성별-계급적 불평등

91년 새만금간척사업의 기공식과 함께, 사업이 착수되면서 어업피해에 대한 보상문제가 본격적으로 대두되었다. 새만금간척사업에 따른 어업피해 보상은 면허어업(양식장), 허가어업(어선어업), 신고어업(맨손어업)으로 구분되어 이루어졌다. 보상대상 물건이 확실한 면허어업(양식장)과 허가어업(선박)이 우선적으로 보상이 이루어졌고, 관행어업 또는 맨손어업에 대한 보상은 보상자격과 기준, 그리고 어업 피해 조사를 거쳐 보상액을 산정한 후, 보상이 이루어졌다. 감사원 자료에 의하면, 1991년 12월 14일부터 1998년 5월 31일 사이에 어업권 등 총 9,356건에 대하여 4천 2백 1억 9,200만원의 보상금이 지급되었다(감사원, 1998:120). 새만금 사업으로 인한 어업 상실에 대한 보상이 97%정도가 이루어졌고, 사실상 보상업무는 마무리되었다고 볼 수 있다.

1) 남성의 생산성·소유권 중심의 보상

정부는 새만금 사업을 시행하기 전에 선보상·후공사를 약속했지만, 그 약속은 지켜지지 않았다. 주민들의 항의와 반발은 컸다. 그레마을 주민들과 새만금 지구내 어민들은 1994년 새만금 전시관 앞에서 정부의 약속대로 어업피해 보상을 요구하는 대규모 보상촉구대회[44]를 가졌다. 어업권에 대한 보상문제는 매우 어렵고도 복잡한 과정을 거쳐야 했다. 소유권이 확실한 토지나 건물, 물건, 도구 등과 같은 것이라면 보상 대상이 비교적 확실하여 논란의 여지가 줄어든다. 그러나 어업의 경우는 농업이나 다른 생산양식과는 다른 측면이 많다. 특히 자원에 대한 접근이 자유롭기 때문에 누구라도 바다에 나가서 고기를 잡고 조개를 캘 수가 있다. 영세어민들의 경우는 가까운 바다나 갯벌에 나가서 조개잡는 일이 주업이 된다(함한희, 2002 : 271). '그레'마을에서 맨손어업 종사자 대부분은 여성들이었다.

여성들이 주로 종사해 온 맨손어업에 대한 보상과 관련한 쟁점들은 보상 자격의 확인과 기준 그리고 보상(액) 수준이었다. 이

---

44) 보상촉구대회에서 "보상과 관련된 그레마을(가명) 주민들의 요구사항은 포패업에 대하여 특별보상을 실시하고 생활권과 생존권을 보장해 달라는 것으로 요약된다. 1)그레마을은 1963년 간척 공사이래 다른 지역과 달리 보상대책이 없었음을 특별보상의 근거로 한다. 2) 포패업 보상액은 1년치 생활비밖에 안되고 새만금간척사업이 이루어지면 생활대책이 없어지기 때문에 생계 대책을 세워달라. 3) 이주보다는 영구적으로 이 지역에서 살고 싶으며 그러기 위하여서는 농지채권 형식으로 농지를 분배해 달라."(전재경, 1998 : 89)는 것이었다.

에 대해, 정부는 맨손어업 종사자들에게 신고 기간 내에 신고할 것을 고시하고, 신고한 사람들에게 포패증(어업신고필증)을 발부하였다. 맨손어업을 신고한 사람에 한해 보상을 하겠다는 정부의 계획이 발표되자, 그레마을의 어촌계 사무실에는 매일 50여명이 넘는 사람들이 찾아왔다고 한다. 자격확인 업무는 자연촌락 단위와 어촌계 단위로 나뉘어 이장과 어촌계장이 주도하였고 관내 군부대에 어민의 출입현황을 확인하기도 하였다(전재경, 1998: 88). 맨손어업은 등급을 매겨 차등적으로 보상금이 지급되었는데 다음의 〈표-1〉은 맨손어업보상에 대한 등급별 기준을 나타낸 것이다.

〈표-9〉맨손어업보상에 대한 등급별 기준

등급	평 가 근 거
1	맨손어업이 주업인 자로서 경지면적이 2,000평 이하인 자, 면허어업이 1ha 미만인 자 및 어선어업에 종사하지 않는 자, 타업에 종사하지 않는 자
2	경지면적이 2,000평 이상 4,000평 미만인 자, 면허 면적 1ha이상 2ha 미만인자 및 어선어업에 종사하지 않는 자, 타업에 경미하게 종사하는 자
3	경지면적이 4,000평 이상 6,000평 미만인 자, 면허 면적 2ha 이상인 자, 어선어업에 종사하지 않는 자, 타업에 경미하게 종사하는 자
4	경지 면적이 6,000평 이상 8,000평 미만인 자, 어선어업에 종사하지 않는 자, 타 지역 전출자
5	경지면적이 8,000평 미만인 자, 어선어업에 종사하는 자, 타 어업(종묘배양장, 김가공공장, 양만장 등) 및 타업에 종사하는 자, 학생, 군인 등
6	현저하게 조업 실적이 저조한 자.

출처 : 전라북도 새만금간척지원 사업소 제공.

위의 표를 참조하면, 맨손어업보상의 등급별 기준은 재산정도와 맨손어업의 종사여부, 조업실적 등으로 여기에는 '실제 맨손어업을 하느냐'보다는 가구단위의 재산정도와 겸업유무에 따라 차등적으로 구분하고 있음을 알 수 있다. 여기서 문제는 차등적 지급방식의 기준이 자원/재산에 대한 접근기회와 통제권이 성별 불평등하게 제한되어 있는 현실과 맨손어업의 특성을 반영하지 못하고 있다는 점이다.

현 자본주의적 가부장제 사회 구조 속에서 여성들이 토지에 대한 소유나 재산권을 주장할 수 있는 기회는 매우 제한적일 수밖에 없다. 왜냐하면, 일반적으로 여성들은 자본주의의 경제구조 속에서 공식적 경제의 외부(비공식적 경제활동)에 놓여져 있을 뿐 아니라, 남성가장/남성생계부양자 이데올로기에 근거한 가족제도 속에 차별적으로 위치지워져 있기 때문이다. 이처럼, 여성들은 남성과의 관계를 통해서 재산에 대한 불안정한 조건을 가지게 되기 때문에 토지와 양식장, 배와 같은 개별가구의 재산은 일반적으로 남성 가장의 명의로 되어 있는 경우가 많다.

또한 주업이 아니라해도 '그레'마을 원주민 여성들 대부분은 재산정도와는 무관하게 갯벌에 나가 조개를 채취할 뿐만 아니라, 남성을 도와 개맥이 어장과 김양식 및 가공공장에서 일하거나 농사일을 병행하고 있다. 이러한 여성들의 현실을 비춰볼 때, 개별 가구의 재산정도나 겸업유무에 따라 등급을 정하고 차등적으로 보상액을 지급한 것은 문제가 있다. 다음으로, 보상액 산정을 위한 맨손어업의 피해조사 과정에서 사용된 '표본조사'의 결과를 일반화시키는 오류를 지적할 수 있다. 드넓게 펼쳐진 갯벌 전체를 조사하기란 무리인 것은 사실이다. 하지만, 갯벌의 특정 지점을 정해 그곳의 서식종과 개체 수를 표본으로 갯벌 속에 서식하는 조개량과 그 가치를 평가한다는 것은 실험실에서나 가능한 일이다.

'그레'마을 여성들은 자기가 잡고 싶은 조개만을 전문적으로 잡을 뿐만 아니라, 조개마다 서식하는 갯벌의 위치가 각각 다르고 채취자의 갯벌생태계에 대한 지식과 기술에 따라 생산량이 달라진다는 점을 앞서 살펴보았다. 갯벌을 평당 구획을 정해 가장 많은 비율을 차지하는 조개류의 연간 총생산량과 총생산액을 산정하여 이를 획일적으로 적용하는 것은 갯벌 생태계와 여성들의 맨손어업이 갖는 다양성에 대한 무지이며, 여성들의 생산성에 대한 몰이해에 근거한 접근방법이라 할 수 있다.

이러한 방식으로 마련된 보상기준안을 가지고 마을별로 보상자격의 확인과 등급별 구분에 따른 보상이 이루어졌다. '그레'마을의 경우, 맨손어업은 6등급으로 구분되어 1등급은 1,039만원, 2등급은 831만원, 3등급은 696만원, 4등급은 416만원, 5등급은 342만원, 6등급은 207만원을 각각 보상받았다. 또한, 맨손어업에 대한 보상은 가구당 2명을 그 대상으로 정했으며, 3년치 수입에 대한 생계보상을 해주는 것을 원칙으로 하였다.

하지만, 맨손어업에 등급을 매긴 것이나 한 가구에 두 사람만을 대상으로 선정한 것에 대해 그레마을 주민들은 도저히 이해할 수 없는 일이었다. 무엇보다도 맨손어업에 대한 보상액이 지나치게 적게 책정되었다는 점은 그레마을 주민들이라면 누구나가 지적하는 문제이다. 3년의 어업소득에 대한 보상으로 그레마을 주민들이 받은 맨손어업에 대한 보상금은 평균 600만원 정도였다. 이는 자신들이 삶의 터전인 갯벌을 포기하면서 받는 액수치고는 터무니없이 적은 금액이었을 뿐 아니라 여성들이 갯벌에 나가 벌어들이는 1년 소득에도 못 미치는 수준이었다.

이에 비해, 남성들이 주로 종사해 온 어선어업은 새만금어업 피해보상 항목 중 허가어업에 해당하는데, 이에 대한 보상은 5년간의 어업소득을 보상해주는 것을 원칙으로 선박의 톤 수에 따라 10톤 미만은 3,500만원에서 7,500만원까지 보상을 받았고, 10톤 이상은 방조제 밖에서도 조업이 가능하다는 이유로 보상대상에서 제외되었다(박재묵, 2002: 219). 남성들은 자신들이 받은 보상금은 어업피해 보상이라기보다는 자신들의 재산인 배를 국가에서 가져가는 것에 대한 지급으로 여기고 있었으나, 이는 여성들의 맨손어업보다 더 많은 보상금을 탔던 것은 사실이다. 새만금 어업피해 보상 중, 해당 건수는 적었지만 가장 많은 액수를 차지하고 있는 면허어업은 일반 어민들에 비해 월등히 많은 보상을 받았다.

마을주민들에 따르면, 바다와 갯벌에 의지해서 살아가는 주민들은 양식장 면허를 가질래야 가질 수 없었다. 정보와 자금력, 그리고 로비력이 뒷받침되는 사람들, 이른바 '수산계통에 줄이 있는 사람들' 또는 '관공서 행정공무원들과 인맥이 형성된 사람들'이 주로 양식 면허권을 소유할 수 있었던 것이다[45]. 양식장 면허권을 소유한 사람들은 실제 새만금 지역에서 어업활동을 하는 지역 주민들이기보다는 새만금 사업의 시행을 미리 알고[46] 투기의 목적으로 양식장을 지역어민들로부터 싼값에 구입한 외지 사람들이 대부분이었다. 이들 대부분은 자본력과 사회적 인맥을 가진 남성들로, 새만금 어업보상이 이루어지면서 엄청난 보상금을 받았다. 이처럼, 새만금어업피해 보상은 토지, 배, 양식장 면허권과 같은 남성의 소유권과 생산성에 기반한 가부장적 원리에 의해 이루어졌다. 이 결과 실제 맨손어업에 종사해 온 여성들은 보상체계와 의사결정과정 모두에서 체계적으로 소외와 배제를 경험하는 것은 물론, 새만금간척사업으로 인한 고통과 피해를 감수하며 살아갈 수밖에 없다.

> 현재 이 보상은 일원짜리 하나도 받아 보지도 못하고 이렇게 빚만 지고. 시행일자가 넘었다고 선외로 빠져서. (…) 근데 가만 보면은, 저기 다방허니, 부안에 저런 데 도시에서 사는 사람들은 귀가 빠르고 속보가(정보가) 빠르니까 서류를 다 완벽하게 했는데 여기 사람들은 늦잖여. 누가 말 안해주고 그러면은. 그래서 제외된 거여, 전부다. 그래서 여그 주민들은 안 탄 사람이 많여. 진짜 날마다 바다 아니면 못 사는 사람들이 못 탄 사람들이 많어. 그걸 보면 너무 억울해.(사례 2)

맨손어업 보상과 관련하여, 앞서 지적한 맨손어업에 대한 보상

---

45) "정보부재, 자금력, 로비력을 가지지 못한 주민들은 양식장 면허를 낼 수 없었다. 주로 양식장 면허권을 소지한 사람들은 경찰이나 공무원, 건달, 외부의 자본력이 있는 사람들이 대부분이었다."―김병국 진술(전재경, 1998: 219).
46) 1991년 5월부터 새만금 지역에서는 새만금간척사업이 시행될 거라는 소문이 돌았다고 한다.

금이 너무 적게, 그리고 차등적으로 지급되었다는 점 이외에도, 사례 2)는 보상을 받아야 할 사람이 보상에서 제외되었거나 보상과는 무관한 사람들이 보상을 타게 된 것에 대해 불만을 가지고 있다. 보상에서 누락된 사람들은 1991년 맨손어업 신고를 할 때 신고를 했지만, '선외47)'로 분류되거나 신고 자체를 못한 경우이다. '선외'로 분류되거나 누락된 사람들 대부분은 여성들로, 이는 가정과 마을 공동체 내에서 주로 생활을 하는 여성들 대부분이 보상과 관련된 정보와 행정절차를 잘 몰랐기 때문이다.

이와는 달리, 행정기관과 가깝게 지내온 남성들과 일부 주민들은 정보를 쉽게 접할 수 있었으며 친분과 권력에 의지하여 부당한 이익을 챙길 수 있었다고 사례 2)는 해석하고 있다. 이런 사람들 때문에 신고 기간내에 신고를 한 여성들마저도 선외로 규정되어 억울하게 보상을 받지 못하게 된 것이다. 이처럼 마을 여

---

47 그레마을 주민들이 말하는 '선내'와 '선외'는 맨손어업 신고 기간에 따른 보상 대상자 결정과 관련되어 설명될 수 있다. 정부와 전라북도는 새만금 어업피해 보상 대상자를 선정하는 과정에서 새만금 지구내의 맨손어업자들에게 신고 기간을 명시하고 이 기간내에 신고한 사람들에 한해서 보상을 하겠다는 방침을 발표했다. 하지만, 중앙정부와 실제 보상업무를 담당했던 전라북도가 신고 기간을 각각 다르게 고시하게 됨으로써 보상을 둘러싼 갈등과 분쟁이 발생하게 된 것이다. 즉, 전라북도는 1991년 8월 19일(새만금 사업시행계획 고시일)을 기준으로 하여 이때까지 맨손어업을 신고한 사람에 대하여서만 보상한다고 발표하였고 농림수산부는 '1991년 10월 22일(공유수면매립허가고시일)까지의 신고자에 한해 보상한다'고 각각 발표하였다. 하지만, 실제 보상 대상자가 될 수 있었던 사람들은(선내로 규정된 사람들) 1991년 8월 19일까지 신고한 사람들만을 그 대상자로 선정하여 보상이 이루어졌다. 1991년 8월 19일이 지나 맨손어업을 신고한 사람들은 이제까지 맨손어업에 종사해왔더라도 보상을 받지 못하였다. 이와 같이, 1991년 8월 19일이전에 등록한 사람들은 '선내'로 구분되고 그 이후의 신고자는 '선외'로 구분됨으로써 보상대상자의 결정과정에서 갈등이 빚어진 것이다.

성들은 물론, 주민들 대부분은 보상 대상자의 선정이 공정하지 못했다고 생각하고 있으며 한 마을 내에서도 차등적으로 보상이 주어진 것에 대해 불만을 가지고 있다. 이와 같은 보상을 둘러싼 갈등과 대립은 그레마을 공동체를 분열시키고 동요하게 만드는 요인으로 작용하고 있다.

> 여그서 살아나온 사람은 불과 어장하는 사람은 몇 집이지, 원래 원주민들은 돈이 없응께 논 한 건도 못 사고 왜 정부에서 여그 논 준다고 여그 막어갖고 그때는 아무것도 몰릉께, 정부에서도 다 될려 먹다시피 했잖여? 그래갖고 원주민은 이 굴따고 어쩌고 하루하루 벌어먹는 사람이 많으잖여. 그래도 이주민들은 그 논이라도 다 살 건지라도 있고 혔으니까 그 사람들이 다 실허고. 지금 원주민은 불과 어장하는 사람 몇 안되고 원래 쪼깨 그냥 가난허게 살던 사람들인디 앞으로 생금밭이 없어진께 사는 것이 막연하지. 막연혀.(사례 15)

사례 15)는 새만금간척사업으로 생계가 막막해지는 사람들은 '그레'마을 주민들 중에서도 어업에 종사해 온 원주민들임을 강조한다. 원주민들의 삶을 지탱해 온 것은 여성들이었음을 앞서 살펴보았다. '그레'마을에서 원주민들은 농사를 지을 수 있는 논을 가진 이주민들과는 달리, 바다와 갯벌에만 의지하여 하루하루 생계를 유지해 온 사람들이다. 이렇게 살아온 원주민들에게 바다와 갯벌이 없어지는 새만금간척사업은 생계의 수단을 잃어버려 막막해질 수밖에 없는 상황인 것이다.

이렇듯, 새만금간척사업은 바다와 갯벌에만 의지해서 생계를 유지해 온 사람들에게 '생계의 막막함' 그 자체일 뿐 아니라 더 고통스러울 수밖에 없다. 모아둔 재산이 있거나 배움과 기술이 있는 사람들에겐 다른 생계로의 전환은 가능한 일이다. 하지만, 평생동안을 바다와 갯벌에 나가 하루 벌어 하루를 살아온 원주민들 대다수는 이렇지 못하다. 게다가, 갯벌의 매립으로 정부가 자신들한테 준 경제적 보상은 일년 생활비 정도의 수준에 불과하다. 그렇기 때문에, 막연한 기대와 희망만을 가졌을 뿐, 급작스러운 변화에 대해 아무런 준비가 없던 그들은 '앞으로 어떻게 살아가야 할 지'가 막막하고 불안하다. 이런 점을 감안해 볼 때, 갯벌의 매립과 보상은 지역주민들에게 단순히 경제적 보상을 해주는 것으로 끝날 수 있는 문제가 아니다. '자기가 잘 할 수 있는 일을 하며 먹고 살 수 있고', '자기가 살고 싶은 곳에 살 수 있으며', '쾌적하고 안전한 환경에서 건강하게 살 수 있는' 삶의 문제, 생존이 걸린 문제인 것이다.

2) 여성노동의 가치절하와 가족주의로 인한 희생

'그레'마을 주민들 대부분은 새만금 어업 보상과정에서 가장 소외되고 부당한 대우를 받았던 사람들은 맨손어업 종사자인 여성들이라고 지적한다. '그레'마을에서 여성들이 주로 종사해 온 맨손어업에 대한 보상은 6등급으로 구분된 차등적 지급방식과 가구당 2명을 보상 대상자로 정한다는 원칙에 의해 이루어졌음을 앞서 살펴보았다. 맨손어업 보상에 대한 등급제는 전라북도가 군산대 해양개발 연구소에 어업피해 조사를 의뢰하여 그 결과에 의해 결정된 사항이었다. 하지만, 이러한 등급에 따라 이루어진 신고 맨손어업에 대한 보상은 마을마다, 개인마다 달랐다. 정부

의 맨손어업 보상과 관련한 기본원칙을 놓고 '그레'마을에서는
마을피해보상대책위(이하, 보상대책위)가 마을의 보상안을 마련
하는 역할을 담당하게 됐다. 보상대책위는 주로 마을 유지와 어
촌계장 및 위원들, 그리고 마을 이장들로 구성되었다.

> 근데 여자라는 이런 것은 완전히 소외되어 있어요. 어떤 일이든지 결정은
> 남자들이 하는 일이라고요. 그 보상문제로 저기 몇 번 데모를 했었고, 정
> 말로 문제가 되는 건 포패업이었고 포패업하면은 남자보다는 여자였어요.
> 그러면은 거기에 여자들이 사실은 끼어야되는데 모든 거기에서 중심으로 한
> 것은 남자들이었거든요. 남자들에 의해서 결정을 하고. 뭐 유지라고 하는
> 이런 분들이 관하고 이렇게 서로 개입이 되어 가지고는 흐지부지해서 그냥
> 끝낸 거예요, 그냥. 뭐 시멘트 바닥에 다 드러누운 것도 다 여자고. 시위하
> 느라고. 〔여성들이〕전부다 스크랩하고 쭉 눕고, 하여간 용감했어요. 진짜
> 큰 일 같은 것은 여자들이 하고. .(…) 근데 결국 그게 실패했던 게 뭐냐면
> 은, 남자들이 발이 넓다보니까 연줄이 있어 가지고 거기서 뭐 압력을 넣었
> 다든가 하면은 그냥 그렇게해서 포기하고 사그라진 거예요. (사례 K)

사례 K)는 마을에서 어떤 결정을 내리고 일을 추진하는 과정
에서 여성들은 소외되어 왔음을 지적한다. 마을의 중대사를 결정
하고 행동하는 데 있어 중심을 차지하는 것은 남성들이었다. 새
만금 어업피해 보상을 놓고 마을피해보상대책위가 결성되었지만,
거기에는 포패업(맨손어업)을 했던 여성들은 참여할 수 없었고
따라서 여성들의 의견은 반영될 수 없었다. 보상대책위를 중심으
로 마을 주민들은 보상을 촉구하는 항의데모와 집회를 몇 차례
가졌다. 이 과정에서 여성들은 스크랩을 하고 시멘트 바닥에 드
러누워 현실적인 보상을 요구하는 시위를 지속적으로 할 것을

주장했다고 한다. 하지만, 보상대책위의 마을 유지를 비롯한 남성들은 관공서의 공무원들이 와서 하는 무책임한 약속(농지를 우선 분양해 주겠다)에 시위를 포기하고 말았다. 사례 K)는 그때의 상황을 떠올리며, 그 시위가 실패한 원인을 '발이 넓은 남성들' 때문이라고 말한다. '먹고살기 위해 생계 보장'을 요구하며 시작된 집회에서 여성들과 일부 남성들은 현실적인 생계보상을 받을 때까지 집회를 지속할 것을 주장하였으나 발이 넓은, 즉 관공서 공무원들과의 친분과 인맥을 가지고 있던 보상대책위의 남성들은 시위를 잠재울 목적으로 난발한 공무원들의 말에 타협하고 시위를 중단할 것을 주장한 것이다. 이렇게 되면서, 시위를 했던 명분마저도 흐지부지되고 마을 주민들은 아무런 성과도 얻지 못한 채 시위는 끝나버리고 말았다.

여성이 배제된 채 보상대책위가 마련한 보상 중재안에는 여성들의 이해와 입장이 반영될 수 없었다. 이 결과 보상안으로 제시된 맨손어업 보상을 6등급으로 나눠 지급한 것이나 가구당 2명이 보상원칙을 제안한 것은 여성들의 일과 가족 내에서 여성들의 이해를 간과한 결정이라고 볼 수 있다. 앞서 3장에서 살펴본 바와 같이, '그레'마을에서 여성들의 맨손어업은 가구의 생계와 소득에 상당한 비중을 차지할 뿐 아니라, 마을 공동체와 지역 경제에 공식적 · 비공식적으로 기여해왔다. 그와 같이, 여성들의 맨손어업은 가정과 그레마을을 지탱하는 주요한 경제활동이었음에도 보상과정에서는 공식적인 경제활동으로 인정될 수 없었던 것이다. 이처럼, 국가의 보상과정에서 여성들의 일이 가치절하되고 여성들이 보상과정에서 소외와 배제를 경험하게 되는 원인은 여성들의 맨손어업(일)에 대한 낮은 사회적 평가와 인식상의 문제점, 그리고 남성 생계부양자 이데올로기에 근거한 가족을 보상단위로 파악하는 국가의 보상정책이 갖는 가부장적 성격에서 찾을 수 있다. 우선, 어촌 지역에서 맨손어업은 일반적으로 누구나가 별 자본이나 기술없이도 할 수 있는 일로 여겨온 것은 사실이다. 하지만, 맨손어업은 모든 지역이나 집단에서 똑같은 비중과 경제력으로 파악될 수 없다.

그레마을의 경우에 여성들의 생합 채취는 여성들에게 있어 높은 경제적 이익을 가져다주는 어업활동이며, 이러한 경제력은 가정과 마을 공동체에 상당부분 기여하는 경제활동으로 평가된다. 게다가, 그레마을 여성들의 생합 채취는 독특한 채취 기술과 관리체계 그리고 생산성을 위한 전략 등을 필요로 하는 노동임을 앞서 살펴보았다. 이러한 지식 및 기술과 관리체계 그리고 전략들을 발달시켜왔기 때문에 여성의 생산성은 높게 획득될 수 있었을 뿐 아니라, 지속성을 가질 수 있었던 것이다. 하지만, 맨손어업에 대한 보편화와 획일화는 여성들의 일을 '보이지 않는 노동'으로 혹은 '가치가 없는 소일거리/부업거리'로 평가절하하는 결과를 가져온다.

이와 관련하여, 시바(1998)는 "개발과정에서 여성과 여성노동이 가치절하되는 이유를 첫째, 여성들의 일은 자연의 과정에 협조하기 때문이고, 둘째, 기본적 필요를 충족하고 생계를 보장하는 일이 일반적으로 가치절하되기 때문"이라고 지적한다. 다른 한편, 국가에서 어민들을 상대로 맨손어업에 대한 피해보상을 할 때, 국가는 어민 개인을 상대로 하는 것이 아니라 어민 가족에 대한 생활보상금 정도로 인식하고 있다. 국가는 한 가족 안에서 는 경제활동의 주체가 한 사람, 즉 부양자가 있고 나머지 가족원 은 모두 피부양자라는 암묵적 전제를 하고 있다(함한희, 2002: 274). 이와 같은 남성 생계부양자 이데올로기에 근거하여 가족을 바라 보는 국가가 어민 가족에게 보상금을 지불할 때, 일차적 대상자 는 바로 남성 가장이 된다. 그 외에 가족들, 특히 여성들은 보상 의 대상에서 제외되거나 소홀히 취급받게 되는 것이다.

〈표-10〉 신고 맨손어업 보상 현황

(단위: 명)

등 급	여 성	남 성
1등급 (1039만원 ~ 732만원)	147	201
2등급 (831만원~585만원)	100	50
3등급 (696만원~490만원)	163	95
4등급 (415만원~292만원)	0	15
5등급 (340만원~241만원))	59	132
6등급 (207만원~150만원)	1	5
총계	470	498

자료 : 새만금 어업보상금 개인별 지급내역 참조. (전라북도)

위의 표는 1994~1995년에 걸쳐 그레마을 주민들에게 지급된

〈신고 맨손어업 보상 현황〉을 나타내는 것으로, 1차 맨손어업 보상만을 집계한 것이다. 여기에는 2차 보상이나 무신고 맨손어업자들에 대한 보상은 포함되지 않았다. 참고로, 보상업무 담당 공무원에 따르면 그레마을에서 맨손어업 보상을 받은 사람은 1·2차 보상과 무신고 맨손어업 보상을 포함하여 총 1,200명이다.

〈표-10〉에 따르면, 그레마을에서 맨손어업으로 보상을 받은 사람은 여성 470명, 남성 498명으로 총 968명이다. 맨손어업 보상이 이루어진 1994년 당시, 그레마을에는 여자 1,243명, 남자 1,270명이 살고 있었다. 94년도의 그레마을 전체 2,511명 중 968명만이 맨손어업 보상을 받았으며, 남성이 여성보다 약간 더 많다. 그레마을에는 남성보다는 여성들 대부분이 맨손어업에 종사하고 있다. 하지만 위의 표에서도 나타나듯이, 맨손어업 보상은 맨손어업 종사 여부보다는 그레마을에 거주하는 주민들의 생활보상의 명목으로 이루어졌음을 알 수 있다. 게다가 정부의 새만금간척사업에 대한 보상이 97% 이루어졌다는 주장과는 달리, 그레마을 주민의 과반수 이상이 보상을 타지 못했음을 확인할 수 있다. 이는 신고 기간을 넘어 '선외'로 규정되었거나 '선내'로 되었더라도 보상에서 제외되었기 때문인 것으로 해석할 수 있다. 다른 한편, 맨손어업보상에 대한 개인별 내역서를 참조해볼 때, 한 가구당 2명의 보상 대상자를 한정하여 보상이 이루어졌던 그레마을의 경우, 부부가 함께 보상을 받거나 아버지와 아들, 시어머니와 며느리, 어머니와 아들, 아들과 며느리 등으로 보상을 받았던 것을 확인할 수 있었다.[48]

부부가 함께 보상을 받을 경우에, 남편이 1등급이었던 비율이 상대적으로 높았다. 위의 표에서 1등급으로 보상금을 받은 성별 인원수가 크게 차이를 보이는 것은 바로 이런 이유 때문이다. 또한, 남성들의 경우 6등급 모두에 걸쳐 분포하고 있는데, 이는 맨손어업 보상이 아닌 다른 어업형태로 보상을 받았던 남성들이 맨손어업 보상도 받았던 데에서 비롯된 것으로 여겨진다. 다시 말해, 허가어업/면허어업으로 보상을 받은 남성이 부인과 함께 맨손어업 신청을 하게 될 때는 주로 부인이 1등급으로 보상을 받고 남편은 3·5등급으로 받았던 것이다.

> 나는 포패증만 나온 상태고 아버님하고 00이 아빠(남편)하고. 아버님은 일등급으로 해갖고 천 몇 십만원인가 되고 00이 아빠는 3백 몇 십만원인가 받고. 둘이 합쳐서 천 오백만원인가 그랬어. (근데 아버님은 예전에 어업활동을 하셨어요?) 아니, 아무것도 안했어요. (맨손어업으로 보상을 받은 거예요?) 응. (맨손어업에) 해당이 있고 없고간을 떠나서 그레마을에 살으니까. 배고 뭐고 허가증이 없는 사람들은 다 맨손어업이었지. (…) 내가 작년에 일년 벌은 것이 1000만원이 되는디, 1000만원을 일시불로 받아서 어디 정착을 하겠어요? 뭣을 하겠어요? 일년 생활비도 못허지. (사례 5)

사례 5)에 따르면, 맨손어업에 대한 보상은 '실제 맨손어업을 해 온 사람들'을 대상으로 이루어졌다기보다는 새만금 지구 내에 거주하는 주민들 중 맨손어업으로 신고한 사람이면 누구나가 받을 수 있는 '생활보상금'이었음을 확인할 수 있다. 사례 5)는 보상이 이루어질 당시, 맨손어업에 종사하지 않았으나 그녀의 시

---

48) '그레'마을의 신고 맨손어업 보상에 대한 개인 내역서에 나타난 성명, 주민등록번호, 주소지를 참조한 결과임을 밝힌다.

어머니는 30년 넘게 갯벌에 나가 조개를 채취해서 살아왔다. 하지만, 이 가정에서 맨손어업으로 보상을 탄 사람은 시어머니 본인이 아닌 남편과 아들이었다. 이 집안의 세대주인 시아버지가 1등급을 탔고, 함께 살고 있는 아들이 5등급으로 보상을 받았다. 이와 같이, 한 가정에 2명이 보상신청을 할 때, 사례 5)의 시어머니처럼 30년 넘게 맨손어업에 종사해 온 자신보다는 남편이나 결혼한 아들부부에게 보상자격을 양보하게 되는 경우도 있었다.

> 근디 저도 보상 못 타 먹었어요.(왜 못 타셨어요?) 왜그랬냐면은 선외로 됐다고 안 준거여.(신고기간을 넘어서 신청을 하셨어요?)아니예유, 똑같이 혔어요.(…) 우리 영감만 받고 나는 하나도 못 받었어.(아저씨는 얼마나 받으셨어요?) 일 등급으로. 혼자 그놈(보상금) 먹고 갔는디(돌아가셨는데) 인자 어떡혀요? 인자 다 빚 갚었어. ―갑자기 소리를 죽여서― 혼자서 노름혔어. 그런 빚 갚으느라고. (사례 9)

사례 9)는 신고 기간 내에 맨손어업 신고를 하였으나 '선외'로 구분되어 보상을 타지 못한 경우이다. 실제 36년 동안 맨손어업을 해 온 그녀는 보상에서 제외되었지만, 고기잡이를 하던 그녀의 남편은 1등급으로 맨손어업 보상을 받았다. 하지만, 남편이 받은 보상금은 남편의 노름빚을 갚기 위해 쓰여졌기 때문에 사례9)의 가정 경제(살림)에는 별다른 도움이 될 수 없었다.

> 보상금은 1등급 나왔는데 새끼들이 실직당해서 새끼들 줘버렸지. 새끼들 있는데 애미가 어떻게 갖고 있어.49)

---

49) 함한희의 연구대상지는 본 연구의 현지조사지와 동일하다. 위의 주민들의 이

우리는(아들 가족과 어머니 가족을 포함해서) 1등급으로 1,000만원, 2등급으로 600만원 그리고 두 명은 5등급으로 300만원 받았다. 맨손어업 보상으로 2,000만원을 받았는데, 어머니 당신이 보상받은 것은 막내 아들이 방 얻는데 돈을 보태줬다.[50]

위의 인용들과 본 연구자가 '그레'마을 여성들과의 인터뷰를 하면서 들었던 이야기를 종합해 보면, 보상을 받았던 여성들 대부분은 자신이 받은 보상금을 가족이나 자식들을 위해 사용하는 경우가 많았다. 연구자가 '보상금 받아서 어떻게 하셨어요?'라는 질문에, 여성들 대부분은 '애들 가르치고, 집 짓는 데 보태고, 식구들하고 먹고 쓰고 사는 데 주로 썼지'로 응답하였다. 이렇듯, 보상을 받은 여성들 대부분은 보상금이 자신을 위한 것이라기보다는 가족이나 자식을 위한 것으로 인식하는 경우가 많았다.

위에서 살펴본 바와 같이, '그레'마을의 맨손어업 보상은 실제 맨손어업의 종사여부보다는 새만금 지구 내 거주하는 주민들에게 일반적으로 주어진 생활보상금의 명목으로 이루어졌을 뿐 아니라 국가의 어민 개인에 대한 보상이 아닌 가족 단위의 보상으로 인한 여성들의 희생을 강요하는 것이었음을 알 수 있다. '그레'마을 여성들의 경우, 맨손어업 보상 대상자를 결정하는 과정은 물론, 보상금의 용도에서도 가족 전체를 위해 (자의가 됐든 타의가 됐든간에) 희생과 양보를 요구받게 되는 상황이었음을 알

야기는 함한희의 글(함한희, 2002: 276)에서 인용하였음을 밝힌다.
50) 앞의 글에서 인용함.

수 있다. 이런 측면에서 볼 때, 여성들은 새만금간척사업에 따른 보상에서 실질적인 수혜를 받았던 것으로 보기 힘들다.

3. 생태계 변화에 따른 여성들의 피해와 고통

새만금 방조제 공사는 2002년 4월 현재, 72%이상이 진행되었다. 새만금 방조제 공사가 진행되면서 '그레'마을 주민들의 삶을 변화시키는 직접적인 요인은 바로 갯벌 생태계의 변화에 따른 어획량 감소이다. 갯벌 생태계가 변화됨에 따라 '그레'마을 주민들의 삶 역시 급격한 사회·경제적인 변화를 겪고 있는 실정이다. 본 절에서는 자연 생태계(갯벌과 바다 생태계)와 인간 삶이 밀접한 연관성을 가진다는 점에 주목하여 새만금간척사업이 갯벌 생태계와 '그레'마을 주민들의 삶에 미치는 영향을 갯벌 생태계의 변화상과 이에 따라 '그레'마을 여성과 남성의 일과 삶이 어떻게 변화되어 가는지를 구체적으로 살펴보고자 한다. 또한, 이러한 변화에 적응하기 위해 '그레'마을 여성과 남성들은 어떠한 적응전략들(수용-적응-대응)을 펼치는지, 그리고 이 과정에서 여성과 남성의 생태계 파괴에 대한 태도나 적응 전략에 있어 차이와 그러한 차이를 만드는 조건은 무엇인지를 주요 내용으로 다루고자 한다.

1) 국유화에 따른 갯벌 파괴의 연쇄적 현상들

새만금어업피해 보상이 이루어지면서 새만금 갯벌과 바다는 국가에 의해 전유되었다. 이처럼, 간척사업은 갯벌이라는 공유지를 국가나 민간 기업이 국유화하거나 사유화[51]하는 것을 의미한다. 원래 바다와 갯벌은 개인이나 특정 집단이 배타적 소유권을 가질 수 없는 공유 재산이다. 그러나, 간척의 결과로 생겨난 간척지는 개발 주체인 국가나 민간 대기업에게 국유화와 사유화된다. 새만금간척사업으로 조성되는 간척지는 새만금 지역주민들의 소유가 아닌 농업기반공사로 대표되는 국가가 전유하게 되는 것이다. 이러한 간척지의 국유화와 사유화는 갯벌과 이러한 갯벌의 다양한 생물들에 의존해서 살아왔던 여성들에게 희생을 강요한다는 점에서 부정의와 불평등의 문제가 발생한다. 즉, 갯벌(자연) 그 자체로서 안정적인 생태계를 유지하며 다양한 생물종들의 서식처인 갯벌이 개발의 이익을 위한 하나의 '자원' 혹은 '수단'으로서 간척의 직접적인 대상지로 전락한다는 것이고, 갯벌과 함께 살아왔던 여성들로부터 이를 강탈·희생을 강요하기 때문이다. 또한 마을 공동체의 공유재산인 갯벌이 국유화/사유화되면서 마을 여성들은 갯벌 자원에 대한 접근 기회와 관리 및 통제권을 상실하게 된다. 새만금간척사업과 함께 어업피해 보상이 이루어지면서, 그레마을 주민들은 마을 공동체의 공유지였던 바다와 갯

---

51) 우리 나라의 경우, 공유지인 갯벌이 간척 후 완전히 개인(대기업) 소유로 변한 사례로 현대그룹의 천수만 간척지구와 동아그룹의 인천 동아매립지를 들 수 있다(고철환, 2001:707 참조).

벌에 대해 어떠한 권리도 행사할 수 없게 되었다. 이는 보상을 받는 조건으로 어업포기각서를 써야만 했던 사실에서도 확인할 수 있다. 현 가부장제 성별분업 체계 속에서 자원에 대한 접근과 이용 기회가 제한되어 왔던 여성들은 간척개발 과정에서 남성들보다 더 많은 고통과 희생을 강요당하게 된다. 갯벌을 메워 조성된 간척지를 국유화/사유화하는 간척사업은 여성들의 생산 토대인 갯벌을 여성들로부터 빼앗는 것을 의미한다는 점에서, 이는 여성들의 경제적 이익을 침해하는 행위인 것이다. 더욱이 자신들의 물질적, 문화적 생존의 토대로서 갯벌을 바라보는 여성들에게 새만금간척사업으로 인한 갯벌 파괴는 생존의 위협으로 인식될 수밖에 없다.

새만금 방조제 공사의 진행과 함께 '그레'마을 여성들이 느끼는 일차적 변화는 갯벌 생태계의 변화이다. 인간에 의한 급작스러운 자연변형인 간척공사의 직접적인 대상지는 갯벌이다. 갯벌 생태계의 변화는 간척공사를 위한 첫 번째 공정에 해당하는 방조제 건설과 함께 시작되었다. 방조제 공사로 인한 생태계의 변화 양상은 복합적인 뿐만 아니라 연쇄적으로 나타나고 있다. 아래의 사례들 대부분은 갯벌에서 생합을 채취하는 여성들이다. 이들의 갯벌 생태계 변화상에 대한 자세한 설명들은 매일의 참여, 즉 갯벌 속에서 이루어지는 매일매일의 갯일을 하면서 갯벌을 관찰하고 경험한 것에 근거하고 있다.

방조제 공사로 인한 갯벌 생태계가 변화하는 양상을 가장 직접적이고 우선적으로 관찰·경험하는 집단은 바로 갯벌에서 직접 생산활동을 하는 여성들이다. 갯벌에서 생합을 채취하는 여성들은 방조제 공사로 인한 갯벌의 변화를 일상적으로 경험하게 되는데, '날마다 갯벌에 가는 우리는 뻘이 사리사리마다 바뀌는 것'을 알 수 있다[52]는 사례 14)의 말을 통해서도 이를 확인할 수 있다.

> 그니까 지금 어쩐가 하면은, 우리는 날마다 가잖아. 그러면은 그 땅이 날마다 가 보면은 사리, 사리 틀리는 거야. 거기 땅이. 이 꼬랑이(갯골) 쭈욱 있으면은, 이 생합 나오는 꼬랑이, 땅이 싸악 높아져 버려. 자꾸 막으니까, (뻘이)변해. 자꾸 덮어져. 땅이 돋아져. 날마다 가면은 모르는데 15일이 지나서 한 사리 끝나고 가보면은 된 등이 되버려. 물이 많이 못 들어오니까. (사례 14)

사례 14)를 비롯한 여성들 대부분은 바닷물이 방조제로 막혀 들어오지 못하기 때문에 자꾸만 갯벌이 쌓이고 높아진다고 이야기한다. '자신이 생합을 캐던 갯골이 한 사리가 지나니까 '등'이 되어버렸다'라는 관찰에 근거하여 사례 14)는 갯벌이 높아지고 있음을 인지하고 있다.

> 동네 앞에는 조금 때는 물이 옛날보다 더 많이 안 들어와 버리고. 물이 들

---

52) 갯벌의 해저 지형의 변화나 퇴적상의 변화는 매우 느리게 진행되기 때문에 장기적이고 지속적으로 나타난다. 반면에 갯벌 퇴적물의 지화학적 특성의 변화 (냄새가 나고 갯벌이 시커멓게 변화하는 현상)는 비교적 빠른 시일 내에서도 그 변화 양상을 확인할 수 있다(박진순 외, 2002). 이러한 갯벌 변화 과정에서 보여지는 특성은 사례14의 "갯벌이 바뀌는 것을 '사리사리'마다 확인할 수 있다"는 부분을 설명해 줄 수 있다.

어올 수 있는 시간이 정해져 있고 물이 들어오는 문은 적고 그러니까. 그러다보니까 여기는 그만큼 뻘이 말라 간다는 얘기여. 근께 여름에 보면은, 조금 때는 물이 안 들어와 갖고 하얗게 염이(소금기가) 올라오거든, 지금도. 바닥에 물이 안 들어오고 며칠 간 뻘이 말라 갖고 뻘이 갈라지기도 하고 거의 하얗게 염분이 모여 있기도 하고. (사례 6)

그게(새만금) 막기 시작해 갖고 어떻게 됐냐면은 조개도 많이 없어지고 지금 땅도 많이 썩어가고 있어요. 지금 아무데나 가서 땅을 파보면은 썩은 뻘이 나와요. 그리고 여름에는 우리가 경운기 타고 왔다갔다하는데 냄새가 무지하게 나요. 그렇게 오염이 되어 버렸어요. 지금 뻘이 시커멓게 다 죽어가는 거예요. (사례 5)

　방조제로 바닷물의 유입속도가 느려지면서 조금 때는 육지 근처의 갯벌까지 바닷물이 미치지 못하게 되었고 이에 따라 갯벌은 말라 갈라지는 한편, 소금기가 올라왔다. 게다가 갯벌에서는 썩는 냄새가 나고 시커멓게 색깔이 변해갔다. 이처럼, 갯벌의 변화는 다양한 형태로 나타나지만 '그레'마을 주민들의 표현을 빌려 한 마디로 표현하면 '뻘이 죽어가고' 있는 것이다. '그레'마을 주민들은 뻘이 죽어 생물이 살 수 없는 갯벌을 흔히 '죽뻘'이라고 부른다. 갯벌의 '죽뻘화'는 갯벌 생태계를 오염시키는 결과를 초래할 뿐 아니라, 이러한 갯벌 생태계의 변화와 오염은 바다와 갯벌 속에서 살아가는 다양한 생물들에게도 영향을 미치게 됨으로써, 주민들의 어업활동 역시 심각한 타격을 받게 된다.

　인자 저렇게 갖다 해놓은께, 어패류같은 것이 많이 상혀[썩어]. 저것[방조제] 저렇게 해논께, 물이 활용을 안하기 땜이 막 뻘이 이렇게 돋아져가지고 막 썩고 반지락, 꼬막 같은 것이 썩어서 그냥, 생합도 썩지. (사례 3)

어패류는 물론, 다양한 생물들이 살아가는 갯벌 생태계의 변화와 오염은 어패류들의 서식환경을 악화시키고 있다. 즉, 어패류들이 산란하고 생육·성장할 수 있었던 갯벌이 점차 부적합한 환경으로 바뀌어 가고 있는 것이다. 사례 3)은 바닷물이 막히면서 갯벌이 자꾸만 쌓여가다 보니 어패류들은 변화된 환경에 적응하지 못하고 썩어 죽어가고 있음을 지적한다. 이 결과, 어패류의 종류와 양이 점차 감소하고 있으며 이러한 어패류의 감소는 그레마을 주민들의 어획량을 갈수록 줄어들게 하는 요인이 되어가고 있다.[53]

근께 그것[80년대 중반~90년대 초]할 때만 해도 양식장 관리하는 사람, 작업하는 사람, 생합잡는 사람, 또 꼬막캐러 가는 사람, 해태하러 가는 사람, 개맥이 어장하는 사람 많어지[많았지]. 그리고 배타고 가서는 기[게]잡는 사람, 시라시[실뱀장어] 잡는 사람 많했지. (사례 5)

예전엔 맨손만 아니라 봄에는 대하잡이하고 여름에는 숭어 잡이하고 가을에 대하 잡이, 쭈꾸미 잡이도 하고 그런 사회였는데 지금은 그게 일체 없잖아요. (사례 G)

---

53) 전라북도가 2001년 도내 어가와 어업인, 소득 등을 집계한 결과 10년 전보다 큰 폭으로 감소한 것으로 나타났다. 전라북도 내 수산물 생산량의 경우, 지난 1991년 131,809M/T의 생산실적을 올렸으나 2000년에는 65,406M/T로 절반 가까이 감소한 것으로 집계되었다. 생산소득은 지난 1991년 1,902억 2,800만원(가구당 2,800만원)에서 2000년에는 1,234억 100만원(가구당 2,400만원)으로 전체소득은 35.1%, 가구당 소득은 14.2%가 각각 감소한 것으로 조사됐다. 전라북도 해양수산과 관계자는 '새만금 매립으로 도내 어장과 어업가구, 어업인 등 수산 규모가 크게 줄었다'라고 설명하였다(새전북신문 2002년 3월 17일, 재인용). 그레마을이 속한 부안군의 경우도 마찬가지다.

갯벌의 다양한 생물 자원들에 의존하여 살아가는 그레마을 주민들의 삶에 가장 커다란 변화의 원인은 앞서 지적했던 바와 같이 갯벌 생태계 변화로 인한 어획량 감소이다. 이러한 어획량 감소는 갯벌이 변화되면서 어민들이 잡았던 생물 자원의 감소와 밀접한 관련이 있다. 사례 5)와 사례 G)는 새만금간척사업이 시작되기 이전에 그레마을의 어업활동은 다양했음을 지적한다. 지금은 그 자취를 감춘 실뱀장어(시라시)를 잡는 사람, 개맥이 어장을 운영하는 사람, 해태양식을 하는 사람, 맨손어업을 하는 사람 등으로 각자가 잡는 어종이나 조개의 종류가 달랐다.[54] 그만큼 바다와 갯벌의 생물 자원은 풍부했을 뿐 아니라 다양했었다. 하지만, 새만금간척사업은 바다와 갯벌을 변화시키고 있고 그에 따라 풍부한 생물자원들은 갈수록 그 수가 줄어들어 가고 있다. 어패류의 감소는 그레마을 주민들의 어업활동(생계활동)을 집중화, 단일화시키는 요인이 되고 있다. 바다와 갯벌의 생태 환경이 악화되면서 주민들은 유일하게 남은 생합과 숭어잡이로 몰리고 있는 것이다. 이러한 생합잡이와 숭어잡이로의 집중화 현상은 갯벌 생태계의 변화와 어패류의 감소를 더욱더 가속화할 뿐 아니라, 주민들간의 경쟁과 갈등을 초래하여 마을 공동체를 분열시키고 있다.

---

54) 과거 그레마을 주민들은 실뱀장어를 잡아 높은 소득을 올렸다고 한다. 하지만 새만금간척사업과 함께 실뱀장어는 자취를 감췄다. 그 다음으로 사라진 어업 형태로는 개맥이 어장을 들 수 있는데 개맥이 어장은 갯골에 그물을 쳐서 고기를 잡는 어업을 말한다. 이 역시 갯벌과 바다 생태계가 변화되면서 현재 그레마을 주민중 일부만이 이 어업을 지속하고 있다. 어획량 역시 급격하게 줄었다.

예전에는 솔직히 부지런만 하믄, 어업하지 갯일하지…순~ 갯바닥에서 뜯어서 먹고사니까 인심 참 좋았지, 원주민만 살 때는. 참 전부 다 눠나먹고 바다에서 나온 것이나 밭에서 나온 것이나 할 것 없이. 우애가 좋고 인심이 좋았지. 근디 지금은 인심도 박허고 사는 것이 참~ 팍팍혀. 바다 것은 점점 없어지고 뻘은 산더미처럼 돋아지고 물도 빨리빨리 활용이 안되니까 응당 뻘이 난 데 가서 우리가 작업을 해야 되는데 물에가 잠겨 갖고 있은께 그런 데도 못 가지. 이것이 문제가 크당께, 참말로.(사례 3)

바다가 이미 조업할 수 있는 공간이 좁아져 버렸어요. 사람은 늘어나고 작업할 수 있는 장소는 좁아지니까 이제는 투쟁밖에 안되는 거죠. (사례 J)

　오로지 바다와 갯벌만을 의지하며 살아왔던 그레마을 (원)주민들의 기억 속에 바다와 갯벌은 풍요로운 삶의 터전이었다. 사례 3)의 진술에서 나타나듯이, '갯바닥만 뜯어먹고 살던 과거 그레마을은 자신만 부지런하면 잘 살 수 있는 곳이었고, 바다 것이건 밭에서 나는 것이건 간에 이웃끼리 나눠먹고 서로를 위해주는 그런 인심 좋은 마을이었던 것이다. 고되고 힘든 바닷가 삶이었지만, 그들은 바다와 갯벌의 풍족한 생물 자원들에 의존하여 생계를 유지하며 살아올 수 있었고 서로를 위해 주던 이웃이 있어 어려움을 극복할 수 있었다. 하지만, '그레'마을 사람들은 두 번의 간척을 경험하면서 갈수록 황폐해져만 가는 갯벌과 바다처럼 이웃 간의 경쟁과 갈등으로 팍팍한 삶을 살아가야 하는 상황에 처하게 되었다.

　'그레'마을의 갯벌과 바다 생태계는 과거 간척(68년 간척공사) 이후부터 서서히 변화되어 왔고 이런 변화를 가속화하는 것이 바로 현재의 새만금간척사업임을 그레마을 (원)주민들은 흔히 이야기한다. 새만금간척사업으로 가속화되고 있는 갯벌의 변화는 주민들의 생계를 위협하고 있다. 사례 J)의 말처럼, 갈수록 좁아지는 작업공간을 놓고 사람들은 서로 경쟁하게 되었고 마을 내부의 갈등을 첨예화시키고 있다.

> 물론 국가 땅이지만, 내 땅을 남에게 준다는 것땜에 속이 보통 상했던 게 아니었어요. 지금은 이제 그러려니 하고 사니까. 근데 지금 새만금을 빨리 조속히 막아야 된다고 하는 사람들이 그 사람들이여(이주민들). 때로는 그 사람들도 농사 지으면서도 바다를 60% 이상 다니는 사람도 있어요. 그런 사람들은 좀 아쉬운 마음만 있을 뿐이지, 강력하게..[반대하지는 않는다]. (사례 J)

> 아, 여그 수재민[이주민]들 농사 배당 받아서, 논받고 집 받은 사람들은 [바다를] 막으나마나, 어서 막으라고 그려, 그 사람들은. 농사짓는 사람들은 여기를 막아야 한다는 것이여. 근디 우리같은 사람은 참 맞지 않지. 안 맞는거여, 우리야 거기다[바다/갯벌] 턱을 대고 이날까정 살아 나왔는디, 그런 식으로 말을 하면 우리같은 사람들 가슴속에다 불지르는 것 밖에 안 돼. 열불 나서 못 살겄어, 진짜 열불 나서. (사례 4)

더욱이, 새만금간척사업을 놓고 어업에 주로 종사해 온 원주민들은 이를 반대하였으나 농사를 짓는 이주민들은 찬성하는 입장을 보이면서 마을 주민들간의 갈등을 첨예화시키는 또 다른 요인이 되고 있다. 새만금간척사업에 대한 이주민과 원주민의 상이한 입장은 바로 생계양식의 차이에서 비롯된 것이다. 다시 말해, 그레마을 내에서 새만금간척사업에 대한 주민들의 입장은 '바다에 목숨을 건 사람들=원주민'과 '그저 아쉬울 뿐인 사람들=이

주민'간의 찬반 대립의 양상으로 나타나고 있다. 오로지 바다와 갯벌에만 의지하여 살아온 원주민들에게 새만금간척사업은 자신들의 삶의 터전(생계수단)이 없어지는 것을 의미하지만, 농사를 지으면서 어업을 겸해 온 이주민들에겐 용돈을 벌어 쓸 수 있는 '부업'거리가 없어져서 그저 아쉬운 일에 지나지 않는다고 원주민들은 생각한다. 이와 같이, 갯벌 이외에는 아무런 생계수단이 없는, 그리고 과거 자신들의 삶터를 이주민들에게 빼앗겼다는 박탈감과 피해의식을 가진 원주민들은 생계가 어려워질수록 이주민에 대한 감정은 더 악화될 수밖에 없다.

2) 여성 노동조건의 악화

새만금 방조제 공사로 갯벌 생태계가 변화하고 이로 인해 어장이 황폐화되면서 그레마을 주민들(특히, 어업을 주요 생계양식으로 삼고 있는 원주민)에게 유일하게 남은 생계수단은 바로 백합(생합)과 숭어이다. 백합(조개류)과 숭어는 주로 민물과 바닷물이 만나는 하구역 주변의 바다와 갯벌에서 산란하고 성장한다. 그레마을에서 백합(조개)과 숭어가 남아있는 이유는 두 어종들이 산란·성장할 수 있는 서식환경을 열악하지만 그나마 유지하고 있기 때문이다.

[새만금을 막으니까] 생태계가 변화되어 가지고 그전에는 여그가 고기가 많이 올라왔거든요. 근디 지금은 그거를 막아 놓으니까 고기가 올라오들 못혀, 차단되어 가지고. 그래서 어민들이 요새(2001년) 고기가 그전에 비해서 1/10도 안된다고. 순전히 고기가 없어유. (…) 그전에는 어장 해 가지

고 애들 다 가르치고 다 그랬는데 지금은 애들 가르치는 게 문제가 아니고 다 빚만 지고 있어요. (사례 C)

지금 저희 지역이 뚝막이 공사가 되면서 어족이 하나, 둘 줄었거든요. 그래 가지고 2년 전까지만 해도 숭어가 났었어요. 숭어를 잡아 가지고 배(어업) 하는 사람들의 소득원이 되고 그랬는데 올해(2002년)는 숭어도 나지(나오지) 않을뿐더러 나는 숭어도 경제성이 없어요. 결국에는 하나 남은 숭어마저도 안나니까 그 숭어잡이 하던 분들까지도 전부다 이제 백합잡이로 돌아섰거든요. 근데 물론 그런 영향이 있어서인지는 모르지만 역시 백합나는 양도 이렇게 줄고 있거든요. (주민1) ― 생명학회와 주민 간담회 중.

소형 선박으로 고기를 잡으며 생활을 해 왔던 사례 C)는 새만금간척사업으로 어장 자체가 소멸되었음을 지적한다. 어장이 황폐화된 이유를 사례 C)는 다음과 같이 설명한다. 물고기들은 해류를 타고 이동하는데 방조제로 바닷물의 흐름과 세기가 달라지고 물길이 차단되면서 물고기들이 그레마을 주변의 바다로 올라오지 못하기 때문이라는 것이다. 이렇기 때문에, 어획량은 1/10로 급격하게 줄어들어 남성들이 배를 타고 바다에 나가 조업을 하더라도 배의 기름값도 안 나오는 그런 형편이라고 한다. 또한, 고기를 잡기 위해서는 방조제 밖에 형성된 어장으로 나가야 하지만, 영세한 남성들은 큰 배를 구입할 돈이 없다. 이런 실정이다 보니, 대부분의 남성들은 어선어업(조업)을 포기하기에 이르렀고 가까운 마을 주변의 바다에서 나오는 숭어나 쭈꾸미 그리고 패류 등을 잡게 되었다.

하지만 주민 1)이 지적하듯이, 2002년부터는 그나마 나오던 숭어마저도 급격하게 수가 줄어 잡히지 않을 뿐만 아니라, 잡은 숭어들도 크기가 작아 상품으로서 제값을 받기 힘들다. 그렇기 때문에, 배를 가지고 숭어잡이를 하던 남성들도 백합을 잡으러 다니게 되었고 백합잡이가 늘어나면서 백합의 생산량도 갈수록 줄어들고 있다. 남성들이 백합채취(맨손어업)로 전환하게 된 것은 사실이지만, 어선어업에 종사하던 남성들 모두가 맨손어업을 하는 것은 아니다. '그레'마을에서 맨손어업으로 전환한 남성들은 대체로 배나 양식장(/논)을 가지고 있지 않거나 돈(자본)이 없는 영세한 어부들이 대부분이다. 그 밖의 남성[55]들은 소형 선박으로 할 수 있는 일들을 하거나 횟집과 같은 가게를 운영하는 경우도 있다. 이제는 갯벌 속의 조개들, 특히 생합(백합)이 '그레'마을에서 유일하게 남은 생계수단인 것이다. 이 결과, '그레'마을에는 생합을 잡는 '그레꾼'들이 증가하게 되었다.

> 새만금을 이렇게〔막으니까〕하니까, 이제 서로 어려워지니까 막 그물을〔쳐서 잡는 사람들이 생겼는데〕. 물이 들어오면 생합들이 올라와 가지고 막 헤엄쳐서 이동을 하거든. 허니까 그물을 쳐놓으면은 거기에 걸려. 그러면 인제 일년에 몇 천만원씩 번대. 그래서 인제 그물을 치는 사람들이 너무 많아져버렸네. 너도나도 온 뻘땅을 다 그물을 쳐놓으니 이거〔그레질〕헐 때가 있어야지. (사례 7)

또 봄에 '방배'라고 큰배가 막 땅을 긁어서 봄에 산란기 때 싸~악 긁어버려

---

55) 어장 황폐화 이후, 그레마을 남성들이 하는 일들을 살펴보면 다음과 같다. 소형 선박을 가지고 남성들은 낚시꾼과 생합을 채취하러 먼 갯벌로 나가는 상리마을 여성들을 실어다 주는 일을 하거나 마을의 수산물 소매상들이 운영하는 축양장(성패로 자란 조개를 바다에서 키우는 것, 양식과는 다르다고 함)에서 일하기도 한다. 일부는 개맥이 어장이나 해태양식을 하고 있으며, 횟집이나 가게를 운영하는 남성들도 있다.

갖고는 없어졌어, 생합이. 없어. (…) 그래갖고 〔뻘이〕 높아 갖고 돋아져 버
리지, 바다는 막은께로 물이 확 들어 왔다가 확 나가야 이동도 이렇게 생기
는디 막어 놓으니께 물이 천천히 왔다가 천천히 빠지니까 이것들이〔생합이〕
이동도 못 허고, 캐먹기는 〔그레꾼〕 수가 많으니께 육~장 땅은 긁고 방배
는 싹 물 밑에서 올라 올 생합을 다 긁어 버리고, 너나 나나. 바다가 막어지
니까 방배 허는 사람도 돈벌이가 없은께 그레질을 허고 댕기고 우리네도 없
으니까 그렇게 허고 댕기고 파장파장(피장파장) 마찬가지여. (사례 11)

그레꾼의 증가와 함께 생합 채취를 둘러싼 경쟁이 치열해지고
있음을 보여주는 것은 바로 그물과 배로 생합을 남획하는 행위
가 늘어나고 있다는 점이다. 과거 '그레'마을에서는 갯벌에 나가
힘들게 그레질을 할 수 없는 나이든 노인들이 갯벌에 그물을 쳐
서 생합을 잡았다. 하지만, 바다와 갯벌의 수산자원이 급격히 줄
어들면서 생활이 어려워진 마을 주민들은 생합을 잡기 위해 그
물을 치기 시작하였다. 그물로 생합을 잡는 사람들이 몇 천만원
에 이르는 소득을 올리게 되자, 너도나도 그물로 생합을 잡게 된
것이다. 온통 갯벌(뻘땅)에는 이런 사람들이 친 그물 때문에 그레
만으로 생합을 잡던 사람들(특히, 여성들)은 생합을 채취할 수 있
는 공간(그레질을 할 곳)이 없을 정도라고 한다. 또, 생합이 자유
롭게 이동을 하면서 여기저기 흩어져야 그레질을 하는 사람들이
생합을 잡을 수 있는데 그물은 생합의 이동을 방해하게 된다. 이
결과, 그물과 말장(말뚝)을 사서 그물로 생합을 잡을 수 없는, 그
래서 그레(그렝이)와 구럭만으로 생합을 잡는 사람들은 피해를
볼 수밖에 없다. 다른 한편, 어장이 소멸되면서 어선어업을 하던
남성들이 선박을 이용하여 패류를 잡게 되었는데, 과거에는 배로

패류를 잡는 '방배:방질'(기선형망어업)는 주로 갯골로만 다니며 백합, 동죽, 바지락 등을 잡았다. 그러나, 생태계가 변화되면서 이들은 여성들이 주로 그레를 이용하여 생합을 잡는 등(갯벌 지형 중, 물이 없는 높은 부분)까지 와서 조개를 남획하기 시작했다. 다시 말해, 생산공간을 침범해 들어온 것이다.

　'그레'마을의 어업활동에 있어, 생합 채취(맨손어업)는 주로 여성들이 해 온 일이다. 그레꾼의 증가와 그물 및 방배의 조개남획은 여성들의 생산활동을 축소시키고 생산성을 감소시키는 결과를 초래한다. 왜냐하면, 여성들의 생산활동(생합 채취)는 갯벌 생태계와 밀접한 상호 연관성을 갖기 때문이다.(자세한 내용은 3장과 본장의 5절 참고) 그레꾼의 증가는 한정된 작업공간과 생합 생산량을 놓고 수많은 사람들이 경쟁적으로 채취를 해야 하기 때문에 여성들의 작업범위는 더 좁아지고 채취량 역시 줄어들게 된다. 이러한 생합 인구의 증가는 생합만을 집중적으로 채취하게 되어 생합의 고갈을 더욱 가속화한다. 이로 인한 갯벌의 생산성과 재생 가능성의 감소는 여성의 생산성 감소와 연결되고, 결과적으로 여성들의 경제적인 부담은 가중된다. 이렇듯, 그레꾼의 증가와 그물·방배의 조개 남획은 갯벌의 생산성을 떨어뜨리는 요인으로 작용하고 있으며, 이러한 갯벌의 생산성 감소는 갯벌의 생물자원(생합)에 의존하여 살아왔던 사람들, 특히 여성들의 생산성과 생산활동을 축소시켜 여성들의 노동조건을 악화시키고 있다.

뻘이 막 높아져 버려 가지고 엄청 쌓여져 버렸어. 그니까 생태계가 이상해
졌지, 아무래도. 그러니까 예를 들어서, 생합이 여기 가까운 곳에 있을 것도
저기 멀리 가서 있고 막 그러는 거여. 더 깊이 파야지 또 잡을 수가 있고.
변화가 보통 된 것이 아니라니까. (사례 7)

지난번에 갯벌도 가서 보니까 예전에는 여기 5분만 걸어가도 우리가 생활할
수 있는 자원을 가져올 수 있었는데 이제는 경운기를 타고, 차를 타고, 배를
타고 40분, 50분을 바깥으로 나가야지만이 그만만이라도 생계를 유지할 수
있는 수입을 할 수 있잖아요. 자꾸 멀어져간다는 거여. 그리고 자꾸 변화된
다는 거지. 갯벌이 자꾸 변화돼서 없으니까 멀리 갯벌이 형성되어 있는 데
로 자꾸 멀리 나갈 수밖에 없지.(사례 J)

　　새만금 사업이 시작되기 전, '그레'마을 여성들은 걸어서 5분
만 나가면 언제든지 생합을 잡아 올 수 있는 건강한 갯벌을 가지
고 있었다. 하지만, 새만금 방조제 공사로 인해 갯벌이 변화되어
감에 따라 여성들의 생산 공간인 갯벌은 점점 좁아져 가고 있다.
또한 여성들이 생합을 잡기 위해서는 3천원과 5천원씩 내야하는
경운기와 배를 타고 생합을 잡으러 가게 되었다. 먼 갯벌까지 오
고가는 시간이 늘어남으로써 여성들은 과거보다 더 부지런해져
야 한다. 여성들은 제한된 물때에 맞춰 생계(생활)를 유지할 정도
의 생합을 캐야 하기 때문이다.

인자는 생합 잡는 디(데)가 그전에는 저~그로 갔었거든, 풀이 많은께. 근
디 인자는 다~생합이 없어지고 인자 여그 초소 뒤에 허고 저~그 새만금
앞의 거그만 있지, 다른 데는 하나도 없어. 다 생합이 없어졌어. 〔예전에 잡
던 곳〕거가.. '오종풀', 또 저~그 '하지'라고 거그도 없어지고 또 여그 '민가
사' 라고 허는 디도 없어지고. 거그도 차~암 생합 많이 났었는디 완전히 그
냥 생합이 없어져 버렸어. 영원히 없어져 버렸어. 한 개 싹도 안 뵈여. 근디

작년(2001년)부터 그렇게 없어져 버렸어. 인자는 새만금[방조제 공사하는 곳을 지칭] 없어지면은 영원히 없어지는 거여. 생합이 거그가 없어지믄은 인자 생합은 영원히 먼 디로 간거여. (사례 10)

그레마을 여성들은 새만금간척공사로 갯벌이 자꾸 변해감을 매일같이 갯벌에 나가 갯일을 하면서 직접 관찰하고 경험하고 있는데, 여성들 대부분이 하는 말은 바로 작업하던 공간이 물에 잠겨 있거나 갯벌이 쌓여 도저히 생합을 잡을 수 없게 되었다고 말한다. 물길이 바뀌면서 과거에는 '등'이었던 갯벌이 '갯골(골)' 로 변하거나, 반대로 바뀌는 현상이 지금 그레마을 갯벌에서 일어나고 있는 것이다. 또한, 과거에는 물이 들면 건널 수 없었던 갯골이 이제는 된동(등)이 돼서 물이 들어와도 건널 수 있게 되었다는 여성들의 진술은 그만큼 갯벌이 변해가고 있음을 단적으로 드러내준다. 이렇듯, 갯벌은 시시각각 변하고 있고 여성들의 생산공간은 갈수록 좁아지고 있다.

사례 10)은 현재 자신들이 생합을 채취하고 있는 '새만금'(갯벌의 지명 – 새만금 방조제 부근)이 없어지면 생합은 영원히 사라지게 될 거라며 우려하고 있다. 간척 사업으로 갯벌이 변화·파괴됨에 따라, 여성들은 예전보다 더 멀리 나가, 더 힘들게 일하지만 여성들의 생존부담은 갈수록 더해만 간다.

이렇듯, 개발의 팽창에 따라 여성이 생산적 활동으로부터 추방되는 것은 대체로 개발 기획이 생계와 생존의 생산을 위한 자연자원의 토대를 강탈, 혹은 파괴하는 방식에서 연유한다. 자연의 생산성과 재생가능성이 손상된 만큼 생태계가 파괴되는 것은 물론, 자연자원에 대한 여성적 관리와 통제를 제거함으로써 여성의 생산성을 파괴한다. 파괴를 생산으로, 생명의 재생을 수동성으로 이해하는 가부장제적 범주는 생존의 위기를 초래하고 있는 것이다.56)

4. '갯살림'의 위협

새만금 방조제 공사가 시작되기 이전에, '그레'마을 여성들이 갯벌에서 생합을 채취하여 벌어들이는 소득은 한 물때에 평균 5만원이었다. 하지만, 지금은 2~3만원 벌기도 힘들어졌다. 갯벌의 변화에 따른 생합 채취량 감소는 실질적인 소득감소로 여성들에게 다가온다. 생합 채취로 가구의 생계와 소득을 유지하였던 이 여성들에게 생합 채취량의 감소는 갯살림을 갈수록 위협해가고 있는 실정이다.

> 생합도 작년의 1/10도 못 나오잖아, 생합이. 지금 장정들이 가갔고 많이 잡어야, 많이 잡는 사람이 3만원, 4만원…글 안면은 진짜 한번 앤기면 한 5만원 그려. 우리 같은 사람은 가야 한 2만원 벌기도 힘들어, 지금은. 작년에는 보통 4-5만원 벌었는디. 그니까 돈이 더 복잡허지. 그래서 걱정이여. (…) 생합이 없어지는 거, 우리 목숨을 가져가는 거여. 먹고 살 것이 없으면 죽는 거 아니여. (사례 6)

---

56) Vandana Shiva, *Staying Alive*, 강수영 옮김, 『살아남기: 여성, 생태학, 개발』(서울: 솔출판사, 1998), p. 35.

사례 6)은 생합 채취량이 작년(2001)년에 비해 1/10로 줄어들어 생활이 어려워지고 있음을 걱정한다. 그레마을 여성들에게 중요한 생계수단이었던 생합이 없어지는 것을 그녀는 '우리 목숨을 가져가는 것…먹고 살 것이 없으면 죽는 거다'로 표현한다. 오로지 갯벌에서 조개(생합)만을 캐서 살아왔던 이 여성들은 조개(생합)가 없어지는 것을 자신들의 삶이 더 이상 지속할 수 없게 되는 일로 인식하고 있다. 여성을 포함한 그레마을 주민들 모두가 공통적으로 느끼는 것은 어획량 감소에 따른 소득감소가 자신들의 생계를 심각하게 위협해오고 있다는 것이다. 위의 사례들이 공통적으로 말하는 '막막함'이라는 단어는 이들이 느끼는 생계불안을 단적으로 드러내준다. 이러한 생계불안을 초래하고 있는 새만금 방조제를 바라보는 여성들의 심정은 답답하고 안타까울 수밖에 없다.

> [방조제가 얼마] 안 남았어. 눈으로 보여지니까 사람이 깜깜한[답답한] 거지. 배타고 딱 가면서 보면 돌 큰 것이 눈에 정면으로 들어온단 말이여. 그러면 그때, '저만큼 남았는데…' 그 말 한마디에 마음이 콱 더 맥히는 거지. 방조제가 맥혀[막혀] 가지고 내 마음이 맥히는[막히는] 거여. 우리는 방조제를 더 이상 못 막게 할 힘은 없고… (사례 5)

여성들이 생합을 채취하는 장소는 새만금 방조제 공사 부근이다. 허리굽혀 조개를 캐던 여성들이 고개를 들고 바라보면 공사현장이 정면으로 보인다. 하루가 다르게 뻗어 나가는 방조제로 갯벌이 차츰 막히듯이, 여성들의 마음 역시 막혀간다. 하지만 국가에 대항할 힘이 이들에겐 없다. 방조제 공사를 못 막게 할 수

있는 힘이 없는 여성들로서는 하루가 다르게 뻗어 나가는 방조
제로 갯벌이 막히듯이 자신의 마음 역시 막히는 것처럼 답답하
고 안타깝기만 하다.

> 아휴~ 덤프차가 자갈을 실어다 막 철철 부서. 〔새만금 방조제〕공사를 하는
> 거여. 그 붓는 소리에 가슴이 철렁철렁 내려 앉아. '아휴, 이거 어떡하나…
> 저거… 하루하루 죽음이 닥치는데…' 저것 진짜 아찔하더라고, 가서 보니까.
> 그 자갈 붓는 소리에 내 몸이 섬뜩섬뜩 막 몸서리쳐져. 저것 어떡하나…(사
> 례 7)

사례7)은 갯벌에 '돌 붓는 소리'가 섬뜩하고 하루하루 죽음이
다가오는 것 같다고 이야기한다. 갯살림을 유지해 온 여성들에게
'돌 붓는 소리'는 자신들의 삶터인 갯벌이 막히는 것을 의미한다.
바닷물이 들어와야 갯벌과 조개들이 살아갈 수 있고, 이들과 더
불어 자신들의 삶이 지속될 수 있다. 그렇기 때문에 여성들은 생
명을 실어나르는 바닷물의 흐름을 가로막고 서 있는 방조제가
죽음처럼 여겨지는 것이다.

> 사실 막막해. 앞으로 살아갈 길도 막막하고. 그래도 우리는 농사라도 지
> 으니까, 식량이라도… 먹는 것은 먹으니까 우리는 저기하는데 실제 아무
> 것도 없는 사람들, 바다만 보고 사는 사람들한테 저것은 심각한 문제지.
> (사례 B)

농사와 맨손어업을 겸하고 있는 사례 B)가 지적하듯이, '그레'
마을에서 새만금간척공사로 인한 고통과 피해를 직접적으로 받
는 사람들은 원주민들이다. 농사를 짓거나 농사와 생합 채취를

겸하는 이주민들에게 갯벌은 '부업'에 해당한다.

이와는 달리, '농사를 지을 논이나 밭 한 뙈기'도 없는 원주민들에게 바다와 갯벌은 '목숨'과도 같은 곳이다. 물론, 이주민이나 원주민들 사이에도 갯벌과 바다의 의미화 방식은 각자의 조건에 따라 다를 수 있다. 그럼에도 불구하고 그레마을에서 보여지는 이주민과 원주민의 바다와 갯벌에 대한 의미화 방식과 새만금간척사업에 대한 태도는 구별짓기가 가능하다. 이러한 구별짓기의 주요한 기준은 바로 생계양식의 차이이다. 즉, 갯벌이 아니고도 생계를 유지할 수 있는 이주민들은 새만금간척 사업으로 갯벌이 상실되는 것에 대해 '그저 아쉬울 뿐'이지만 원주민들은 '목숨이 달린' 문제인 것이다.

> 나, 고기도 많이 잡었어. 전어 있잖아? 전어, 그것을 한번 가믄…어쩐 때는 떼가 몰려 와갔고 다 몰려 들어가거든, 정치망 속으로. 다 못 들고 와. 경운기로 한 4번, 5번 실어 나른다니까. 근디 그걸 막어 놔 버리니까 없어, 지금은. 많이 잡어야 전어 한 가구.(노란 플라스틱으로 만들어진 사과 박스 크기의 바구니) 내가 그렇게 많은 고기를 내가 죽였다는 생각이 들어. 내가 보상을 타겠다고 도장을 찍어 줬기 때문에. (사례 I)

> 나는 그 보상받았다고. 근데 지금이라도 그것 다 내놓고 저것한다면은(안막는다면) 난 돌려줄 용의도 있어. 난 굉장히 후회해. 참 다 받은 것이니까 받은건데 차라리 안받은 것이 차라리 맘이 편했을런지도 몰라. (…)농사만 짓고 바다에 안댕긴 사람들은 또 그렇게 생각할란지도 모르는데 나는 이 바다에 다니다보니까… 여그(새만금) 막어지면 바다 따라가서 또 이런 일(맨손어업)을 해야 할란가 모른다고 그런 말을 했었는데. (사례 B)

위의 사례들은 남성 '생합잡이'이다. 차이가 있다면 사례 I)는 원주민이고 사례 B)는 이주민이라는 점이다. 어업을 주요 생계수단을 살아왔던 원주민들은 바다와 갯벌이 변화되면서 생계가 막막해진 지금의 상황에서 보상을 받았던 것을 후회하고 있다. 사례I)의 경우, 보상을 타기 위해 어업포기각서에 도장을 찍어 준 자신을 '그 많은 고기를 죽인 장본인이자 환경 파괴범'이라며 후회하고 있다.

사례 B)는 이주 초기의 간척지 논을 개답하는 과정에서 엄청난 빚을 지게 됐는데, 그때부터 갯벌에 나가 생합을 채취하여 그 빚을 갚고 지금은 집을 새로 짓게 되었다고 한다. 사례 B)는 논 9필지보다 바다의 수입이 더 많다고 연구자에게 이야기 할 정도로 그에게 있어 갯벌의 의미는 농사만 짓는 다른 이주민들과는 달랐다. 이주민 중에서도, 사례 B)와 같이 갯벌에 나가 생합을 캐온 사람들은 보상금을 받았던 것을 후회한다.

> 보상 많이 줘도 바다를 내놓지 말아야 돼, 보상 안 받는다고 그러고. 평생 대대로 자식들한테 물려 줄 바다잖아, 이 바다가. 〔보상을〕 줘도 얼마나 주었어? 보상을 안 받고 바다를 안 막아야 혀.(사례 14)

보상을 많이 준다해도 자신은 물론, 자식들이 앞으로 살아가야 할 삶의 터전인 갯벌을 내줄 수는 없다고 위의 사례는 목소리를 높인다. 이미 경험했던 바와 같이, 갯벌을 포기하고 받은 보상금은 결코 자신들의 삶을 보장해 줄 수 없었을 뿐만 아니라 갯벌은 '평생 대대로 자식들에게 물려 줄 삶의 터전'이기 때문이다. '보상이라고 해도 쪼끔밖에 안 되는 것은 물론, 받은 돈은 쉽게 없어지는 것'이라는 여성들의 말은 경제적 이해(interest)에 기반한 현실적 판단으로 여겨질 수 있으나, 갯벌을 보존함으로써 삶을 지속할 수 있음을 의미하는 것이기도 하다.

> (…) 제가 봤을 때는 어업이라고 하는 것은 하나의 생계 수단을 넘어선 어떤 것입니다, 여기 주민들은. 백합을 내가 잡고 이 갯벌에 나가는 것 자체가 단순히 내가 먹고 살고 내 식구들을 먹여 살리는 이 차원을 넘어선 거예요. 이미 갯벌과 바다와 여기 사는 사람들은 하나의 삶의 양식이 이루어져 버렸어요.(사례 a) ─ 어업은 내 생계 이전에 내 삶이다'는 얘기죠?(예) 이 삶의 변화는 그렇게 쉬운 것이 아니고 그것은 생명과 직결되는 것이기 때문에[57]. (문규현 신부)

'바다만을 보고 살아왔던' 원주민들은 앞으로 어떻게 살아가야 할지가 그저 막막하고 불안하기만 하다. 간척이 끝나고 농지가 만들어진다해도 간척지 논에서 바로 농사를 지을 수 있는 것도 아니고 게다가 간척지 논은 분양가[58]가 너무 높기 때문에 가난한 서민들이 그 땅을 살 수 있는 가능성은 매우 희박하다. 또한, 자신들의 삶터인 갯벌을 내놓고 정부로부터 받았던 1년 벌이도

---

57) 새만금 생명학회 전문가들과 그레마을 주민의 간담회 기술지 중, 사례a)와 문규현 신부(새만금 생명평화연대)의 대화 내용이다.

58) 새만금간척사업으로 조성될 간척지 논의 평당 분양가는 매우 높다. 새만금간척사업의 시행주체인 농업기반공사의 자료로는 논 한 평당 65,000원이고, 감사원 자료에 의하면 130,000원이다. 현재 농사를 짓고 있는 논은 30,000~35,000원이다. 이렇게 평당 분양가가 높게 책정될 것으로 예상되는 새만금간척농지를 소규모 영세농들이 사서 농사를 짓기란 불가능한 일이다. 이런 현실을 감안해 볼 때, 새만금간척지에서 농사는 대규모 기계화 영농을 할 수 있는 기업농들에게나 가능한 일인 것이다(생명평화연대 신문:〈호외: 근조 새만금〉, 2001년 5월 25일자 참조).

안되는 보상금은 없어진 지 오래다. '배운 것 없고 가진 것 없는' 자신들이 바다를 떠나 어디가서 무엇을 할 수 있을 것인지, 아무런 준비가 없었던 사람들은 생계 그 자체가 막막할 따름이다. 40~50대의 중장년 여성들이 노동시장에 나가 할 수 있는 일은 한정되어 있을 뿐 아니라 저임금 직종이 대부분이고 이 여성들이 해왔던 갯일과는 전혀 다른 노동이다. 앞서 지적한 바와 같이, 여성들의 생합 채취는 한 물때 작업으로 비교적 자유로울 수 있는, 자기가 노동강도와 방식을 조절해가며 할 수 있는 일이었다, 게다가, 이렇게 짧은 노동시간에 비해 소득은 높아 여성들에게 최고로 좋은 직업으로 여겨졌던 것이다. 평생을 해 온 갯일/바닷일을 포기하고 다른 생계로 전환하는 것은 그리 간단하고 쉬운 문제가 아니다. 더욱이, 이들은 바닷가 사람들이다. 그런 사람들에게 갯일과 고기잡이가 아닌 다른 생계로의 전환은 이제까지 자신들이 살아왔던, 그래서 익숙했던 바닷가 삶 그 자체를 포기하는 것과 다를 바 없다. 다시 말해, 바다와 갯벌은 단순한 생계수단을 넘어 자신들의 존재와 정체성을 구성해왔던 물질적·정신적 토대인 것이다. 그렇기 때문에, 바다와 갯벌을 떠나 낯선 도시나 농촌에서 다시 적응하며 이전과는 다른 삶을 살아야 하는 이들은 혼란스럽고 불안하다.

> 저도 계속 어업에 종사하다가 보상 그 몇 천만원 받아 가지고 여그 막으면 살길이 없다 그래가지고 군산가서 장사를 한번 해볼라고 나갔는데 그때가 꼭 97-98년 IMF가 왔을 때, 꼭 그때여가지고 그 돈 몇 푼 있는 거 싸악 다 까먹고 다시 [그레마을로] 들어 왔어요. 할 것이 없어 가지고. (…) 장사

경험도 없지, 뭐 그러니까 돈 까먹기 마치 알맞더라구. 3년간 그곳에서 고생을 하다가 있는 돈 싸악 털어먹고. 천상 또 배운 것이 어장 하는 것 뿐이라, 다시 또 와가지고 다시 빚 내가지고 배 쪼그만 것 사가지고 〔어장을 하고 있다〕 (사례 C)

사례C는 바닷가 사람들이 다른 생계로 전환한다는 것은 어려운 현실임을 보여준다. 그는 평생을 바다에 나가 고기를 잡으며 살아온 어부였다. 하지만, 새만금간척사업의 시작과 함께 이루어진 새만금 어업보상으로 허가가 취소되면서(보상을 받을 때 썼던 어업포기각서는 더 이상 조업할 수 없음을 의미한다) 그는 군산에 나가 횟집을 운영했다고 한다. 장사를 해 본적이 없던 그가 횟집을 운영하기란 어려웠다. 게다가 그가 횟집을 운영하던 당시는 IMF로 국내 경기가 침체된 상태였기 때문에 3년 동안 어렵게 운영해 오던 횟집을 정리할 수밖에 없었다. 그는 다시 바다로 돌아오게 되었고 지금은 빚을 얻어 산 소형선박을 가지고 부인과 함께 마을 인근의 바다에 나가 고기를 잡으며 살아가고 있다.

(여기를 지금이라도 안 막으면 사실 수는 있는 거예요?) 그러지, 날마다 벌으니까. 벌으니까, 생활 터전이 되고 우리가 진짜 용돈이 딱 떨어져도 나갔다 하면은 돈이니까. 진짜 다른 데 가면은 지금 우리 나이들, 뭐 젊은 사람이고 여기서 뭐 크게 배운 거 없고 뭐 직업 가진 거 아니고, 뭐 나가면 뭣하겠어? 할 게 뭐가 있었어? 뭐 할 게 없잖아? 그러니까 인제 바다를 살리는 것만이 우리의 생명이여. (사례 2)

근께, 어쨌든 바다를… 뻘을 살려야 우리가 사니까. 사는 데까지는 살어야 헐 것 아니여. (사례 7)

새만금간척사업이 초래하고 있는 해양 생태계의 파괴는 갯벌의 수산자원에 의존하여 생계를 유지해 온 '그레'마을 여성들에게 있어 물질적이고 문화적인 생존의 문제이다. 그레마을 여성들과 일부 남성들은 갯벌을 살리는 길만이 자신들이 살아갈 수 있는 방법임을 강조한다. 인간이 그들의 자연을 구하지 않고서는 인간 자신 또한 구할 수 없다. 그 어떤 보상도 삶의 기반을 다시 회복시켜줄 수는 없다. 왜냐하면 지역의 생태적 균형이 계속 보존될 때에만 이들의 생존은 보장받을 수 있기 때문이다(미즈, 1996: 8). 갯벌생태계의 악화로 가장 직접적인 피해와 고통을 당할 수밖에 없는 가난한 원주민 여성들은 다른 마을 주민들보다 (남성과 이주민) 더 소리 높여 갯벌을 살려야 됨을 주장하고 있다. 이러한 여성들의 '갯벌=생계/삶'에 대한 절박한 태도는 새만금간척사업으로 갈수록 파괴되어 가는 갯벌을 살려내기 위해 갯벌을 관리하고 지키는 집단적인 대응을 펼치게 된다.

5. 여성들의 집단적 대응

2001년 여름부터 시작된 '그레'마을 주민들의 '갯벌 지키기'는 '하리갯벌'을 중심으로 전개되고 있으며 여기에 참여하는 사람들 대다수는 하리갯벌로 나가 생합을 채취하는 여성들이다. 여성들의 '갯벌 지키기'는 외지인 갯벌출입통제, 그물철거사건, 그리고 조개의 남획을 방지하기 위한 방배출입 통제 등으로 이루어졌다.

또한, 2002년 6월 달에는 생합 생산자들이 생합장사('그레'마을의 생합 소매상)를 상대로 '생합가격 보장을 요구'하며 생합의 채취와 판매를 집단적으로 거부하기도 하였다. 이와 같은 그레마을 여성들의 집단적 대응은 먹고살기 위한 생계 수단인 갯벌의 이용과 수익을 둘러싼 경쟁과 갈등이 표출된 행동으로 볼 수도 있지만, 그것보다는 자신들의 삶과 환경을 책임지고 지켜 나가기 위한 공유지 회복의 차원에서 검토될 필요가 있다. 따라서, 본 절에서는 공유지인 갯벌을 지키기 위한 여성들의 집단적 대응이 이루어지게 된 배경과 목적, 과정을 살펴보는 한편, 갯벌을 지키는 과정에서 여성들의 갯벌에 대한 체화된(embodied) 지식과 관리체계가 어떻게 반영되는지 그리고 여성과 남성의 태도와 참여정도는 어떠한 양상으로 나타나는지를 구체적으로 알아보도록 하겠다.

1) 갯벌 지키기 : 여성적 갯벌관리와 지식의 회복

'그레'마을 여성들의 갯벌 지키기는 2001년 여름, 하리 갯벌을 중심으로 전개되었다. 여기에는 하리갯벌을 자주 이용하는 그레 하리, 2리, 4리, 수성 마을의 여성들이 대부분 참여하였다. 이들은 하리갯벌 입구에 현수막[59]을 걸고 1) 외지인의 갯벌 출입을

---

59) 현수막에는 그레마을 주민 또는 그레마을 청년회 명의로 "이곳은 그레마을 주민의 목숨입니다", "바다지켜 주민 생존권 쟁취하자", "그레마을 주민 생존을 위해 외지인 갯벌 출입을 금합니다" 등의 문구가 적혀 있었다(박재묵, 2002: 222). 박재묵의 연구 지역은 본 논문의 현지조사지와 동일하다. 앞의 인용에서 '그레'마을이라는 지명은 본 연구자에 의해 변경되었음을 밝힌다.

통제하고 2) 갯벌에 쳐진 그물을 철거하는 한편, 3) 방배의 조개 남획을 방지하기 위해 갯벌에 말뚝을 박는 등과 같은 집단적 대응을 펼쳤다. 그레마을 전체에서 하리 갯벌을 이용하는 4개 마을 여성들을 중심으로 '갯벌 지키기'가 이루어진 이유는 마을의 생태적 조건에 따른 사회경제적 특성과 주민들의 기질상의 차이에서 비롯되었다고 볼 수 있다.

> 이쪽(하리갯벌)은 좌우지간 갯벌 막으면은 골치 아픈 사람들이니까. 이쪽 사람들은 젊고 애들도 가르쳐야 되고 그런께 인자는 자기네들도 인제라도 나서 볼라고 그러는거지. (사례 7)

> 거그(하리갯벌)는 작년부터 말겼거든[갯벌에 들어가지 못하게 말렸다], 객지 사람 말긴다고. 객지 사람들이 엄청 많이들 댕겨, 거그도. 근께로 인자 생합은 없어지고 그런께로 우리덜이 가믄은 막 돈 내라고 그러고, 하루 지키고 댕기라고. 우리는 거그 해당 안 된께[안 지켰다]. 우리는 거리[거기로] 잘 안 가. 요새는 막 생합금 떨어졌다고 하리는[생합을]안 잡잖아. 여기는[상리마을은] 잡는디. (사례 10)

'그레'마을에서 갯벌이용을 둘러싼 상리마을과 하리마을 주민들간의 갈등은 새만금간척공사 이전부터 있어 왔다. 하리갯벌을 주로 이용하는 그레하리, 2리, 4리, 수성에 거주하는 여성들은 개양포구로 갯벌에 나가는 그레상리, 중리, 1리, 3리의 여성들에 비해, 나이가 젊고 맨손어업 종사자가 많다. 마을별로 맨손어업에 종사하는 여성들의 연령을 비교해 보면, 하리마을 여성들은 학령기 자녀를 둔 40~50대가 대부분이고 상리마을은 50~60대의 여성들이 주로 많다. 이런 연령의 차이를 감안해 볼 때, 하리마을 여성들이 생합 채취로 벌어들이는 수입은 자녀의 교육비와 가계 운영에 있어 매우 중요함을 알 수 있다. 그렇기 때문에, 하리마을 여성들은 갯벌에 나가 생합을 채취하는 맨손어업에 더 많은 수가 종사하고 있고 맨손어업에 대한 의존도가 높은 편이다. 맨손어업에 대한 의존도가 높을수록 갯벌의 생산성을 유지하는 일에 더 높은 관심을 보이며 적극적으로 참여하게 되는 경향이 있다. 다른 한편, 하리마을의 여성들은 갯벌에 대한 이용과 수익을 둘러싼 갯벌의(관습상, '우리 마을 공동의 것'이라는)소유의식이 강하고 경계 구분이 분명하다는 점 역시 이들의 집단적 대응을 설명해줄 수 있다. 따라서, 그레마을 여성들 중에서도 하리마을 여성들이 '갯벌 지키기'에 더 적극적인 이유는 맨손어업에 대한 의존도가 높고 갯벌에 대한 소유의식이 강하기 때문인 것으로 해석할 수 있다. 이러한 맥락에서 전개되고 있는 하리마을 여성들의 '갯벌 지키기'에 대해 상리마을 여성들은 그다지 좋은 감정을 가지고 있지 않음을 사례 10)의 말속에서 느낄 수 있다. 이는 갯벌의 이용과 수익을 둘러싼 갯벌의 소유의식과 갯벌에의 의존도가 마을별로 다르게 형성되어 왔던 데에서 비롯된 여성들간의 입장 차이로 이해할 수 있다.

〔갯벌에〕관광객들이 많이 오잖아요, 여름이면 늘 오고. 근데 우리 잡는 거는 그레라고? 이렇게 끌고 가면은 그 다음날이면 지워지는데. 갯벌이 메꿔져. 다른 사람들은 깔꾸리로 파니까 판 자국이 이렇게 돋아지고 자국이 안 메워져. 근께 '니네들도 그레를 갖고 와서 잡아라. 깔꾸리는 하지 마라.' 그 래갖고 통제를 시킨거지.(…)돌아가면서 부락마다 하루씩, 시한(겨울) 내도 했는디, 요즘에 또 안막으니까 깔꾸리로 파서 다 엉망이야, 다시. (사례 2)

〔외지인들과 갈쿠리꾼들이 와서〕여름에 막 갯벌을 뒤적거려 놓으니까, 땅
이 새까매져서 죽으니까 그걸 막고, 종패까지 싹 잡아가니까 그걸 막기 위
해서. 우리가 먹고 살아야 되니까, 우리는 갯벌을 보호하고, 종패도 살리고.
우리가 이제 이런 차원에서 외지인들을 통제시킨 거지. (사례 7)

하리마을 여성들은 갯벌 입구에 콘테이너 박스를 가져다 놓고
마을별로(4개 마을) 돌아가며 외부 관광객들과 갈꾸리로 조개를
채취하는 사람들(이웃마을 주민들)의 갯벌 출입을 통제하였다.
새만금 어업보상이 이루어진 후부터 '무주공산'이 되어버린 갯벌
에는 여름이면 조개를 캐러 오는 외지 관광객들로 발 딛을 틈이
없을 정도였다고 한다. 수많은 관광객들이 몰려와 갈쿠리로 온통
갯벌을 다 파헤쳐 가며 조개를 캤고, 심지어 이들은 어린 종패까
지 무작위로 잡아갔다.

외지인들이 버리고 간 각종 쓰레기들은 갯벌을 오염시키는 원
인이 되었으며, 한꺼번에 수많은 사람들이 갈쿠리로 파헤친 갯벌
은 시커멓게 썩어 죽어갔다. 이런 이유에서, 여성들은 외지인들
과 갈쿠리로 조개를 채취하는 사람들의 갯벌 출입을 통제하게
된 것이다. 위의 사례들에 따르면, 외지인 갯벌 출입통제는 종패
도 살리고 갯벌을 보호하여 갯벌의 생산성을 유지하기 위한 것
이었음을 알 수 있다.

작년 여름에 외지인들이 이 갯벌을 너무 많이 오기 때문에 갯벌을 지킨다고
동네에서 다 모였어요. 모였을 때 보면은 처음에는 전부 여성이에요, 그 여
성이 삶이 걸린 문제니까. 이 때는 분위기 좋죠. 그러면 이분들〔여성들은
갯벌에 들어가야 되기 때문에 이제 가면 갈수록 〔갯〕일은 여성이 나가고

남성이 모이게 돼 있어요. 남성이 모이면은 이제 고스톱 치고 술 먹고 뭐 이런 거란 말이에요. 여기 삶의 터전을 지키자고 한 사람들이 외지인들한 테 그런 모습을 보였을 때, 이건 뭐 전혀 설득력이 없는 거죠. (사례 a)

여성들을 중심으로 시작된 '갯벌 지키기'에 남성들이 참여하게 된 것은 여성들이 갯일을 가야 했기 때문이다. 갯일을 가야하는 여성들을 대신하여 남성들이 갯벌을 지키는 일을 담당하면서 '갯벌 지키기'는 차츰 설득력을 잃어가게 되었다고 사례 a)는 평가한다. 그는 '갯벌 지키기'에서 여성과 남성의 태도가 달랐던 이유를 '갯벌 지키기를 어떻게 인식하느냐'에 따른 차이로 설명하였다. 즉, 갯벌 지키기를 '삶이 걸린 문제'로 인식한 여성들은 절박한 심정과 태도를 가지고 갯벌을 지켰기 때문에 남성들보다는 더 설득력을 가질 수 있었다고 그는 생각한다.

그전에는 좀 나이 잡수고 이렇게 그레질을 하기가 힘든 사람들이 이제 소수로 조끔씩 막어서 이렇게 밀려가는 거, 걸리는 거, 궁그러 가는 거를 잡어서 돈을 벌어서 그 사람들이 썼거든. 근데 경운기 있는 사람은 거의 다 거기를 막으니까 작은 거를 키워서 잡어 먹어야 되는데 자꾸 주서낸께〔주워내니까〕 없어지는 거야. (…) 또 한 사람이 해, 두 사람이 해, 이러니까 말도 못하게 뻗친거야. 그전부터 그걸 없애자, 했는디 안되겠더라고, 더 놔둬서는. 그래서 우리 부락〔하리마을〕 부녀회에서 한 날은 바다 안가고 그 어머어마한 사람이 〔그물〕철거를 싹 다 해버린 거여. 그래서 올해 잘 잡은거야. (…) 그러니까 여럿이 먹고 살어야지. 뭐 똑같이 여기서 사는데 그 사람들이 다 잡어 가고. (사례 2)

하리마을 여성들이 갯벌을 지키기 위해 펼친 두 번째 집단적 대응은 '갯벌에서 그물 철거하기'였다(2001년). 그레마을에서 갯

벌에 그물을 쳐서 생합을 잡았던 사람들은 나이가 들어 그레질
하기가 힘들어진 노인들이었다. 하지만, 새만금 방조제로 갯벌이
변화되고 살기가 어려워진 마을 주민들이 점차 갯벌에 그물 치
는 경우가 늘어나게 된 것이다. 갯벌에 그물을 쳐서 생합을 잡는
방식이 갖는 문제점은 다음과 같다. 첫째, 그물 때문에 경운기가
다닐 수가 없고 그레질을 할 수 있는 갯벌의 공간이 줄어들게 된
다. 둘째, 그물에 생합이 걸려 이동을 못하기 때문에 그레만으로
잡는 생합잡이들의 채취량은 감소하게 된다. 셋째, 그물로 생합
을 잡게 되면 종패까지 다 잡아버리게 됨으로써 갯벌의 생산성
을 떨어뜨린다. 넷째, 그물은 갯벌이 쌓이게 되는 원인이 되어
갯벌 생태계를 변화시키게 된다. 이러한 문제를 계속 느껴왔던
여성들은 마을 회의를 거쳐 그물 친 사람들에게 그물을 철거할
것을 부탁하였으나 이들은 이를 거부했다. 이렇게 되자, 그레로
생합을 잡는 여성들과 남성들이 나서서 갯벌에 쳐진 그물을 철
거하였다고 한다.

> '너도나도 똑같이 살자. 똑같이 그레를 짊어지고 똑같이 잡어먹자.' 그래가
> 지고 이쪽 사람들〔하리마을 여성들〕이 이제 나선거야. (…)반대가 굉장했
> 지. 나 먹여 살려라, 죽여라, 뭣해라… 굉장했지. 근데 그 사람들도 다같이,
> 올해는 다 같이 잡어. 진짜 몇 사람 잘 살자고 수백 사람을 죽이겠냐고?
> (사례 7)

　여성들이 이야기하는 그물철거 사건의 주요한 모토는 '너도나
도 똑같이 살자. 똑같이 그레를 짊어지고 똑같이 잡어 먹자'였다.
새만금 어업보상으로 갯벌관리체계가 붕괴되고 '니 땅도 내 땅

도 아닌 땅'이 되어버린 갯벌이 황폐화되면서 갈수록 줄어드는 생합 채취량을 놓고 이들 모두가 공평하게 먹고 살 수 있는 방법은 누구나가 그레만을 이용해서 잡는 것이다. 사례 2)와 7)의 말을 종합해서 해석하자면, 그레로 생합을 잡는 것은 제한된 물때에 맞춰 자신의 노동력과 기술에 따라 일정한 양만을 채취할 수 있어 남획을 방지할 수 있을 뿐 아니라 부의 편중(자원의 공평한 분배)을 막을 수 있다. 또한, 그레가 지나간 갯벌은 바닷물이 들면 다시 평평해져서 생합이 서식하기에 적합한 환경으로의 회복이 빠르다. 이런 효과들을 기대하며 '모두가 똑같이 살기'위해 그물을 철거하게 되자, 그물로 생합을 잡던 사람들의 반발은 굉장했다고 한다. 하지만, 지금은 이 사람들도 똑같이 그레를 이용해 생합을 채취하고 있고 자신들은 예전보다 더 수입이 나아졌다고 사례7)는 말하였다. 하리마을 여성들의 그물철거 사건에 대해 상리마을 여성들은 '혀 먹고 사는 기술이 다 틀리는디… 그물 쳐서 먹고 산다는디 그 길을 막냐'(사례 4)라며 부정적인 태도를 보였다. 사실상, 하리마을 여성들이 그물을 철거하거나 갯벌 출입을 통제할 수 있는 법적 권한이 있는 것은 아니다.

이젠 또 배가 문제네. 진짜 큰일났단께.(…) 그것은[방배의 조개남획은] 불법이거든. 군산에 그 해양OOO 거기서 단속을 하면 단속을 한대. 근데 이 새만금(사업) 하고 나면서부터는 그게 잘 안되는가 보드라고.(…) 근께 방배도 우리 이 새만금 갯벌로만 안오고 이 골[갯골] 물 속에서만 긁어먹어 버리면은 우리는 그래도 그 사람들한테 말을 못혀지. 근디 우리 그레질하는 갯벌로 들어와 가지고 [치패나 종패을] 싹 긁어 가져가 버린당께. 예전에는 안 그랬는데 점점 [생합이] 없으니까. 땅도, 물 속에도 그렇게 긁어 버린께 점점 양이 안 나오고, 새만금을 자꾸 막으니까 생합이 점점 없어지는거여.
(사례 7)

그물철거 사건에 이어, 마을에서 문제가 된 것은 '방배의 조개
남획'이었다. 그레마을 주민들은 흔히 조개를 잡는 배를 '방배'라
고 부르는데 여성들의 설명에 비춰볼 때, 이는 어업의 형태 중에
서 '기선형망어업'에 해당한다. 방배는 갯골에서 주로 조개를 잡
으나, 생태계 변화로 조개량이 줄어들면서 여성들이 그레를 가지
고 생합을 채취하는 갯벌의 '등'까지 침범해 들어와 조개를 잡게
되었다. 뿐만 아니라, 방배는 조개의 종류와 크기에 상관없이 대
량으로 조개를 잡기 때문에 조개 생산량을 급격히 감소시키는
원인으로 작용하였다. 그러나, 새만금간척사업으로 방배의 조개
남획을 단속할 만한 주체가 명확하지 않게 되었을 뿐 아니라, 방
조제 공사가 진행 중이라 사실상 관리할 수 없는 실정이 되었던
것이다. 이러한 상황에서, 여성들은 방배가 갯벌로 들어와 함부
로 조개를 잡아가는 것을 방지하고 자신들의 생산공간을 지키기
위해 갯벌에 말뚝을 박아 방배가 갯벌로 들어오지 못하게 하였
다.

2) 백합 생산자 권리 찾기

갯벌의 이용과 수익을 둘러싼 소유와 권리 의식은 갯벌의 매
립과 보상이 이루어지면서 가시적으로 표출된다고 볼 수 있다.
특히, 이러한 갯벌에 대한 소유와 권리의식은 실제 갯벌에서 생

산활동을 하는 사람들에 의해 본격적으로 대두되는데 그레마을의 경우, 하리마을 여성들과 경운기를 소유한 남성 생합잡이들이 그러한 문제의 중심에 서게 되었다. 이들은 2002년 여름들어 생합 채취량의 감소로 소득이 점차 줄어들자, 생합 생산자로서 생합 가격의 인상과 안정을 요구하며 집단적인 행동을 펼치게 되었다.

> 데모를 혔지. 이 사람들(소매상)은 진짜 그늘에 가만 앉아서 저울질만 허고 얼마썩을 먹잖아. 우리는 땀을 뻘뻘 흘리고 캐갖고 오면서도 싸게 팔아먹고 그러니까 장사 이득꾼들이 너무나 자기네들이 이득을 많이 먹으니까 우리 이렇게 혀서는 안된다… 저그들 맘대로 올랐다내렸다 해싸니까 우리들이 똘똘 뭉쳐갖고 우리가 잡아다 주지 말자. 안 잡아다 주믄은 장사꾼들이 아쉬우니께〔생합금이〕올라 가겄지. (사례 11)

> 〔생합 장사들이〕이문이야, 엄청 나지. 킬로 1000원, 2000원씩 붙여 먹으니까. 하리 아줌마 그 사람 수를 무시 못하는 거 아니여? 하루에 그냥 10㎏씩만 잡어 다 준다고 봐봐요. ㎏에 1000원, 1500원 붙이니까 그냥 1500원을 잡고도 10㎏면 15,000원, 열 사람이면은 15만원이란 말이여. 장사꾼들만 그렇게 돈을 버는 거여.(사례 5)

하리마을 여성들과 일부 남성생합잡이들은 생합생산자들의 권익을 보호하기 위해 생합생산자들의 모임인 〈경운기 협회〉를 2002년에 구성하였다. 경운기 협회는 주로 경운기를 소유한 남성 생합잡이를 중심으로 결성, 운영되어 왔는데 2002년 여름 들어 생합 채취량이 급속히 감소하면서 생합 생산자를 보호하고 생합 가격 보장을 위한 활동을 전개하게 된 것이다. 2002년 6월에 생합생산자들(대다수의 여성이 참여하고 남성이 모임을 주도하는)의 모임인 경운기 협회는 생합가격 인상을 요구하며 생합 채취·판매를 집단적으로 거부하게 되었다.

사례 11)과 5)에 의하면, 생합소매상들이 '저울질'만해서 이익을 챙기는 것에 대해 생합생산자들은 부당함과 불만을 가지고 있었던 것으로 짐작된다. 생합 생산량이 급격히 줄어들어 소득이 갈수록 감소하는 상황에서 이러한 불만이 생합 가격 인상과 보장을 요구하는 집단적인 거부운동으로 펼쳐졌음을 알 수 있다. 생합 생산자들의 채취 및 판매 거부는 1주일이 넘게 지속됐다. 이에 대해 생합소매상들은 생합 가격을 인상하기로 약속하였고, 생합 가격에 대한 타협이 이루어지면서 생합생산자들은 갯벌에 나가 다시 생합을 채취·판매하게 되었다.

이와 같이, 하리 여성들을 중심으로 자신들의 삶터인 갯벌을 지키기 위한 집단적인 대응은 실제 갯벌에서 생산활동을 해서 생계를 꾸려가는 사람들(여성들)의 권익을 위한 차원에서 전개되었다. 이는 갯벌이라는 자연환경과 밀접하게 연관되어 살아갈 수밖에 없는 사람들이 자신의 삶과 환경을 책임지고 지켜나가기 위한 적응전략으로 볼 수 있다.

이 과정에서 등장하는 '똑같이 잘 살자'라는 여성들의 집단적 행동의 주요 목적은 한정된 자원을 놓고 자치적으로 자원과 부를 분배하고자 하는 노력으로 여겨지며, 갯벌을 관리하고 지키는 데 있어 여성들의 토착적 지식과 관계체계가 이러한 집단적 행동에 중요한 원칙으로 작용하고 있음을 알 수 있다. 갯벌 지키기에 대한 태도에 있어 성별차이는 현재의 상황에 대한 그리고 갯벌 지키기가 갖는 의미를 둘러싸고 이를 어떻게 인식하고 집단적인 대응에 참여하느냐에 따라 유의미한 차이를 발견할 수 있다. '삶이 달린 문제' 즉, 생존의 문제로 여기는 여성들 대다수가 보여준 태도는 남성보다 더 절박했기 때문에 더 적극적일 수 있었던 것으로 이해할 수 있다.

> 이분들이 한 3일 정도 지키고 앞으로 어떻게 할 것이냐? 이런 결정을 할 때는 또 남성이 다 모여서 해요. 그리고 여성들 스스로도 그렇게 해야 일이 된다고 생각을 하고 있어요. 그리고 저 한쪽 편에서 지키고 할 때는 남성들은 거의 소수였고, 그 말도 못 꺼내고 한쪽에 있던 사람들이 이제 결정할 때는 결정권을 쥐게 되는 거예요. 그래서 이건 아니다, 잘못됐다..지킨 것도 여성이 지켰고, 여성이 먼저 시작을 했고 분명히 3일 동안 할 때도 이분들이 다 했는데 결국은 그 공이 또다시 남성한테 돌아가는 것을 제가 봤거든요. 그 일을 여성들이 결정하고 남성들이 따를 수 있는 거예요. 근데 이런 점을 우리가 이제 넘어야 되는데 넘는 데에서 너무 어렵죠. (사례 a)

하지만, '갯벌 지키기'라는 여성들의 집단적 대응은 여성들에 의해 제기되고 여성들을 중심으로 전개되었으나, 결정을 내리는 대표로서의 위치는 남성들이 차지하게 됨으로써 '여성:중심, 남성:주도'라는 이분법적 성별구조를 갖게 되는 한계가 있음을 사례 a)는 지적한다. 농촌이나 도시의 여성들에 비해, 높은 경제력을 가진 그레마을 여성들의 지위는 비교적 평등하다고 할 수 있지만, 이러한 경제력에 따른 여성의 지위가 공적 영역에서의 결정권과 대표권을 보장하는 것으로 이해되기는 어렵다. 이것은 여성들의 지위를 결정하는 데 있어, 경제력 이외에도 성별에 따른 여성과 남성의 불평등한 권력관계와 성역할 이데올로기라는 문제가 중층적으로 결합되어 영향을 미친다고 볼 수 있다. 따라서, 여성과 환경의 연관성에 주목하는 본 연구에서 여성과 환경이 관계를 맺는 방식은 자연자원에 대한 이용과 접근기회를 제한하는 성별분업 체계라는 물질적 측면과 성역할 이데올로기라는 성별 문화적 측면이 동시에 고려되어야 함을 다시 한번 확인할 수 있다.

본 장에서는 자본 이외의 모든 것을 부의 축적을 위해 '자원'이라는 수단적 가치로만 획일적으로 환원시켜 버리는 자본의 논리에 의해 추진되고 있는 간척개발과정에서 여성과 여성노동은 '쓸모없는 땅으로 전제되는' 갯벌과 함께 비가시화 되어질 뿐 아니라 희생을 강요당하게 됨을 살펴보았다. 방조제 공사로 인한 갯벌 생태계의 변화는 갯벌 속에서 살아가는 생물 자원을 감소시키게 되고, 이렇게 갯벌의 생물 자원들이 감소함에 따라 어민들의 어업 활동은 단일화·집중화된다. 어업의 단일화와 집중화 현상은 지역 공동체 내부의 경쟁과 갈등을 불러일으킬 뿐 아니라, 갯벌의 파괴(갯벌의 생산성)를 가속화하는 원인으로 또다시 작용하게 되어 궁극에는 인간의 삶 그 자체마저도 더 이상 지속할 수 없는 파국적 결과로 이어질 수밖에 없다.

이런 생태계 파괴의 연쇄적인 파급효과들을 고려해 볼 때, 생태계의 생물 다양성은 인간 삶(어업활동)의 다양성과 깊은 연관성을 갖는다. 특히, 간척개발 과정에서 소외와 고통/피해를 보다 직접적으로 경험하는 집단은 해당지역의 성별과 계급에 따른 노동분업 체계에 의해 재산과 권력에의 접근 기회가 제한된 여성들이다. 맨손어업에 종사하는 대부분의 여성들과 일부 남성들은 간척개발과정에서 야기된 갯벌 생태계의 악화에 따른 고통과 피해를 더 직접적으로 경험하게 된다.

하지만, 여성들은 단지 남성자본중심적 개발과 이로 인한 갯벌 파괴의 피해자적 위치에만 머물지 않는다. 여성들은 매일같이 반복되는 갯벌에서의 노동을 통해 갯벌에 대한 체화된 지식과 관리체계를 누구보다 더 잘 알고 있으며, 이러한 여성들의 갯벌에 대한 지식과 관리체계들은 갯벌의 생산성과 삶의 지속성을 유지·회복하는 데 있어서 주요한 원리가 될 수 있다. 갯벌과 살아 있는 관계를 맺으며 갯살림을 유지해 온 여성들에게 간척개발로 인한 갯벌 생태계의 악화는 자신들의 삶과 갯벌을 지켜내기 위한 집단적 대응을 펼치게 하는 동기를 부여하고, 이러한 집단적 대응 속에는 여성들의 이해(interest)와 갯벌에 대한 지식 및 관리체계가 다시 반영되어 갯벌의 생산성을 회복하는 것은 물론, 자신들의 삶을 지속할 수 있는 가능성을 만들어가게 된다.

제5장 살아남기 : 생존을 위한 여성들의 저항

'그레'마을 내에서 '어떤 여성들이, 왜, 무엇을 위해' 해창산 농성에 적극적으로 참여하게 되는지를 살펴보려 한다. 여기에서는 여성들이 새만금 반대운동과 만나는 과정을 추적해 봄으로써, 여성들이 해창산 농성에 적극적으로 참여하게 된 배경은 무엇이고 농성과정에서 여성과 남성은 무엇을 경험하고 어떠한 차이를 보이는지를 알아본다.

하리마을 여성들을 중심으로 펼쳐진 '갯벌 지키기'는 새만금 방조제 공사로 인한 갯벌 생태계가 악화되어감으로써 생계의 위협을 느낀 여성들이 변화된 환경에 적응하기 위한 것이었다. 여기에서는 자신들의 삶의 토대인 갯벌을 지키기 위해 갯벌에의 출입통제와 관리가 주로 이루어졌으며, '갯벌 지키기'의 참여자들은 하리 갯벌을 이용하는 하리마을 여성들 모두가 그 대상이 되었다.

이러한 하리마을 여성들의 '갯벌 지키기'는 지역 새만금반대운동 조직인 '부안사람들'이 전개한 '해창산 농성'이 시작되면서 그 의미와 평가가 달라지게 된다. 또한, 여성들 내부에서도 이를 둘러싸고 다양한 입장들이 나타난다. 이러한 여성들의 '갯벌 지키기'에 대한 평가와 여성들 내부의 입장 차이를 유발시킨 요인은 지역 새만금반대운동과 여성들이 결합하게 된 데서 비롯되었다고 볼 수 있다. 하리마을 여성들을 중심으로 펼쳐진 '갯벌 지키기'가 지역 새만금 반대운동과 결합됨으로써, 여성들의 대응이 자신들의 삶을 유지시키는 차원에서 새만금 방조제 공사 중단을 요구하는 새만금반대운동으로 변화하게 된다.

이 장에서는 '그레'마을 내에서 '어떤 여성들이, 왜, 무엇을 위해' 해창산 농성에 적극적으로 참여하게 되는지를 살펴보려 한다. 여기에서는 여성들이 새만금반대운동과 만나는 과정을 추적해 봄으로써, 여성들이 해창산 농성에 적극적으로 참여하게 된 배경은 무엇이고 농성과정에서 여성과 남성은 무엇을 경험하고 어떠한 차이를 보이는지를 알아본다. 또한, 구체적인 저항 과정에서 '어떤 여성들'이 저항의 적극적인 주체로 참여하며, 이들은 자신들의 저항경험을 어떻게 의미화하고 자신의 정체성을 새롭게 구성해 가는지, 그리고 이들은 새만금간척사업을 어떻게 바라보고 마을 공동체와 갯벌을 살려내기 위해 자신들의 관점과 전략을 형성시켜 나가는지를 여성들의 저항 경험에 대한 의미화 과정에 주목하여 재해석해 보고자 한다.

1. 새만금반대운동과 여성들의 만남 : '새만금 갯벌이 살아야 우리가 산다.'

새만금간척사업을 둘러싼 개발과 보존의 논쟁들 속에서는 찾아볼 수 없었던 여성들의 삶과 목소리를 '부안사람들'이 운영하는 〈농발게〉 사이트에서는 간간이 발견할 수 있었다. 〈농발게〉에 올려진 여성어민들의 삶의 모습과 갯벌을 살려야 됨을 호소하는 여성들의 절박한 목소리들은 새만금간척사업에서 '어민' 혹은 '지역주민'이라는 이름으로 묻혀져 있던 여성들의 존재를 공식적으로 드러내는 것이었다. 이와 같이, 여성들이 새만금반대운동에 참여하게 되는 과정은 여성들의 이해(interest)가 새만금반대운동의 목표와 결합될 때 가능한 일이다. 또한 새만금반대운동 조직이 새만금반대운동에서 여성들의 위치와 역할을 어떻게 바라보고 있느냐와 같은 조직의 성인지적 태도 역시 여성들의 참여에 영향을 주는 요인이 될 수 있다. 다시 말해, 새만금반대운동조직이 새만금반대운동에서 여성들의 역할을 어떻게 설정하고 있고, 여성들의 참여를 어떻게 평가하고 의미화 하느냐에 따라 여성들의 참여정도와 기회는 달라지게 된다.

1) 새만금 갯벌 '살림'의 주체는 여성

부안의 지역문화운동을 하던 사람들로 구성된 '부안사람들'은 "삼면이 바다로 둘러싸여 있는 부안지역의 뿌리는 바다(해양생태계)인데 새만금간척사업은 바다와 갯벌을 파괴하고 지역주민들의 생존을 위협하는 사업"이라는 문제의식에서 출발하였다. 새만금 갯벌과 바다는 지역주민들과 긴밀히 연결되어 있다는 점에서 새만금간척사업의 문제는 지역주민들의 삶, 즉 생존의 문제로서 접근되어야 한다는 것이 '부안사람들'의 입장이다. 이에 대한 구체적인 실천으로서 지역새만금반대운동의 목적은 '새만금 갯벌이 인간들의 무분별한 행위와 개발로 인해 심각히 파괴되고 있음을 깨닫고 우리들의 삶의 터전을 지키고 뭇 생명과 더불어 살 수 있도록 아름답고 평화롭게 가꾸어 나가는 것'임을 조직의 정관에 분명히 밝히고 있다. 따라서, '부안사람들'이 지향하고자 하는 지역새만금반대운동은 새만금 갯벌과 바다를 삶터로 살아온 지역 주민들의 삶과 공동체를 지키기 위한 생존권 운동이자, 뭇 생명들과 더불어 사는 삶의 방식을 회복하고자 하는 생태운동의 성격을 갖는다고 볼 수 있다. 이러한 운동의 지향을 고려해볼 때, 지역새만금반대운동이란 단지 새만금방조제 공사 중단만을 의미하지 않는다. 오히려 '갯벌과 바다가 우리 모두의 것이고 지역주민들이 삶의 주인으로 서게 되는 주민자치를 실현시켜 나가는 과정, 즉 지역주민들이 갯벌과 더불어 살아가는 과정 그 자체'가 지역새만금반대운동인 것이다.

> 새만금 갯벌을 가지고 이야기를 하면서 갯벌에서 생명을 느끼고 그 생명들을 보면서 눈물을 흘리는 그런 감성을 이야기한 분도 여성이에요. 그리고 '이 갯벌이 어머니의 자궁이다'고 이야기 한 분도 여성이에요. 그 다음에 이 갯벌이 누구의 것도 아니고 모든 사람들에게 공평하게 대한다고 말씀하신

분도 여성이에요. 새만금[반대운동]의 본질, 뿌리는 이 여성한테 다 나왔어요. 그러면 이분들이 주인인 거죠.(…)그분들이 직접 [갯벌에] 나갔고 거기에서 자기 삶을 살았고 영위하고 있고 뭐 자기들이 다 하기 때문에 여성이에요. 그리고 이 싸움의 본질에 다가가면 다가갈수록 저분들이 주인으로 나설 거예요.(…) 저는 여성 어민들이 이 [새만금]반대운동에서 주역이라고 봐요. 또 진짜 그분들이 바다와 갯벌에 가장 애절하기 때문에. (사례 a)

'부안사람들'의 활동가인 사례 a)는 지역 여성어민들로부터 새만금반대운동이 지향해야 할 가치와 관점을 발견하고 배울 수 있었다. 그가 만났던 여성어민들은 갯벌을 살아 움직이는 생명으로 바라보고 있었을 뿐만 아니라 간척사업으로 죽어가는 갯벌과 뭇생명들에 대해 안타까움과 아픔으로 눈물을 흘리는 여성들이었다. 또한 여성들은 '갯벌은 우리 모두의 것(인간을 포함한 모든 생명들의 삶터)이고, 아무런 차별과 편견없이 사람들을 대해준다'고 그에게 말해주었다. 이러한 여성들의 갯벌을 바라보는 관점과 생명에의 감수성은 '갯살림'을 유지하기 위해 갯벌과 살아 있는 관계를 맺어왔던 삶의 경험에서 체득된 것이라 할 수 있다. 이는 새만금반대운동이 앞으로 가져가야 할 가치이며, 뭇생명을 품고 키워내며 모든 사람들에게 공평하게 자신을 내어주는 갯벌과 함께 살아온 여성이야말로 새만금 갯벌을 살리는 주체임을 사례 a)는 강조한다.

새만금간척사업은 갯벌과 바다를 인간(자본)의 물질적 성장과 번영을 위한 '자원', '상품'으로만 바라보고 이를 지배하고 착취하는 인간과 자본의 탐욕에서 시작된 사업이다. 자본을 위해 공짜로 제공되어야 하리라고 설정되는 모든 것이 '자연' 혹은 '자연자본'으로 치부되는 가부장적 자본주의 체제 속에서 여성과 여성의 노동 또한 그런 취급을 받게 된다는 점에서, 인간의 자연 지배와 남성의 여성지배는 유사하다(미즈, 1996:39). 다시 말해, 자본주의적 가부장제 사회에서 '개발'이라는 명목으로 자연이 파괴되고 지역주민들, 특히 여성들이 소외와 고통을 당하게 되는 근본에는 '인간-남성 중심성', '자본의 논리'와 같은 경제 중심적 가치로 자연과 여성을 지배하고 착취하는 억압과 불평등이 존재하고 있는 것이다.

이런 맥락에서 새만금반대운동은 현 사회내에 존재하고 있는 자연과 여성에 대한 억압과 불평등의 문제를 풀어나가는 문명전환운동이 되어야 하며, 이를 위한 구체적인 실천으로서 지역새만금반대운동은 갯벌자원에 의존하여 생계를 유지해온 가난한 여성들의 관점에서부터 출발하여야 한다. 그런 문제의식에 기반한 운동에의 지향을 가진 사례 a)는 새만금반대운동에 여성들이 참여할 수 있는 기회를 마련하는 한편, 이 여성들의 삶을 이해하고 이를 운동 속에 반영하기 위해 노력해왔다.

> 〔새만금 갯벌을〕막는 게 제일 마음이 아픈 거여. 막는 걸로 인해서 모든 피해가 오기 땜이 막는 것이 제일로 싫은 거여, 지금.(…) 우리가 하는 디까지 〔데까지〕혀서 먹고살라고 노력을 해야 하는디 당장 여기를 막아 버리면 어디서 먹고 쓰고 사느냐 이말이지. 그런께 이렇게 북풍(분통)으로 죽지.〔격한 어조로〕(사례 3)

> 여그 막으면은 생존권이 없습니다. 먹고 살 길이 어려워유. 정부에서 우리

주민들을 그 실업자들로 더 맹글잖아요〔만들잖아요〕. 그니까 〔새만금을〕 막을라고 예산 세워 놓은 것 가지고 〔방조제〕 그 일부분을 싹 터서 예전처럼 그렇게 만들었으면 좋겠어요. 우리가 그 사람들보고 멕여〔먹여〕 달라는 것도 아니고 우리 예전 생활 그대로 하고 자유롭게 살게 해 달라는 거, 그것뿐 입니다. (사례 1) (새만금 생명학회와 그레마을 주민의 간담회 내용 중에서)

위의 진술에 따르면, 여성들에게 갯벌에서의 노동은 비록 고되고 힘든 일이었지만 자유와 풍요를 느낄 수 있는 것이었다. 현재 자신들이 겪고 있는 모든 고통과 피해의 원인을 새만금간척사업 때문이라고 인식하고 있는 여성들은 갯벌을 막는 것이 '가장 마음이 아프고 제일 싫은 것'이라고 이야기한다. 새만금간척사업이 시작되기 전, 여성들은 자기 몸만 건강하면 언제든지 갯벌에 나가 하루를 살아갈 수 있는 돈을 벌어올 수 있었지만, 새만금 갯벌이 방조제로 점차 막혀가면서 이들은 더 힘들게 일하지만 생계/생존의 부담은 더해만 가기 때문이다. 사례 1)은 갯벌을 막으면 자신들은 더 이상 살아갈 수 없게 되고 실업자가 될 수밖에 없다고 말한다. 여성들은 국가더러 자신들이 잘 살 수 있도록 보상을 해달라고 요구하고 있는 것이 아니다. 여성들이 원하는 것은 예전처럼 자유롭게 살아갈 수 있도록 그냥 갯벌을 놔달라는 것이다.

〔새만금 사업을 반대해야 하는 이유/설득을〕 남자들보다도 여자들이 훨씬 쉽게 받아들여요. 남자분들은 설득하기가 힘들어요. 남자들한테 얘기하면 '야, 저 넓은 땅 그냥 두겠냐?' 이렇게 얘기해요. 이 얘기는 뭐냐면은 군(郡)에서, 여기 면(面)에서 하는 얘기예요. 그러니까 그 사람들은 뭐 면직원이

나 군직원들을 만나서 술 한 잔 하든지 하는 식으로 만날 기회들이 있으니까 그런 얘기를 듣고 믿는 거죠. 근데 여자분들은 아무래도 그런 데 접하는 기회가 없고 하니까 어떻게 보면 순수하게 받아들이는 것이죠. 그 다음에 직접 생합을 잡고 하다보니까 실제로 그런 것이죠. 실제로 남자들은 돈을 벌든지, 안 벌든지 사실 그렇게 집안 가사에 대해서 그렇게 크게 신경을 안 쓰는 편이예요. 여자들이 이렇게 벌고 그러니까. (사례 K)

'그레'마을의 주민이자 청년회 회원인 사례 K)는 마을 주민들을 조직하고 새만금반대운동에 참여하도록 하는 역할을 담당하고 있다. 그는 마을 사람들을 만나 새만금간척사업의 문제를 이야기하고 새만금반대운동에의 참여를 설득하는 데 있어, 남성과 여성의 태도는 다르다는 점을 지적한다. 남성들은 군이나 면직원들과 함께 만나 이야기를 하는 경우가 많고 그런 이야기 속에서 그들은 새만금사업에 대한 정보를 관공서 직원들을 통해 접하게 된다. 그런 남성들은 새만금 사업의 사실보다는 관공서 직원들에 의한 정보를 믿는 경향이 강하며, 그런 이유로 지역 내 새만금반대운동을 바라보는 남성들의 태도는 그다지 우호적이라 할 수 없다. 그러나, 가정이나 마을 공동체라는 사적 영역에서 주로 생활하는 여성들은 남성들에 비해 공식적인 활동이나 정보로부터 차단되어 있기 때문에 새만금사업의 진실에 더 근접할 수 있다. 더욱이, '그레'마을의 남성들은 갯벌에 나가 생합을 채취해 벌어들이는 여성들의 소득이 비교적 높고, 이러한 여성들의 경제력이 가정살림을 운영하는 데 주요한 역할을 하기 때문에 여성보다 가계운영에 대한 책임감을 덜 느낀다. 이와는 달리, 여성들은 '여기에서 내가 생합을 계속 잡으며 살아가려면 갯벌을 막지 않아야 한다'는 삶의 위치에서 간척을 바라보기 때문에 새만금간척 사업에 대해 남성과는 다른 태도를 보이게 된다. 따라서, 현 자본주의적 가부장제 사회 속에서 여성과 남성이 살아가는 방식의 다름은 지역새만금반대운동에 대한 태도/입장에서도 성별차이를 드러내는 요인으로 작용하고 있음을 알 수 있다.

다른 한편, 지역 주민들을 상대로 새만금 사업의 진실을 알리는 활동에 주력해 온 '부안사람들'에게 있어 가장 어려운 점은 남성들 대부분이 '살기 어려워지면 떠나겠다'고 말하며 무관심한 태도를 보이는 것이다. 이에 대해, 사례 a)는 남성의 삶을 '회피하는 삶'이라고 말하였다. 현 가부장제 구조 속에서 가장으로서의 책임감 때문에 삶의 돌파구를 찾기 위해 떠나는 것은 이해가 되지만, 무엇보다 문제는 현재 자신이 살아가고 있는 곳에서 그러한 돌파구를 찾고자 시도하지 않는다는 점이다. 하지만, 여성들의 태도는 '죽으나 사나 한번 해봐야 한다'는 것이다. 다시 말해, '막힐 때 막힐망정', '떠날 때 떠나더라도' 자신이 살아온 바로 그 장소(새만금 지역)에서 삶을 이어갈 수 있는 방법을 찾고자 여성들은 노력한다는 것이다.

> 그렇게 바다에서 벌어먹고 사는 거여. 근디 저렇게 바다를 막으니까 인자 저 바다를 막으면은 우리가 못 산다는 것이지. 근께 죽고 살고 가서 싸우고 저렇게 서울로 어디로 쫓아 댕기면서 사례 a)를 알아 가지고, 그때부터 이렇게 같이 협조하고 돌아 댕기는 거죠. 새만금에다가 목숨을 걸고 있으니까. 우리는 새만금을 막으면은 절대 안 된다고. (…) 앞으로 제일 바라는 것은 새만금 못 막게 하는 거여, 다른 거 없어. 글 안 하면 여그 주민들 여그서 못 살어, 다 떠나야 혀. 올해 죽고 살고 가서 살려야지. 나는 얼매 안 살다 죽지만은 젊은 사람들이 살어야지. 이 사람들이 돈 뭉쳐놓은 놈 없고 저

런 데 나가서 어떻게 살 거여. 이 바다에서 먹던 사람들이 어디가서 일하든 지간에 바다 생각만 나겄지.(사례 6)

　여성들의 입장에서 보면, 새만금 갯벌은 자신은 물론, 가족과 마을 공동체의 생존이 달린 목숨과도 같은 삶터인 셈이다. 앞으로 새만금 지역에서 자신과 가족, 그리고 마을 공동체가 살아갈 수 있는 방법은 갯벌을 지키는 일, 다시 말해 새만금 방조제 공사를 저지하는 일인 것이다. 갯살림을 지속하기 위해서 여성들이 펼치는 '갯벌 지키기'의 주요한 동기는 바로 '우리가 살려면 갯벌을 살려야 한다'였다. 이러한 여성들의 이해는 '갯벌지키기'라는 집단적 대응형태로 표출되었고, 이는 방조제 공사로 갈수록 힘들어지는 상황에서 여성들이 자신의 삶과 환경을 책임지고 지켜나가기 위한 적응전략이었음을 앞서 살펴보았다. 이와 같은 여성들의 이해(interest)는 지역 새만금 반대운동과의 연대를 가능케 하는 주요한 근거가 될 수 있다. 지역 새만금반대운동의 목표는 지역주민들의 생존의 기반인 바다와 갯벌을 지키는 것으로, 이러한 운동의 지향은 '새만금 갯벌은 살아야 한다'는 운동의 기치에서 단적으로 드러난다. 따라서, 지역 새만금반대운동의 목표와 여성들의 이해는 '새만금 갯벌이 살아야 우리가 산다'는 것으로 모아질 수 있었다. 이 결과, 여성들과 새만금반대운동간의 연대는 가능했을 뿐만 아니라 상호 영향을 주고받으며 지역 새만금 반대주민운동이 전개될 수 있었던 것으로 보인다.

　너무나 너무나 고생혀지. 그 사람들이 와서 조개를 잡어 먹어, 뭣을 혀? 우

리를 위해서 오는 거 아니여, 다. 우리들을 위해서 그 양반들이 말도 못혀게 고생을 하지. (사례 6)

정말 우리는 여기 사는 주민들이니까는 그렇지만은 생명을 살리기 위해서 이렇게 환경보호단체에서, 청년회에서 이렇게 하는데 우리 여기 사는 사람들이 부끄러울 정도잖아. 우리가 해야할 일을 그렇게 나서서 해주니까. 협력할 때는 해야지. 미안한 마음도 있고 우리들이 생활 넉넉하면은 우리가 다 대접해주면서 해야 하는데 그러지도 못하니까 미안하고 부끄럽더라고. (사례 2)

여성들은 지역 풀뿌리운동 조직인 '부안사람들'에 대해 '생합 하나도 잡어먹지 않는 사람들이 자신들을 위해 고생한다'고 말한다. 사례 2)의 경우, '부안사람들'을 환경보호단체로 명명하면서 이들의 활동을 '생명을 살리기 위한 것'으로 이해하고 있다. '그레'마을에서 새만금반대운동에 관심을 갖고 우호적인 입장을 보이는 여성들 대부분은 '자신들이 해야할 일'을 '부안사람들'이나 청년회가 나서서 해주는 것에 대해 미안함과 고마움을 느끼고 있었다. 그렇기 때문에 여성들 대부분은 '부안사람들'이 하는 지역 새만금반대운동에 '협조'하고 적극적으로 참여하려는 태도를 가지게 되었다고 볼 수 있다.

위에서 살펴본 바에 의하면, '부안사람들'은 갯벌과 함께 '갯살림'을 유지해 온 여성들을 새만금 갯벌 '살림'의 주체로 상정하고 있다. 뿐만 아니라 여성의 삶과 갯벌이 유기적으로 관계를 맺어온 과정에서 체득된 여성들의 생명 감수성과 갯벌을 향한 절박한 태도는 지역 새만금반대운동의 주요한 원칙이 되고 있다는 사실을 확인할 수 있었다. 사례 a)를 포함한 '부안사람들'은 여성들이 공적인 활동으로 여겨지는 새만금반대운동에 참여하게 하는 것은 어렵고 힘들다는 점을 느끼고 있었으며, 이런 여성들을 새만금 갯벌 '살림'의 주체로 서게 하기 위해서는 조직과 운동과정에서의 남성 중심성을 변화시켜 나가는 노력이 무엇보다 중요하다는 것을 인식하고 있었다.[60] 다른 한편, '갯살림 유지자'라는 삶의 위치에서 간척을 바라보는 여성들은 새만금반대운동을 자신들의 삶터인 갯벌을 살리는 일로서 여기는 한편, '자신들을 위해 고생하는 고마운 사람들'로 '부안사람들'을 바라봄으로써 지역 새만금반대운동에 적극적인 태도를 형성해 올 수 있었던 것으로 보인다.

2) 시화호에서 '새만금의 미래'를 본 여성들

'부안사람들'은 지역주민들에게 새만금간척사업의 진실을 알려내기 위한 차원으로 새만금방조제 공사 저지를 위한 주민집회와 주말농성, 김정식 노래마당과 같은 문화행사 그리고 시화호 탐방을 기획, 진행해 왔다. 이러한 활동들은 '그레'마을 주민들의 새만금간척사업에 대한 태도를 변화시키는 데 영향을 미쳤는데, 그 중에서도 시화호 탐방은 마을내 새만금여론을 바꾸게 하는 결정적인 계기로 작용하였다. 주민들의 눈에 비친 시화간척지는

---

60) 사례 a)는 여성학을 공부하는 연구자에게 지역에서 활동하면서 느끼는 이러한 문제들을 어떻게 풀어가야 하는지를 물었다. 그는 다른 단체나 조직처럼 '여성위원회'를 만드는 방식은 너무 형식적일 뿐 아니라, 여성들을 조직내의 특정 부분으로 한정시켜 버릴 수 있기 때문에 그 방식은 지양하고 싶다고 말하였다.

'죽음의 땅 그 자체'였다. 수많은 조개들이 죽어 수북히 쌓여 있는 '더 이상 생명이 살 수 없게 된' 갯벌에는 갈대만 여기저기 자라나고 있었다. 시화호를 다녀온 이후로, 마을 주민들의 새만금간척사업에 대한 입장이 서서히 변화되기 시작하였다. 게다가, 2001년 9월에 정부가 쌀 증산정책을 포기하겠다는 방침을 발표하게 되자, 농지를 만들 목적으로 추진되고 있는 새만금간척사업의 명분은 마을 주민들에게 설득력을 잃어가게 되었다. 특히, 그 동안 농지조성을 위해 추진되고 있던 새만금간척사업에 찬성했던 이주민들도 시화호 탐방이후로는 입장이 바뀌기 시작했다.

그레마을 주민들을 대상으로 두 차례에 걸쳐 이루어진 시화호 탐방의 참여자들 대부분은 여성들이었다.[61] '죽음의 땅'으로 변해버린 시화갯벌과 사람들이 떠나 텅빈 마을은 새만금간척 이후로 직면하게 될 '자신들의 암울한 미래'를 보여주는 것이었다고 여성들은 진술한다.

---

61) 본 연구자는 2002년 1월 14일날 이루어진 〈그레마을 주민들의 2차 시화호 탐방〉에 함께 참여하였다. 경기도 안산에 있는 시화호 생태전시관 앞에서 마을주민들을 만나 시화간척지를 둘러보았다.

〈그림 10 〉 시화간척지의 조개무덤과 죽은 소라

* 출처 http://www.nongbalge.or.kr

　　시화호를 가서 보니까 너무 기가 막혀서. 그때는 우리 마을에서 남편들이
새만금을 찬성하는 사람들이 〔시화호를〕 많이 갔지, 사실은. 하여튼 입구에

서부터 상황이 다르니까 막 그냥 '헉헉'소리 나오더라고. '참말로 이렇게 해놓은 곳이 있었구나.' 한 마디로 나는 쇼크받았지. '야, 이건 정말 아니구나. 어쩌면 그래도 소위 많이 배워 가지고 정치한다는 사람들이 이렇게까지 해놓고 왜 새만금까지 손을 댔나' 싶으니까. 〔죽은〕 조개가 쌓인 것을 보니까 막 억장이 무너져서. 진짜 사람 많이 안갔으면은 나혼자 가서 진짜 대성통곡하고 울겠더라고. 앞으로 내가 살아가야 되니까 마음이 더 아프더라고.(…) 나는 시화호를 가가지고 그 한 마을이 있는데 마을이 휑~ 비어있어 가지고, 그것 보니까 진짜 앞이 깜깜하더라고. 앞으로 '그레'마을도 공동체가 무너질 날이 멀지 않았구나. 그러니 진짜 마음이 막 무너져버려. (사례 7)

시화호 입구에 들어서자마자, 여성들의 눈에 들어온 것은 조개무덤이었다. 실제 갯벌에서 조개를 캐며 살아가는 이 여성들이 죽은 조개를 바라보는 심정은 아깝고 안타깝기만 하다. 여성들은 '이게 다 돈인디', '백성을 다 죽여부렀어', '앞으로 뭘 해먹고 살으란 말이여'라며 탄식했다. 아예 시화간척지에 주저앉아 눈물을 흘리는 여성들도 있었다. 이들은 조개껍질을 하나하나 살피면서 조개종류를 구분해내는 한편, 과거 시화갯벌에는 어떤 조개들이 주로 살았는지를 짐작했다. 과거 시화갯벌은 인근 지역어민들에게 소중한 삶터였다. 하지만 간척사업의 결과, 황무지로 버려진 시화간척지는 더 이상 생명들이 살아갈 수 없게 되었고 사람들 역시 이곳을 떠나야만 했다.

시화갯벌과 시화호 사람들의 전철을 자신들 역시 밟을 수밖에 없는 현실을 깨닫게 된 여성들은 아픔과 안타까움에 말을 잇지 못하였다. 어장은 황폐화된 지 이미 오래 전 일이고 '그레' 마을 주민들에게 남은 유일한 생계터전은 갯벌뿐이다. 그런 갯벌마저 막히면 이들의 생계는 앞으로 막막해질 수밖에 없다. 이런 상황에 놓여 있는 여성들의 입장에서 볼 때, 시화간척지도 제대로 활용을 못하고 그냥 방치하고 있는 정부가 또 다시 새만금 갯벌을 간척하려 한다는 게 여성들로서는 도저히 이해할 수가 없다.

> 여기서 원주민으로 살지 안했지만 출가한 지가 24년 됐어요. 그동안 갯벌과 생활을 해왔고요, 현재까지도 그 갯벌과 생활을 하고 있습니다. 근데 갯벌을 막기 전에는 우리 아무런 근심, 걱정 없이 누구한테 뭐, 손 안 벌리고 사치 없이 그렇게 우리 진짜 맘껏 자유롭게 생활을 해 온 터전이에요. (…) 저도 시화호에 갔다 왔어요. 시화호에 가서 그 상태를 보고 저는 울고 왔어요. 거기를 보기 전에도 여기를 막으면은 한심스럽다는 것을 아는데도, 거기를 보고 오니까 제 마음이 더해요. 그래 가지고 제 마음에 돌을 올린 것처럼… 바다를 쳐다보고 있으면은 가슴이 참 무겁고 정말 답답해요. 그리고 여그를 안막는다고 하면은 제 가슴이 '펑' 터져서 정말〔우리 집 앞의—수성앞〕 바다처럼 제 가슴이 훤히 터지는 것처럼 그렇게 될 것 같아요. (사례 1)

'그레'마을로 시집와서 24년 동안 갯벌과 함께 살아왔고 현재도 갯벌과 함께 살고 있다고 자신의 삶을 설명하는 사례1)은 2차 때 시화호를 다녀왔다. 당시 그녀는 시화간척지를 바라보며 '앞으로 자식들과 어떻게 살아가야 될 지 막막하다'며 눈물을 흘렸었다. 그녀에게 새만금 갯벌은 나름의 자유와 풍요를 만끽할 수 있는 생활터전이었다. 하지만 새만금간척사업은 그녀에게서 이런 갯벌을 빼앗고 근심과 답답함만을 안겨다주고 있다. 시화호를 보고 온 이후로, 하루하루 막혀 가는 갯벌을 바라보는 그녀의 마음은 답답하고 급하기만 하다.

> 시화호 두 번 갔다온 뒤로 〔마을 주민들의 새만금반대운동에 대한 태도
> 가〕100% 틀려졌지. 어저께 사람 모인 거 봐요, 그전에는 한 명도 안 와.
> 청년회에서 뭐 회의한다고 오라고 하면 한 명도 안 나와. 어저께 사람들
> 하는 소리 들어봐요. '죽기 살기로 가서 혀야〔새만금 사업 반대해야 한다
> 고〕 쓴다'고 하지 않어? (사례 6)

막연하게만 생각했던 간척이후의 삶을 시화호를 통해 간접적
으로 확인할 수 있었던 이 여성들은 '시화호처럼 되지 않으려면
새만금 사업을 중단시켜야 한다'는 생각들을 갖게 되었다. 여성
들의 이러한 생각들은 2차 시화호 방문을 마치고 돌아오는 버스
속에서 여성들이 나누는 이야기를 통해 확인할 수 있었다. 여성
들은 '올해는 우리가 죽느냐 사느냐 하는 마지막 기회라며 지금
부터라도 우리가 목소리를 내서 새만금 사업을 중단시켜야 한다'
고 결의했다. 물론, 그들 중에는 '애초에 사업이 시작하기 전부터
막았어야지, 이미 보상까지 받은 마당에 어떡하겠느냐', '우리가
무슨 힘이 있어서 이 거대한 흐름을 막을 수 있겠느냐', '어쩔 수
없지 않느냐'하는 여성들도 있었다.[62]

---

62) 위의 내용들은 연구자가 2차 시화호 탐방에 직접 참여하면서 보고, 듣고, 느꼈
던 내용들을 기록한 〈참여관찰기록지〉를 참고한 것이다.

〈그림 11 〉 '그레'마을 주민들의 1차 시화호 탐방

(출처 : http://www.nongbalge.or.kr)

시화호를 다녀온 이후로, '그레'마을 여성들은 새만금 반대운동에 관심을 갖기 시작했고 운동에 적극적으로 참여하게 되었다. 지역새만금반대운동의 초기에는 '그레'마을 청년회와 일부 여성어민(사례 6과 7)들만이 운동에 참여했었다. 초기에 이 여성들은 마을 사람들로부터 '미친 년'이라는 욕을 들어가면서도 새만금반대운동을 하였다고 한다.[63] 그런 상황이었던 새만금반대운동에 시화호를 보고 온 여성들이 차츰 참여를 하게 된 것이다. 시화호를 다녀온 여성들은 새만금사업의 즉각적인 중단을 요구하는 새만금반대운동에 적극적인 태도를 보였고 이러한 여성들의 참여와 갯벌을 살려야 된다는 절박함은 지역 새만금반대주민운동에 활력을 불어넣었다. 이러한 과정들을 거치면서 그동안 '부안사람들'과 청년회 그리고 일부 여성들에 의해 전개되었던 새만금반대주민운동에 여성들이 중심 집단으로 서서히 등장하게 되었다.

그레마을에서 지역 새만금반대주민운동에 적극적으로 참여한 여성들은 시화호를 다녀온 여성들 중에서도, 맨손어업으로 생계를 유지해 온 '하리갯벌로 나가 조개를 채취하는 여성들(이하, 하리마을 여성들)'이었다. 초기에는 그레마을 청년회가 주요한 집단으로 새만금반대운동에 참여했다면, '시화호 탐방' 이후부터는

---

63) "부안사람들 들어댕기고 그런 것을 다 미친 놈, 미친 년이라고 그러잖여, 우리 보고.(지금도?) 지금도 그런 사람들이 하나 둘 있어, 지금도 그런디 우리 듣는 디서 안허지만은 옛날에는 나 서울에 갔다 한께, 늙은 년 미친 짓 헌다고 그러더라니까. 내가 욕을 다 했다니까. 니가 미친 놈이지, 내가 왜 미친 년이냐. 그러고 내가 욕을 다 했지. 그랬는디 지금은 그런 사람은 없어도 우리 듣는 디서는 안해도, 인자 우리 듣는 디서는 헐 수가 없지. 우리들 있는 디서는 즈그들도 알다시피 헐 수가 없으니까."(사례 6)

하리마을 여성들의 참여가 두드러졌다. 하리마을 여성들이 새만금반대주민운동에 중심 집단으로 등장하게 된 배경에는 1)방조제가 건설되면서 갯벌 생태계의 변화에 따른 채취량 감소와 생계위협, 2)이에 대해, 갯벌을 지키고자 하는 여성들 내부의 이해('갯벌을 살려야 우리가 산다') 3)시화호 탐방의 경험에 영향받은 것이라고 볼 수 있다. 시화호 탐방 이후로, '그레'마을에서 새만금반대여론의 지형은 '하리마을에서 상리/중리로 파급'되어가는 경향을 띠게 되었다.

2. 여성 '중심:주도'의 저항

1) 저항의 동기로서 생존[64]

2002년 4월, 새만금방조제 공사는 70%이상 진행된 상태였다. 새만금 방조제를 쌓기 위해서는 엄청난 양의 토석이 필요하다. 이러한 토석은 새만금 지구내의 산을 깎아 충당하게 되는데 '그레'마을 주변의 해창산이 바로 토석 채취를 위해 깎여 가고 있었다. 이런 상황에서, '부안사람들'과 환경단체 활동가들은 새만금 방조제 공사를 저지하기 위한 직접적인 대응의 하나로, '해창산 토석채취를 반대하는 점거 농성'에 들어갔다. 한달 여

---

64) 생존:자급(subsistence)의 라틴어 어원은 subsistre로 '가만히 서 있기, 멈추기, 고집하기, 저항하기, 물러서 있기, 뒤쳐진 채 남아있기' 등의 여러 의미를 지닌다. 오늘날 이 단어는 '기본적인(최소한의) 생필품으로 살아갈 수 있음' 혹은 '자력으로 존재하고 스스로를 부양하기'라는 의미이다(미즈&시바, 2000: 386).

동안 지속된 해창산 농성이 지역 새만금반대운동에서 갖는 의미는 지역주민들이 생계 보상이 아닌 '새만금방조제 공사 중단'을 요구하며 적극적으로 새만금반대운동에 결합하게 되었다는 것과 저항의 중심 집단이 부각되어지는 계기였다는 점이다. 무엇보다도 해창산 농성의 주요한 참여집단은 하리마을 여성들이었다. 새만금방조제 공사 저지를 위한 주민집회로 농성기간 중에 치러진 '새만금 사업 장례식'은 주민들이 제안하고 행사를 진행한 최초의 집회였다. 특히, '새만금 사업 장례식'은 여성들이 주도한 집회였는데, 이는 여성들이 지역의 새만금반대주민운동에 본격적으로 결합하게 됨으로써 새만금반대운동의 주체로 등장하게 되었다는 점에서 중요하다.[65]

새만금방조제 공사의 진척율이 70%를 넘어가게 되면서 마을 여성들은 더 불안해졌다. 갯벌에만 의지해서 살아온 하리마을 여성들의 경우, 이러한 불안감과 초조함은 다 사람들보다 더했다. 이런 상황에서 이루어진 해창산 농성은 새만금 방조제 공사를 직접적으로 저지하기 위한 것이었고, 여성들은 해창산을 지킴으로 갯벌을 지킬 수 있다고 판단하기에 이르렀다.

---

65 본 연구자는 2002년 5월 25일부터 6월 20일까지 약 한달 동안 지속된 '해창산 농성'에 참여하였고, 농성기간 중, '그레'마을 여성어민들이 주도한 '새만금사업 장례식(6월 8일)':〈새만금 방조제 공사 저지를 위한 주민집회〉을 이들과 함께 준비하고 진행하는 데 도움을 주기도 했다. 위의 상황(본 장의 2절)에 대한 기술은 연구자가 농성의 전 과정에 참여하면서 관찰한 것을 바탕으로 한다.

〈그림 12 〉 토석채취로 깎여나간 해창산

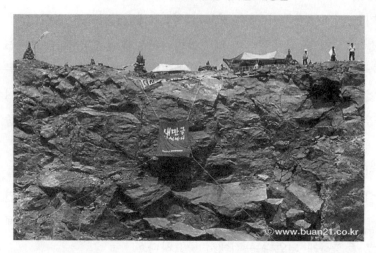

해창산을 털어가믄 새만금이 금방 막히잖여. 그것 못 들어갈라고 그러지, 〔새만금〕못 막게. 단 1년, 2년이라도 연장하면 우리가 다른 일년, 2년이라도 생활을 더 잡잖아. 그렇게라도 살어 나갈라고 그러지, 지금은. 인자 이 짝(하리) 주민들도 발등에 불이 떨어졌지. '우리가 이렇게 막어서 다믄 일년, 이년이라도 살어야 되겄다' 이런 마음으로. (사례 6)

우리는 하루라도 늦게 막어지라고 우리들이 안 애쓰냐고. 낼 아침이라도 하나라도 쪼깨 와서, 그래도 우리가 협조를 허고 종우장〔종이장〕도 같이 들어야지 가벼웁다고. 맞들어야 개벼울 것 아니냐고 내가 그렇게 허고 왔단 말이여. (사례 12)

　　새만금 사업으로 어장이 황폐화되면서 '그레'마을 주민들에게 남은 생계수단은 갯벌의 조개뿐이었다. 갯벌마저 막히게 되면 이들의 삶은 더 이상 지속될 수가 없다. 그런 절박한 상황 속에서 해창산을 지키는 것은 자신들의 삶을 하루라도, 1~2년이라도 연장시키는 유일한 방법이었다. 그렇기 때문에 여성들은 방조제 공사를 위해 해창산이 깎여 나가는 것을 반대하는 해창산 점거농성에 적극적으로 참여하게 된 것이다. 게다가, 남성들의 무책임한 태도는 여성들이 남성들보다 더 적극적으로 해창산 농성에 참여하게 되는 결정적인 요인으로 작용했다. 해창산 점거농성이 시작되자, 그동안 갯벌에 나가 생합을 채취해 온 대다수의 하리 마을 여성들과 남성들은 해창산 농성장을 지지·방문하며 적극적으로 협조할 것을 약속했다. 농성 초기만하더라도 여성과 남성 모두가 해창산 농성에 관심과 지지를 보내며 당시 마을에서 진행되고 있던 〔하리갯벌의 외부인 갯벌 출입통제〕보다 해창산을 지키는 일이 무엇보다도 우선이라고 판단했다.

> 인자 남자들이 첨에〔처음에〕이 상여를 하자고 했는데 그 남자들이 여자들보다 더 중심이 없는 거 같애, 그냥 한 잔 먹은 기분으로 나온 말을 하고 그 말에 대한 책임을 안 져. 근데 가만히 보면은 여자들은 글 안해. 뭔가를 했다하면은 그것에 대한 최소한의 책임을 질라고 노력을 하거든. 진짜 나 그날도 실망했어. 하루 밤을 자고 나서 어떻게 그렇게 맘이 변하냐고. (사례 2)

해창산 농성장을 지지·방문하러 온 남성들은 새만금 방조제 공사 저지를 위한 주민집회를 이번에는 자신들이 준비하겠다는 말과 함께, 상여를 메고 새만금 사업의 장례식을 거행하는 것을 제안했다고 한다. 이렇게 '새만금 사업 장례식'까지 제안하고 대단한 열의와 관심을 보였던 남성들이 그 다음날 갯벌 입구에서 이루어진 마을 회의에서 입장을 바꿔 다른 이야기를 하자, 여성들의 분노와 실망은 대단히 컸다.[66] 사례 2)는 남성들의 이러한 태도를 무책임한 행동이라며 강하게 비판하였다. 이렇게 남성들의 태도가 '하룻밤사이에' 변한 이유는 전날 해창산에서 벌어진 사건 때문이었다. 이들이 해창산 농성장에 지지방문을 하러 갔을 때, 시공업체측이 농성장으로 올라가는 길목을 차단하기 위해 토석을 가져다 부었다.

남성들은 시공업체 인부들과 실랑이를 벌이며 거세게 항의를 했는데 이 과정에서 남성들은 현장 책임자를 '납치하여' 마을로 데려가야 한다고 주장하였으나, 이를 '부안사람들' 대표인 사례a)가 말린 것에 불만을 갖게 된 것이다. 남성들은 '무슨 데모를 그렇게 신사적으로 하냐'며 강한 불만을 드러냈고 사례 a)와 '부안사람들'에 대해 좋지 않은 감정을 가지게 되었다. 그렇게 되면서, 남성들의 태도는 하루밤사이에 변했고 해창산 농성에도 소극적이거나 무관심한 태도를 보이게 되었다.

남성들의 무책임한 태도에 실망하고 분노한 사례 2)와 다른 한 명의 여성이 주도적으로 마을을 돌아다니며 마을 여성들에게 해창산 농성을 설명하고 여성들이 농성에 협력할 것을 설득하였다. 또한, 여성들은 해창산 농성을 운영하는 데 필요한 돈과 쌀을 모아서 주기도 하였다. 이렇듯, 남성들보다 여성들이 해창산 농성에 더 적극적으로 참여하게 된 결정적인 계기는 남성들의 태도

---

66) 본 연구자도 이날 하리갯벌에서 이루어진 마을 회의에 참석했는데 남성들의 태도가 돌변하자, 거기에 모인 하리마을 여성들 모두는 강하게 반발하며 남성들을 비난하였다.

에 대한 여성들의 실망과 분노가 영향을 미쳤다고 볼 수 있다. 거기에, 여성들은 '자신들을 위해 산꼭대기에서 고생하는' 농성 단원들의 실망을 모른 채 할 수 없었던 점 역시 여성들이 농성에 적극적인 태도를 보이며 지속적으로 참여하게 된 요인 중의 하나였다. 이런 맥락에서, 여성들은 '믿을 수 없는 남성'보다는 자신들이 나서야 한다는 생각을 가지게 되었다.

2) 운동방식의 성별성 : '온몸으로 저항하는 여성', '뒷짐지고 서 있는 남성'

여성들의 해창산 농성참여는 물때에 따라 이루어졌다. 참여한 여성들 대부분이 갯벌에 나가 생계를 유지해야 하는 사람들이었기 때문에 여성들이 농성장에 오는 시간은 갯벌에 나가는 시간, 즉 물때를 피해 농성장에 온 것이다. 아침 물때일 때는 갯벌을 다녀온 오후에 농성장으로 왔고 물때가 오후일 때는 아침 일찍 농성장에 오는 식으로 여성들은 자신들의 갯일과 농성을 병행하였다. 이는 '생계없이 저항없고 저항없이 생계없다'(Mies, 2000)는 여성들의 이해와 입장으로부터 비롯된 저항의 방식이라 하겠다.

당시의 마을 상황은 생합 채취량이 급속히 줄어들면서 하리갯벌로 나가 생합을 채취하는 생합생산자들이 중간마진으로 이익을 챙기는 생합장사들에 반발하여 생합 채취 및 판매를 거부하고 있었다. 잠정적으로 생합을 캐러 가는 일이 중단된 상황이었던 점도 여성들의 농성 참여를 용이하게 했다. 여성들의 적극적인 농성 참여는 농성장에서 농성이 이루어지는 방식에도 영향을 미쳤는데,

농성단원들은 여성들이 '언제 오느냐에 따라' 농성을 조정하기도
하였다. 물론, 시공업체가 공사를 재개하면 농성단원들은 이를 항
의하며 공사를 저지시켰다. 이럴 경우에 농성단원들은 마을로 연
락하여 여성들이 와줄 것을 요청했으며, 소식을 전해들은 여성들
은 한 달음에 달려와 농성단원들에게 힘을 실어 주었다.

〈그림 13〉 해창산 농성장에서 여성들의 모습

(출처 : 새만금사업을 반대하는 부안사람들 홈페이지, 사진/이화정)

　마을 여성들과 농성단원들이 공사를 가로막고 거세게 항의하면 시공업체측은 공사를 중지하고 되돌아가곤 하였다. 여성들은 갯일을 가야 하거나 갯일을 다녀와서 농성에 참여하였기 때문에 이들 대부분은 갯벌에 나가 일할 때 입는 옷 그대로를 입고 있었다. 갯일에 맞춰 진행된 여성들의 농성은 농성참여자를 조직하는 방식에 있어서도 갯벌에 나갈 때 타고 가는 경운기 단위를 기본으로 하는 한편, 온 동네를 돌며 '아름아름'으로 여성들을 조직해나갔다. 여성들의 연결망은 생산활동 단위인 경운기와 마을 부녀회, 교회 그리고 친척과 이웃 사람들을 대상으로 한 공식 · 비공식적 통로를 통해 이루어졌다. 농성이 긴박하게 돌아가는 중반에 접어들면서 몇몇 여성들은(여성들 중에서도 더 적극적으로 참여한 여성들) 아예 생계도 포기한 채, 매일같이 농성장으로 달려와 공사를 저지하기도 하였다. 여성들은 공사를 다시 시작하는 시공업체 인부들에 맞서 덤프트럭 앞에 드러눕거나 포크레인 위에 올라타기, 토석을 채취 · 운반하는 트럭 앞을 가로막기, 공사진입로 한 가운데에 앉아있기 등과 같이 온 몸으로 저항하였다.

해창산 농성 과정에서 여성과 남성의 태도를 단적으로 표현하자면, '온몸으로 맞서는 여성'과 '뒷짐지고 서있는 남성'으로 대별해 볼 수 있다. 여성들은 '안절부절', '근심 · 걱정', '성남(분노와 억울함)', '죽기 살기'와 같은 태도를 보였던 것과는 대조적으로, 남성들의 태도는 '시큰둥', '초연함', '방관', '슬쩍 뒤로 물러서기' 등으로 여성과 남성의 모습은 서로 달랐다.

〈그림 14〉 온몸으로 저항하는 여성들의 모습

* 출처 : http:www.nongbalge.or.kr.

〔남자들이 농성에 안 오는 이유가?〕이 사람들이〔부안사람들〕 즈그한티〔자기들한테〕협조 좀 허라… 그런다고 자존심 걸어 갖고 버티길래 내가 그랬지. 우리가 그 사람한테 아부하고 그 사람들보고 협조를 혀서 어떻게든 갯벌을 살리자… 이렇게 즈그가 헐 말을 거꿀로 되얏다… 우리가 애통 터져야 헐 일인디.〔남성들이〕그렇게 건성으로 그러고 코방귀도 안뀌고 댕겨서 내가 폭폭혀. (사례 12)

농성장에 오는 남성들이 소극적인 태도를 보이게 된 것은 앞서 지적하였듯이, '부안사람들'의 운동방식과 사례 a)에 대한 불만 때문이었다. 사례 12)의 진술에 따르면, 남성들은 사례 a)가 자신들의 행동을 제재하고 의견을 무시했다고 판단하여 자존심이 상한 것이다. 또한, 남성들은 사례 a)나 새만금반대운동 하는 사람들이 자기의 이익67)을 위해 하는 것이지, 자신들을 위해 새만금반대운동을 하는 것은 아니라는 혐의를 두고 있었다고 한다. 이러한 남성들의 태도는 지역내 남성 조직과 '부안사람들' 간의 권력갈등으로 이해할 수 있다. '그레'마을에서 마을 청년회와 선주회, 이장단들은 마을을 운영하는 데 있어 주도적인 역할을 담당해왔다.

그런데, 외부에서 들어온 '부안사람들'이 차츰 마을에서 자리를 잡아가면서 마을 사람들에게 영향을 주고 마을의 일에도 관여하게 되었다. 이런 '부안사람들'에 대해 남성들은 경계를 하며 자신들의 마을 주도권을 지키기 위해 방어적인 태도를 갖게 된 것이다. 그렇기 때문에, 남성들은 자신들에게 '부안사람들'이 직접 와서 공식적으로 협조를 부탁하지 않으면 농성에 참여하지 않겠다는 입장을 갖게 되었다고 사례 12)을 비롯한 다른 여성들은 이러한 사실을 조심스럽게 말해 주었다.

---

67) 해창산 농성이 시작될 당시에는 6·13 지방선거가 한창 진행되고 있었다. '그레'마을 남성들은 부안사람들의 활동은 정치로 나아가려는 활동가들의 자기 욕심에서 하는 행동이지, 지역주민들을 위해 새만금반대운동을 하는 것은 아니라는 혐의를 두고 있었다.

집회가 지금 집회가 아니야. 어쨌든 집회를 헐라믄은 단순 무식하게 해야 된다니까. 아무 생각없이 무조건 저질러놓고 인자 나중에 어떤 일이 생겼을 때, 주민들이 그만큼 단합이 되면은 그런 효과가 얼마나 좋아?(…) 그때 만약에 그 사람〔공사현장 소장〕이 왔으면은 이 일이 좀 커지지 않았을까. 인제 그런 일이〔현장소장을 납치하기〕커지면은 아마도 이 싸움이 더 잘 될 수도 있었어. (…) 거기서 그렇게 인자 못 데꼬〔데리고〕와서 경운기 협회에서도 좀 안 좋게 보고, 여기 부안 사람들을. (사례 G)

사례 G)는 '지금의 집회는 집회가 아니라며 집회를 하려면 단순무식하게, 무조건 저질러 놓고 봐야된다'고 주장한다. 사례 G)을 포함한 '그레'마을 남성들의 집회나 운동방식에 대한 이러한 견해는 과거 보상싸움을 통해서도 확인할 수 있다. '그레'마을 주민들은 '선보상, 후공사'를 요구하며 대규모 항의데모를 한 적이 있다. 당시, 보상싸움에서 남성들은 새만금사업단 직원들과 격렬하게 몸싸움을 하고 공사현장의 기물과 차를 부수거나 불을 지르는 등과 같이 과격한 행동을 보였다고 한다. 이 싸움으로 마을 남성들 중 일부는 경찰서에 연행되었고 100만원이 넘는 벌금을 물어야만 했다. 이러한 경험을 가진 남성들이 봤을 때, '부안 사람들'이 하는 집회는 '너무나 신사적이어서 집회답지 않다'고 여겨지는 것이다.

중리, 상리, 청년회 여러분들! 제발 아내들이라도 하루에 하나씩이라도, 하루 한번씩이라도 좀 내 보냈시오. 아저씨들은 쌈을 못 헙니다. 여자들이 나서서 하고 아저씨들은 뒷에서 보조나 해야지, 아저씨들이 왔다가는 큰 사단이 나고 사건이 커져요. (사례 6)

과거 보상 싸움의 경험은 여성들로 하여금 해창산 농성에 남성들이 참여하는 것보다는 여성들이 나서서 해야된다는 생각들을 갖게 했음을 사례 6)을 통해 알 수 있다. 사례 6)이 말하는 '큰 사단, 사건'이란 과거 보상싸움에서 남성들의 과격한 행동을 이르는 것이다.

> (해창산 농성에 여성들이 더 적극적인 이유가?) 아주머니들이 더 바다 가 보면은 그렇게 생겼으니까 더 그렇게 헐 수밖에 없지. 아주머니들은 우리 삶의 터전을 잃어버리고… 밥을 굶고 갈치던 자식을 못 갈키게 생겼잖아. (사례 6)

> (다른 아저씨들은 해창산 농성장이나 집회에 참석을 안하시는데 왜 아저씨는 그렇게 열심히 오시는 거예요?) 아, 먹고 살아야 된께. 쉽게 말해서 논이나 밭이나 있는 사람들은 상관이 없어. 나같은 놈은 바다 가서 잡어서 먹어야 하니까. 그런 것이 신경이 쓰이기 땜이 올라가야지. 당연하고.(…) 나같은 없는 사람이나 날마다 가서 그것[농성] 혀야 돼. (고기잡는 다른 아저씨들은 그렇게 열심히 참여하지 않던데…?) 근께 돈 꽤나 있는 놈들이 배 하나 사갖고 면세류[면세유] 지금 받어 갖고 헌 놈들이여, 전부다. [지금 마을에 면세유로 살아가시는 분들이] 엄청 많어. 전부다 지금 아무것도 안 허는 사람들이여. 그 사람들은 지금 가만히 앉어 있어도 한 달이믄 돈…백 얼매썩 벌어. 지금 남자들이 [해창산농성장에] 안가는 이유가 그거 다니까. 새만금 반대운동하면은 수산과[군청 직원들]에서 와서 사진을 찍어, 찍었잖아? 나도 봤어. (사례 I)

해창산 농성에 여성들이 남성들보다 더 적극적으로 참여한 이유를 사례 6)은 여성들은 매일같이 갯벌에 나가 갯벌이 변화되고 파괴되어가는 것을 직접 경험할 뿐만 아니라 갈수록 생합의 채취량이 줄어들어 생활이 힘들어졌기 때문으로 설명한다. 해창산 농성에 적극적으로 참여한 여성들은 갯벌이외에 다른 생계수단이 없는 사람들이었을 뿐만 아니라 학력기 자녀를 둔 40~50대 하리마을 여성들이 대부분이었다. 이러한 여성들에게 바다가 막히는 것은 생계터전을 잃어버리는 일이며 가르치던 자식을 못 가르치게 되는 절박한 상황이었던 것이다.

이와는 달리, 남성들이 해창산 농성에 참여하지 않는 것은 위에서 말한 남성들의 호전적인 기질이외에도, 과거 배를 가지고 고기를 잡았던 남성들이 수협 면세유를 타서 생활하고 있기 때문이다. 그들 대부분은 조업을 하기 위해 배를 산 것이라기보다는 면세유를 받아 생활하기 위한 것이었다. 이런 남성들은 면세유를 팔아 한 달이면 100만원이 넘는 돈을 벌고 있었던 것이다.

해창산 농성장에는 군의 수산과 직원들과 경찰 그리고 새만금 사업단 직원들이 매일같이 와서 농성하는 사람들의 사진을 찍어 갔다. 그런 이유에서, 남성들은 군직원이나 경찰이 와서 사진을 찍으면 '뒤로 물러서거나 자리를 피하는' 경우도 있었다. 사진이 찍히게 되면 불이익을 당할 수도 있기 때문이다. 그렇기 때문에 남성들 대부분은 해창산 농성장에 되도록 오지 않으려 했고 오더라도 멀리서 지켜보거나 '뒷짐지고 서 있는' 경우가 많았다. 그렇다고 남성들 모두가 무관심한 것은 아니었다. 배나 논/밭을 가지고 있지 않은 소수의 남성들은 농성에 적극적으로 참여하였다.

이러한 남성들은 주로 갯벌에 나가 맨손어업으로 생계를 유지하고 있는 사람들로 이들도 여성들과 마찬가지로 '먹고 살기 위해서' 농성을 할 수밖에 없는 가난한 사람들이었다. 이처럼, 해창산 농성에 적극적으로 참여하는 사람들 대부분은 '그레'마을에서 성과 계급에 따른 노동분업의 구조 속에서 재산과 권력을 가지고 있지 않은 '주변화된 집단'들이라는 사실을 알 수 있다.

> (해창산 가셔서 그 사람들이 공사하고 그런 거 보면은 어떤 생각이 드세요?) 어떤 생각이 들어? 어쩌할꼬, 어쩌할꼬, 어찌하오리까, 응? 우리가 이겨야 허는디 어쩌하오리까? 인자 이러다가 우리가 지믄, 우리도 우리지만 저, 욕 본 사람들[고생한 사람들―농성단원들] 실망은 얼매나 클그나 그런 생각이 들어가지. 아, 이 사람아, 그 첫날 [해창농성장에] 갔다오던 그날 밤새~도록 잠이 안오대, 걱정되야갖고. (…) 우리는 먹고 사는 것도 먹고 살고 해태 그런 것도 하지만, 자네들? 시상에 이런 데 와서 고상하고 [고생하고] 그러는디 자네들을 보고라도 우리가 더 애통터지네. 참말이여. (사례 12)

> 근디 사례 a)[부안사람들 대표] 저러고 있는 거 보면은 안타까워 죽겄어. [해창산 농성장이 강제 철거과정에서 다쳐 병원에 입원하고 있었음] 우리 학생들이랑 집의서는 다 귀한 자식들인디… 저렇게 천덕가 되야갖고 그런 다 싶으니까… 나는 힘은 없고 돈 없고 물질적인 걸로도 못 도와주지, 몸으로도 못 도와주지, 요새는. 그러니까 너무나 그냥 맘뿐이지, (사례 6)

자신들은 여기서 살아갈 '욕심'으로 농성을 한다지만, 아무런 혜택없이 자신들을 위해 고생을 마다하지 않는 농성단원들이 여성들로서는 안쓰럽기만 하다. 사례 12)는 해창산 농성장에 다녀온 이후로 농성단원들과 농성의 결과에 대한 걱정으로 잠을 이룰 수 없었다고 이야기한다. 그녀는 자신들이 해창산 싸움에서 이겨야 하는 이유를 농성단원들에게 실망과 좌절을 주지 않기 위해서라고 설명하고 있다. 앞으로 살아갈 자신들보다 자신들을 위해 산꼭대기에서 고생하는 농성단원들에 대한 걱정이 사례 12)

가 해창산 농성에 참여하는 우선적인 동기로 작용하고 있음을 알 수 있다. 사례 6)은 부안 사람들이 새만금반대운동을 시작할 당시부터 지금까지 '그레'마을에서 가장 열심히 새만금반대운동을 하고 있는 여성이다. '부안사람들'의 활동가들에게 그녀는 흔히 '밥을 먹여 주시는 어머니'로 불리며 존중되고 있었는데, 이는 그녀가 자신의 어려운 형편에도 이들을 보살펴주는 것은 물론, '부안사람들'의 활동에 매우 헌신적으로 참여해왔기 때문이다.

그런데 해창산 농성이 시작될 당시에 그녀는 몸이 아파 마음대로 움직일 수가 없는 상황이었다. 농성장에 오지 못하는 그녀는 근심과 걱정으로 노심초사했고 그런 상황에서 사례a)가 농성 과정에서 다쳐 병원에 누워있게 되자, 자신이 아무런 도움도 되지 못하고 있는 것에 대해 '미안하고 한스럽기까지'하다며 연구자에게 자신의 심정을 토로했다. 이렇듯, 농성단원들에 대한 걱정과 안타까움 그리고 미안함을 느낀 여성들은 농성장에 와서 몸으로, 마음으로 이들을 도와주는 것이 당연한 일이라고 생각했다.

> 그러고도 다 와서 보고는 다 김치 한 쪼각이라도 갖고 와서 멕일라고 허고, 된장도 쪼깨 갖고 와야겄다, 뭣도 쪼깨 갖고 와야 겄다, 그런 힘이 있어서 쪼깨 기분이 좋더라고. (사례 12)

여성들은 농성장에 밥과 반찬을 해오는 것으로 이런 안타까움과 고마움을 표현했고 농성단원들이 필요한 것은 없는지, 잠은

잤는지를 새벽같이 달려와 확인하고 보살펴주었다. 또한 연구자가 마을로 내려가는 경우에 여성들은 농성장 상황을 물어보며 노심초사하는 모습을 보였다. 이런 여성들의 안타까움과 걱정을 한층 더 증폭시키는 사건이 농성중반에 접어들면서 일어났다. 시공업체에 의해 농성장이 강제철거되고 공사가 다시 재개되자, 농성단은 해창산 절벽에 매달려 고공암벽 시위를 벌이게 된 것이다. 고공암벽시위는 농성단원 중 한 명이 암벽에 매달려 목숨을 걸고 공사를 저지하게 된 사건을 말한다. 사람이 절벽에 매달려 있는데도 시공업체측은 천공기로 바위를 뚫고 포크레인 작업을 하며 공사를 계속했다. 그러자 여성들은 '이 놈들아, 사람을 죽일 셈이냐? 사람이 매달려 있는데 공사가 웬말이냐?'며 거세게 항의하였다. 여성들과 농성단원들의 거센 저항으로 공사를 하던 시공업체 인부들은 천공기와 포크레인 작업을 중단할 수밖에 없었다.

> 나 일찍 낳으면은 내 자식이다. 그러면 자식이 그러고 있는데, 부모 입장으로 안 가볼 사람이 어디가 있느냐? 나, 거그 가본다는데 왜 가는 길을 막고 사람을 못 가게 하느냐고? 이것이 잘 된 거야? (…)세상에 그 밤[번개와 비바람이 몰아치던 밤]에 얼마나 거그서[암벽] 고생을 하겠나 싶어 가지고. 그런 마음으로, 내가 가서 마음이라도 보태주려고 가고 그런 거지. 이게 대한민국 부모 마음이지. 아까는 이게 세상의 무슨 일 인가… 어쩌자고 저렇게 조용하게 살게 놔두지, 대한민국이 어디로 흘러가는가, 이게 무슨 일인가 싶어서 나, 서서 울었어. (사례 7)

고공암벽시위를 아래 농성장에서 지켜보는 여성들 대부분은 사례 7)과 같은 부모된 입장에서 자식을 걱정하는 심정들이었다. 농성장에 오자마자, 여성들은 절벽 아래로 달려가 절벽에 매달려 있는 농성단원에게 안부를 묻고 물과 음식을 올려다주었다. 그러고도 한참동안 농성단원에 대한 안쓰러움으로 절벽을 떠나지 못하는 여성들은 절벽 아래에 앉아 농성단원과 이야기를 나누고 '이제 그만 내려 오라'며 눈물을 흘렸다. 초창기부터 지역 새만금반대운동에 참여해 온 사례 7)은 생업도 포기한 채 매일같이 농성장으로 올라왔다. 자신이 벌지 않으면 생활을 유지할 수 없는 여성가장인 그녀가 농성장을 매일같이 올라올 수밖에 없었던 이유는 다른 사람보다 더 절박했기 때문이며, 또한 농성단원들에 대한 걱정이 이러한 그녀의 행동을 더 자극했던 것으로 보인다. 이와 같이, 농성에서 나타나는 여성들의 태도는 자신과 가족 그리고 마을공동체의 생존에 대한 책임감과 농성단원들을 돌보고 보살피는 어머니의 심정이 동시에 작용한 결과라 할 수 있다.

3) 정체성의 재구성 : '새만금 반대운동'하는 여성', '생명을 살리는 여성'

농성과정을 거치면서 여성들은 자신들의 역할과 힘을 인정받게 되고 여성들 스스로가 그러한 힘들을 발견해감으로써 자신의 정체성과 저항의 의미를 새롭게 구성해가게 된다. 또한, 저항의 과정에서 느끼는 부당함과 분노는 자신의 행위에 대한 정당성을 확보하기 위한 의미화 과정을 거치게 되는 한편, 현재 저항에 참여하는 자신의 위치를 점검하는 계기로 작용한다. 한 달여 동안 지속된 해창산 농성은 여성들의 '보살핌'과 '적극적인 참여'가 있어 가능한 일이었다. 이들이 함께 하면서부터 해창산 농성은 활기를 더해갔다.

> 남자들이 가믄은 우왕좌왕 쌈허고 남자들은 그런 게로 필요허기는 우리〔여
> 자〕가 필요혀. 그런게 인자 여자들이 똥똥〔똘똘〕 뭉차서〔뭉쳐서〕 내일도 가
> 고 한번 되더락〔되도록〕 댕겨 봐야지. (사례 12)

> 사례 a : 이 싸움에서 가장 열심히 하신 분들이 바로 어머님들이고, 그렇기
> 때문에 이 농성을 어떻게 할 것인지에 대해 어머님들의 생각이 중요합니다.
> 여성들 : 못 막게 해야지. 그래야 우리 주민들이 살지.

사례 12)의 진술을 통해, 농성에 참여한 여성들 대부분은 남성
보다 자신들이 이 농성에 필요한 존재들이며, 자신들이 오면 시
공업체 직원들이 어쩔 수 없이 공사를 중단하고 되돌아가게 된
다는 것에 대해 상당한 자부심을 느끼고 있음을 알 수 있다. 이
여성들은 실제 피해를 보고 있는 주민으로 그 자리에 와서 항의
했기 때문에 아무리 정부로부터 공사를 허락받은 시공업체라 하
더라도 어떻게 할 도리가 없었다. 자신들이 오면 '쩔쩔매는(사례
2)' 시공업체 직원들의 모습에서 여성들은 자신들의 힘을 느낄
수 있었다. 게다가, 농성단원들이 여성들의 역할과 그러한 힘을
인정해주는 것 역시 여성들에게 성취감과 자부심을 느끼게 하는
것이었다. 이와 같이, 여성들은 농성과정에서 자신들의 힘을 발
견하고 그것에 대한 인정을 받게 됨으로써 현재 자신이 하고 있
는 저항에 대한 정당성과 확신을 가져가게 되었다.

농성 중반에 접어들면서 싸움은 더 빈번해졌다. 농성으로 몇
주 동안 공사를 못해 경제적으로 피해를 보고 있던 시공업체 측

은 공사를 방해하는 농성단원들을 업무방해죄로 고발하기에 이르렀다. 이때부터 매일같이 농성단원들은 경찰서로 연행되었고, 여기에는 해창산 농성에 주도적으로 참여한 마을 여성들도 포함되어 있었다. 고소·고발로 해창산 농성은 점점 치열한 싸움으로 전개되는 양상을 띠어갔으며, 그럴수록 여성들의 분노는 더해만 갔다. 여성들이 느끼는 분노의 근원에는 자신들이 살기 위해 삶터를 지키겠다는 것이 '왜 죄가 되는가'에 대한 부당함과 억울함이 자리잡고 있었다. 이러한 부당함과 억울함은 여성들로 하여금 '왜 자신들이 지금 여기에서 공사장의 인부들과 실랑이를 벌이며 죽기살기로 해창산을 지키려하는가?'를 스스로에게 묻게 되는 계기로 작용하였다. 또한, 여성들은 시공업체와 새만금사업단이 자신들을 저지하기 위해 용역인부를 동원하고 공사장의 인부들 모두에게 '빨간 모자와 조끼'를 입히는 등 조직적으로 농성을 방해하게 되자, 여성들의 부당함과 억울함은 더해갔고 이럴수록 여성들의 저항은 격렬해졌다.

> 내가 뭐 다른 것 땜에 그러는거야? 아, 내 삶의 터전만 내 앞으로 돌려주면은 나, 뭐 이러지도 안해. (…) 그 사람들은 생명하고도 바꿀 수 없는 것이 오로지 일〔해창산 토석채취 공사〕뿐이니까. 아, 우리는 인제는 앞으로 죽을 수밖에 없는 거니까. 나같은 경우는 그러잖아. 나 혼자 살지, 내가 혼자 그 자식들 넷을 다 책임져야 하잖아. 엉? 그러는데 지금 이게〔출석요구서〕 말이 안되는 짓이잖아, 이게 지금? 아~〔한숨 쉬며〕 근께 진짜 내가 마음이 그냥 아프다 못해서 내 가슴에 피멍이 맺힐 거 같애, 지금 피멍이 맺혔어. 근디 이 답답한 심정을 내가 거그 가서 소리도 못 지르고 말도 못헌다는 것은 말이 안되잖아, 엉? (…) 덤프트럭 막어도 방해여? 그러면 지금 우리 어민들 다 죽게 생겼는디 그럼, 그건 누가 책임질거여, 누가? 나는 내 개인도

다섯 식구야. 나 혼자가 아니라. 그건 책임을 누가 져? 엉? 너희들 일 못
허는 거나, 나 다섯 식구 못 사는 거나 똑같은 거다. 이것도 죄면 나, 잡어
넣어라. (사례 7)

　여성가장인 사례 7)은 어려운 가정 형편에도 불구하고 생업도
포기한 채, 매일같이 해창산을 지키기 위해 농성에 참여했는데
농성 초기에 그녀는 토석 채취에 항의하며 덤프트럭 앞에 드러
누워 채취한 토석을 운반하지 못하게 했다. 이때 시공업체가 찍
은 그녀의 그림을 증거자료로 제시하며 시공업체측은 그녀를
'공사업무방해죄'로 고발하였다. 농성 중반에 자신의 집으로 배
달된 '출석 요구서'에 그녀는 분노했고 이에 대해 자신의 억울함
과 부당함을 호소했다. 더욱이, 그녀는 '혼자 사는 여자'인 자신
의 주소까지 정확히 알고 경찰이 출석요구서를 보낸 것에 대해
'생명의 위협'을 느낀다고 이야기했다. 국민의 생명과 안전을 보
호해야할 경찰이 가난한 서민들이 생존권을 지키기 위해 싸운
것에 대해 '죄'를 묻겠으니 경찰서에 오라고 하는 것에 대해 '누
구의 편에 서 있는 경찰이냐'며 강한 불신과 불만을 드러냈다.
앞으로 갯벌이 막히면 죽을 수밖에 없는 어민들의 생명보다, 그
리고 그녀가 책임져야 할 다섯 식구의 생명보다 자신들의 공사
만을 중요하게 여기는 시공업체에게 그녀는 책임질 것을 요구한
다. 다섯 식구의 생계터전인 갯벌을 지키기 위해 해창산 농성에
참여한 것이 '죄'가 된다면 자신을 '잡어 넣어라'며 그녀는 강하
게 분노했다.

차 못 다니게 차 길에가 앉아 있었더니 〔나를〕 막 끗고〔끌고〕 다니길래 차 앞에가 누워 버린거지. (…) 너무 한스러워. 그런 사람들한테 당하고 힘이 부족하니까, 그게 억울해서 그랬지〔울었지〕. 너무나 〔주민들이〕 몰라 가지고 너무나 협력도 안 해주고. 우리같으면은 이것〔생합 잡는 일〕 잡어 치우고 날마다 가서 저지하겠어. 〔바다가〕 우리한테는 진짜 우리 생명이지, 우리 생명. 바다생명도 중하지만은 우리 생명도 연관이 되지. (경찰서로 연행될 때, 심정은?)뭐 심정이랄 것도 없어. 담담했어, 무서울 거 하나도 없는 거여. 경찰도 안 무섭고 어떤 놈도 안 무섭고, 인자 대통령이 와도 안 무서울 정도야. 왜 막았냐? 나 먹고 살라고 막었다. 니네들은 다 배우고 똑똑하고 권력이 있으니까 돈벌지만, 우리는 뭣 모르고 가서 하루 벌어 하루 살은께 그게 우리의 만족인데 그것마저 뺏어 가면은 우리는 어떻게 하냐고? 진짜 우리 목숨을 끊는 거나 다름이 없는 거지. 뭐 살인이 달리 살인이여. (사례 2)

사례 2) 역시 사례 7)과 같은 처지에 있는 여성가장으로 많은 빚을 안고 있는 상황이다. 그녀는 시화호를 다녀온 이후부터 새만금반대운동에 관심을 갖고 적극적으로 참여하게 되었다. 특히, 사례 2)는 해창산 농성과 새만금사업 장례식을 주도적으로 이끈 여성이다. '하루밤사이에' 돌변한 남성들의 태도에 가장 목소리 높여 비판하고 크게 실망한 그녀는 자신이 앞장서서 온 동네를 돌며 여성들에게 해창산 농성에의 참여와 협조를 부탁하는 한편, 마을 여성들을 조직해내는 역할을 담당했다. 게다가, 그녀는 농성을 끝내고 마을로 내려와서 여성들에게 자신들의 저항에 대한 정당성과 의의를 마을 여성들에게 설명하기도 하였다. 위의 상황은 공사를 저지하기 위해 덤프트럭 앞을 가로막고 공사진입로 한 가운데 앉아 있던 그녀를 시공업체 인부 6명이 끌어냈던 일에 관해 설명하고 있다. 그녀는 보기에도 약해 보이는 여성이었다. 그런 그녀가 '등치 좋은' 남자들 6명에 저항하는 힘은 대단했고 그녀는 결코 포기하거나 물러서지 않았다. 끌어내면 또 일어서서 덤프트럭을 가로막고, 다시 끌려 나오고. 하지만, 시공업체의 방어도 만만치 않았다. 그들은 수십 명의 남성들로 구성되어 있었고 농성단원들이 아예 공사진입로에 들어서지도 못하게 양쪽 길을 차단하는 등의 조직적인 대응을 펼쳤다. 이들이 밀치는 힘에 여성들과 농성단원들은 내동댕이쳐졌다. 이들의 조직적인 대응으로 덤프트럭이 토석을 운반해 가는 모습을 지켜볼 수밖에 없었던 그녀는 울분을 터뜨렸다. 그녀는 '힘이 약해 공사를 못 막고 지켜봐야만 하는 것이 한스럽고 억울해서' 울었다고 당시의 심정을 이야기하였다.

그렇게 농성을 하던 그녀가 경찰서에 연행되어 조사를 받게 되었다. 경찰서에서 그녀는 자신의 행동이 정당한 것이며 아무런 잘못이 없음을 주장했다.[68] 위의 진술에서 나타나듯이, 그녀는 자신의 행동에 대해 강한 확신과 정당성을 가지고 있었다. 경찰서를 다녀와서 그녀는 마을 여성들에게 자신이 경찰서에서 조사를 받았다는 사실을 비밀로 하였다. 농성장에 경찰이 오기 시작하면서, 농성에 참여하던 여성들은 경찰을 의식하고 동요하는 기색을 보였기 때문이다. 해창산 농성이 마무리된 마지막 순간까지 해창산을 지키려 노력했다.[69]

---

68) 본 연구자도 그녀와 함께 경찰서에 연행되어 조사를 받았다.
69) 해창산 농성은 아직 끝나지 않았다. 2002년 10월말, 당시의 해창산 농성단원들과 농성에 적극적으로 참여했던 마을 주민들에게 '업무방해죄'라는 '죄명'으로 벌금통지서가 배달되었다.(농성단원 4명과 마을 주민 3명을 포함하여 총 7명에

나는 분명히 해창[해창산 농성장]을 갈 수밖에 없는 사람이여. 나는 여기 어민의 한 사람으로서, 나는 내 생명의 터전을 뺏길 수가 없으니까 나는 가는 거고, 나는 이것이 좋은 공사가 아니기 때문에 나는 이 새만금을 절대적으로 반대하는 사람, 우리 회원[새만금 사업을 반대하는 부안사람들] 중에 한 사람이기 때문에 가는 것이여. 누가 나를 막어? 누가 나를 막어? 나를 누가 막어? (…) 나는 어디를 가더래도 이 새만금은 계속 반대할 거여. 계속 할거야. 계속하지. 내가 살아야 할 곳인디 그럼, 안되지.(바다를 떠나셔도?)그럼, 바다를 떠나도 계속 해야지. 바다는 내줄 수가 없어, 내줄 수가 없어. (사례 7)

게 100만원의 벌금을 부과한다는 것을 내용으로.) 위의 사례2)와 사례7)도 여기에 포함되어 있었다. 해창산 농성에 대해 모두가 '끝났다'고 생각하고 있던 상황에서 갑자기 날라온 '벌금 통지서'는 또 다른 싸움의 시작이었다. 이에 공동으로 대응하기 위해, 당시 해창산 농성에 참여했던 농성단원들과 마을 주민들이 한 자리에 모였다. 이들은 자신들이 죄가 없는데 '왜 우리가 업무방해죄라는 죄명으로 벌금을 내야 하는지'에 대해 모두가 부당하다는 입장이었다. 이들은 변호사를 선임하고 법적 대응을 하기로 했다. 1차 재판은 2002년 11월 1일에 이루어졌다. 이 날 재판에서 마을 주민들과 농성단원들 모두는 자신들을 항변할 수 있는 기회가 주어졌다. 사례7)은 자신이 다섯 식구의 생계를 책임져야 하는 사람이라는 사실과 새만금간척사업으로 어민들이 삶의 터전을 잃어가고 있는 현실을 이야기하며 눈물을 흘렸다. 사례2)는 '어떻게 생존을 지키고 우리 후손들에게 물려줄 자연유산을 지키는 일은 죄가 되고 공사 며칠 못했다고 고소한 것은 정당한 일이 될 수 있느냐'며 부당함을 주장하였다. 선고공판은 11월 13일날 이루어졌는데, 이날 선고공판에서 판사는 "피고인들이 아무리 무죄를 주장하더라도 실정법을 어긴 것은 확실하다(…)피고들 대부분이 초범이고 이와 관련된 모든 고소가 취하되었기에 벌금은 없는 것으로 선고를 유예합니다"라고 판결하였다. 지역주민들이 새만금반대운동을 한 것으로 재판을 받게된 것은 처음 있는 일이었다. 게다가, 실형이 선고되지 않고 이들의 생존을 지키기 위한 자구적인 노력을 일정부분 인정해주었다는 점에서도 그 의의가 크다. 그런데 11월 29일자로 또다시 법원에서 통지서가 날라왔다. 검사가 판사의 선고 유예 판결에 불복하고 항소를 한 것이다. 해창산 관련 농성단원들과 마을 주민들은 2003년 6월 27일로 예정된 2차 재판을 앞두고 있다. (본 연구자도 업무방해죄로 벌금이 부과됐고 이들과 함께 2차 재판을 기다리고 있다. 위의 재판과정에 대한 진술은 '부안사람들'의 홈페이지인 〈농발게〉의 글과 본 연구자가 이들과 함께 직접 재판을 받았던 경험을 중심으로 서술하였음을 밝힌다.)

사례 7)는 자신의 생명의 터전인 갯벌을 내어줄 수 없는 '어민'이자, '새만금사업을 절대적으로 반대하는 사람'(부안사람들의 회원)이기 때문에 자신은 '해창산에 갈 수밖에 없는 사람'임을 강조한다. 사례 7)의 진술을 통해, 그녀는 자신을 '새만금반대운동하는 사람'으로 정체화하고 있음을 알 수 있다. 이는 '어민/그레꾼(먹고 살기 위해)'으로서 자신의 삶터를 지키기 위해 저항해온 그녀의 정체성에 '새만금반대운동하는 사람(새만금 중단을 요구하는)'이라는 새로운 정체성이 확립되어 가고 있는 것이다. 새만금반대운동하는 사람으로서 정체화한(identified) 이 여성은 자신이 '바다를 떠나도 새만금을 반대하는 운동을 지속할 것이며, 결코 바다를 내줄 수가 없다'는 의지를 보이고 있다.

> 나는 보상 얘기를 잘 안쓰는 게 이 자연을 보호하고 이 생명을 살리자는 그런 뜻을 가지고 지금 운동을 하잖아. 생명 때문에, 이 생명을 살리고..참 하나님이 정말로 귀한 걸 주셨는데 사람의 힘으로 파괴시키고 이걸 막는다는 것은 좀 그렇잖아… 그러니까 내 뜻은 그거여. 나도 생명을 귀하게 여기자. (사례 2)

사례 2)는 해창산 농성을 '생명을 살리기 위한 운동'으로 인식하고 있다. 이렇게 해창산 농성을 바라보는 사례 2)는 '생명 때문에, 생명을 살리고 귀하게 여기자'는 뜻으로 자신은 농성에 참여하고 있다고 자신의 입장을 설명한다. '갯벌을 자신의 생명줄'로여기며 살아온 그녀의 입장에서 보면, 자신들의 생명은 갯벌과 바다의 생명들과 연결되어 있고 그런 갯벌을 지키기 위한 해창산 농성은 '자신들과 갯벌의 생명을 살리는 운동'인 것이다. 농성단원들과 함께 농성에 적극적으로 참여해 온 사례 2)는 이들과의 대화를 통해 농성의 의미('더 이상 죽이지 마라')를 알아가는 한편, 자신의 저항을 운동의 의미와 연결시키는 과정을 거치면서 '먹고 살기 위한 것'을 넘어 '자신과 갯벌의 생명들을 살리는 일'로서 의미를 구성해 가게 된다. 저항의 경험을 의미화 하는 과정에서 자신을 운동과 결합시켜 새롭게 정체화하는 사례 2)는 농성단원들의 행동과 생각들에 영향을 받았던 것으로 보인다. 이러한 농성단원들과의 상호작용과 저항 경험의 의미화를 통해 그녀는 자신을 '생명들을 살리는 운동을 하는 사람'으로 정체화하게 되었다고 볼 수 있다. 이러한 '생명을 살리는 사람'으로서의 정체성은 '그레마을이 생명을 살리는 데에 한 몫을 했으면 한다'는 그녀의 바램에서 단적으로 드러난다.

위에서 살펴본 바와 같이, 농성에 참여한 여성들 중에는 자신들의 생계터전인 새만금 갯벌을 살리기 위해 해창산을 지키게 되었지만, 농성 과정을 거치면서 자신들을 새롭게 정체화하는 여성들이 등장하게 된다. 이러한 여성들은 농성의 과정 속에서 자신들의 저항이 갖는 의미와 정당성을 획득해 가는 한편, 해창산 농성의 목적과 자신들의 저항을 연관시켜 저항의 의미를 새롭게 구성해간다. 이렇게 재구성된 저항의 의미 속에서 자신의 정체성 역시 '어민/그레꾼, 지역주민'에서 '새만금반대운동하는 사람' 혹은 '생명을 살리는 사람'으로 변화시켜 가게 됨을 알 수 있다.

〈그림15〉 새만금사업 장례식

(위의 좌/아래 사진, 허철희)

바다생명 다 죽는다. 건져내자 건져내자 바다 생명 건져내자.
걱정마라 걱정마라 느그 생명 건져주마. 걱정마라 걱정마라 느그 생명 우리
가 건져주마. 바다생명 다 죽는다~!. 우리가 건져내세, 바다 생명 건져내
세. 부안 사람 똘똘 뭉쳐 다 나와갖고 우리가 바다 생명 건져 내갖고 백세,
천세, 만세 이 (강)변에서 사세~. (사례 12)

건져내자, 건져내자. 바다생명 건져내자.
살려내자 살려내자 바다생명 살려내자.
걱정마라 걱정마라 바다생명 살려주마.
걱정마라 걱정마라 우리들이 살려주마.

위의 구호는 새만금방조제 공사 저지를 위한 주민집회로 여성
들에 의해 진행된 '새만금사업 장례식70)'에서 사례 12)가 즉석에
서 외친 구호이다. 사례 12)는 올해(2002년) 81살의 여성노인이다.
그녀는 지팡이를 짚고 매일같이 해창산 농성장으로 올라왔다. 사
례 12)의 지팡이는 시공업체 직원들에게 굉장히 위협적이었다.
그녀가 '이 놈들아, 우리를 죽일 셈이냐'며 지팡이를 휘두르면
이들은 피할 수밖에 없었다. 그런 그녀가 새만금 사업 장례식에
서 외친 위의 즉석구호는 농성에 참여한 여성들의 생각들을 함
축하고 있다고 할 수 있다. 위의 구호는 새만금간척사업과 같은
개발은 인간을 포함한 모든 생명들에게 '죽음'을 의미하고, 이에
저항하고 바다생명을 살리는 주체는 여성(지역주민)이며 새만금

---

70) 새만금 사업 장례식('더 이상 죽이지 마라')은 새만금 사업을 강행하는 정치인,
   농림부, 환경부, 새만금사업단, 현대건설 등의 영정을 앞에 두고 생명을 죽이는
   이들의 '나쁜 마음'을 장례 지내고 새만금 갯벌을 살리겠다는 의미에서 치러진
   새만금 방조제 공사 저지를 위한 3차 주민집회이다. 이 날(6월 8일), 여성들은
   흰 소복을 입고 장례식에 참석하였으며, 장례식의 모든 진행을 담당했다. 여성
   들은 제문을 낭독하고, 새만금 중단을 요구하는 발언을 하였으며, 새만금 전시
   관에서 해창산 정상까지 운구행렬을 펼친 후, 영정들을 해창산 돌밭에 묻었다.
   새만금 사업 장례식은 '갯벌이 막혀 죽으나, 싸우며 죽으나 마찬가지다'는 절박
   한 현실에서 나온 주민들의 제안이었고, 장례식은 새만금 갯벌을 살리겠다는
   여성들의 굳은 의지를 표현하는 것이었다(새만금사업 장례식 팜플렛과 본 연구
   자가 이날 장례식장에서 관찰한 내용을 중심으로 함.)

지역에서의 지속가능한 생존 및 지역발전의 방향은 새만금 갯벌과 살아있는 관계를 유지하며 살아온 자신들의 삶(지역주민의 삶) 속에서 찾아져야 한다는 여성들의 관점을 드러내고 있는 것이다. 이는 '모든 존재들은 다른 모든 것들과 연결되어 있다'는 자각과 함께, 이러한 지역의 물질순환체계에 기반하여 '자연과 인간이 더불어 살아가는 삶의 원리와 가치를 회복해 나가는 것이야말로 새만금 갯벌과 바다생명들 그리고 자신들이 생명을 유지하고 성장하며 지속적으로 살아갈 수 있는 방법임을 선언하고 있는 것이라 하겠다.

3. '갯벌과 연결된 삶＝갯살림'을 지속하기

새만금간척사업이 시작될 때는 갯벌이 자신들의 삶에서 얼마나 중요한 의미를 갖는지에 대해 여성들은 미처 깨닫지 못했다. 그렇기 때문에 갯벌 없이도 자신들은 새로운 삶을 살아갈 수 있다고 생각했다. 자신들의 기대와는 달리, 새만금간척사업은 자신들에게 풍요와 발전을 가져다주기보다는 삶의 터전인 갯벌과 바다를 파괴하고 자신들을 갈수록 빈곤으로 내몰고 있는 실정이다. 이처럼, 새만금간척개발은 새만금 갯벌/바다를 파괴함으로써 지역사회와 공동체의 붕괴, 그리고 지역주민들이 실업자/실향민이 되어가는 과정, 다시 말해 자신들의 삶터(갯벌과 바다)와 문화로부터 뿌리뽑힘을 의미한다. 하지만, 매일같이 갯벌에 나가 생합을 캐며 살아온 이 여성들은 '갯벌이 없는 자신들의 삶'을 상상할 수 없다. 개발과정에서의 소외와 박탈감, 그리고 갯벌 생태계의 악화에 따른 '갯살림'의 위협을 경험한 여성들은 자신들의 행동을 후회하며 이제라도 자신들이 살 수 있는 길은 삶의 터전이었던 갯벌을 되찾아 예전처럼 자유롭게 자신이 노력한 만큼의 '풍요'를 누리며 살아갈 수 있기를 바라고 있다. 새만금간척사업은 단순히 갯벌과 바다만을 파괴하는 것이 아니라 자신은 물론 가족과 마을 공동체의 생존까지 위협하고 있는 현실에 직면하면서 여성들은 자신들의 삶과 갯벌이 하나로 연결되어 왔음을 깨닫게 되었다. 자신들의 삶을 지속하기 위해서는 갯벌을 살리는 길밖에 없음을 깨달은 여성들은 '갯벌 지키기'와 같은 집단적 대응을 펼치는 한편, 새만금사업 중단을 요구하는 운동에 참여하게 되었다. 여성들의 '갯벌 지키기'와 '해창산 농성'은 갯벌과 자신들의 삶이 맺어온 연결(관계) 고리를 다시 잇기 위한 여성들의 노력과 실천이라 할 수 있다. 여성들이 자신들의 삶과 갯벌의 관계를 다시 연결시키는 것은 새만금간척사업이라는 현재의 개발을 다시 보고, 마을 공동체와 공유지인 갯벌을 다시 회복하는 일로부터 시작될 수 있다.

1) 새만금간척사업, 다시 보기 : "더 이상 죽이지 마라"

정말 나는 어느 날 하루 여기를 딱 막아서 이 모든 생명을 다 죽일 일을 생각하믄 진짜 눈물 나와. 아휴~〔긴 한숨〕그 수많은 생명이 지금 현재 다 오염이 돼서 죽어가고 있지만은 세상에 이건 너무 잔인한 짓이다. 이것도 다 생명이고 소중한디 새만금 막아서 그 생명들이 다 죽어버릴 일을 생각하면 참 기가 막혀, 진짜 눈물 나. 정말 안 막았으면 쓰겄어.〔좋겠다〕 (…) 더 이상 안 죽이믄은 우리가 바랄 것이 없는 거야. 우리는 이대로 사는 게 좋다, 그것뿐이지. (사례 7)

이 방조제가 막아지고 생명이 죽어 나가면은 작지만 크게 생각하면 우리 인간 스스로가 죽어 나가는 삶이다. (…) 진짜 그 조개들이 사람한테 돈을 벌어주고 생명을 유지할 수 있는 그것을 주는데 그 생명들이 사람에 의해서 다 죽는다고 할 때, 그 생명들은 사람에 의해서 죽었지만 사람 스스로는 내 목숨을 끊는 거나 마찬가지 당께. 그 많은 생명들이 살아있음으로써 우리는 거기서 노동을 해 갖고 거기서 벌어먹고 우리가 쓰고 생명을 유지해 나갈 수 있는데 그 생명들이 죽음으로 인해서 우리는 사람을 더 살기 좋게 한다고는 하지만 사람은 자기 목숨을 자꾸 단축시키는 거 아닌가. (사례 5)

위의 사례들은 새만금간척사업을 '수많은 생명을 죽이는 잔인한 짓'으로 정의하고 있다. 자신들은 갯벌 속에서 자라는 생명들에 의존하여 갯벌과 더불어 살아왔다고 이야기하는 이 여성들은 새만금간척사업과 같은 인간에 의한 자연파괴는 인간 스스로의 목숨을 단축시키는 행위일 수밖에 없음을 지적한다. 이 여성들의 관점에서 보면, 인간과 자연은 상호 연관성을 가지며 서로가 연결되어 있다. 자연과 더불어 사는 삶, 다시 말해 인간의 삶과 자연은 유기적으로 연결되어 있다는 전일적인 사고 방식을 가진 이 여성들에게 있어, 새만금간척사업은 무한한 물질적인 성장과 풍요라는 인간의 탐욕을 위해 무수한 생명들을 죽이는 것을 의미한다. 더욱이, 인간에 의해 이러한 생명들이 죽어나감으로써 인간의 삶/생명 역시 죽어갈 수밖에 없다고 이 여성들은 생각하고 있다. 이렇듯, 여성들의 관점에서 새만금간척사업은 인간에게 풍요와 발전을 가져다주는 것이 아니라 갯벌과 뭇 생명들을 죽임으로써 인간 스스로가 목숨을 끊는 것이나 마찬가지인 것이다.

> 자기네들〔정치인들〕은 앞으로 이제 여기를 개발해 갖고 더 좋게 해서 더 잘 살게 해준다고 그러는데 더 좋게 해서 잘 살게 해준 게 아니라 자기는 자기 목숨 다 할 때까지 사람들한테 추대받고 권력의 힘을 자랑할라고 그러는 것뿐이지, 다른 사람을 살리는 것이 아니란 말이여. (사례 5)

> 여기 막는다해서 뭐 우리한테 논을 주겠어? 저런 정부놈들 땅 비싸게 팔아 먹을 수작인디, 즈그들 거그다가 돈 투자해 갖고 뜯어 낼라고 하는 수작인디 우리 같은 사람이 논이 배당이 되냐고. 자기네들〔정치인들〕 잇속 채릴라 고 하는 짓이지. 이 정말 어민들, 서민들을 생각하고 국민들을 생각하고 한다면은 그렇게 할 수가 없는 노릇이여. 바다를 살리고 생명을 정말로 귀하게 여긴다면은 이렇게 할 수는 없지. (사례 2)

위의 사례들은 새만금간척사업으로 자신들이 얻을 것은 아무 것도 없다는 사실을 지적한다. 간척 사업을 시행하는 국가나 기업이 실질적인 개발의 이익을 챙기게 되고 정작 새만금 지역에서 살아온 자신들은 간척의 결과로부터 소외될 수밖에 없음을 이들은 알고 있는 것이다. 이 여성들의 입장에서 보면, 새만금간척사업은 지역주민들을 잘 살게 해주려는 것이 아닌 '권력을 가진 자들'이 자신의 권력을 유지하고 개발의 단기적 차익을 챙기기 위한 것이다. 그렇기 때문에, 여성들은 '바다를 살리고 생명을 귀하게 여긴다면 새만금간척사업을 할 수는 없을 것이다'며 간척개발을 추진하는 정치인들을 비판한다. 간척의 결과가 어떻게 배분되며, 누구에게 개발의 이익이 돌아가느냐의 문제는 발전 논의에 있어서 '누구를 위한 발전'이어야 하는가와 관련된 매우 중요한 물음이라고 할 수 있다. 새만금간척사업은 지역의 자연환경과 주민들의 삶에 대한 어떠한 배려와 관심도 기울이지 않은 채 결정, 추진되어 왔다. 사업의 결정과 추진 과정에서 지역주민들은 일차적으로 소외를 경험하게 되고 간척으로 생겨나는 결과물의 배분과정은 또다시 이들에게 소외와 박탈감을 겪게 한다.

2) 마을 공동체, 다시 살려내기 : "우리는 바닷가 사람들"

'마을 공동체' 없는 공유지란 존재할 수 없다. 공유지는 마을 사람들의 자유로운 공동노동을 통해 유지·관리된다. '그레'마을 사람들에게 갯벌과 바다는 마을의 공유지라 할 수 있다. 마을 사람들은 갯벌과 바다에 적응하며 자신들의 공동체를 형성해왔을 뿐만 아니라 바다와 갯벌을 중심으로 독특한 문화를 발달시켜왔다. 하지만, 새만금간척사업으로 공유지인 갯벌과 바다는 국가에 의해 전유되고 과거로부터 관례적으로 갯벌과 바다를 이용·관리해 오던 그레마을 사람들의 갯벌 자원에 대한 접근 기회와 통제권은 상실되었다. 이러한 마을 공유지의 국유화는 갯벌에 대한 (자율적으로 이루어지던)마을 공동의 관리체계를 붕괴시켜 마을 공동체 내부의 경쟁과 갈등을 초래하고 이 결과, 갯벌의 파괴는 가속화되어가고 있다. 공유지가 파괴되면 마을 공동체의 경제구조(먹고 살기)도 붕괴되며, 마을 공동체는 더 이상 유지될 수 없게 된다.

또한, 마을 사람들이 떠나게 되면 공유지 회복 역시 불가능해진다. 이렇듯, 공유지와 마을 공동체는 상호 연결되어 있다고 할 수 있으며, 그렇기 때문에 마을의 공유지인 갯벌을 살려내는 일은 마을 공동체를 유지하는 것과 함께 이루어져야 한다. 이는 마을 사람들 모두가 자신들의 삶의 토대인 갯벌을 지키는 일에 책임을 갖고 함께 참여할 때 가능한 일이다.

> 여기를 막게 된다면은 어업에 종사하고 산 사람들은 이곳을 떠나야 한다는 입장이여. 먹고 살 길을 찾아야 되는 거죠. 자식을 데리고 고향을 등지고 떠나야 된다는 거다. 그때가 되면은 공동체가 다 흐트러지고 다 떠나게 생겼는디 고향을 등져도 어디가서 사냐 이것이지. 못 배우고 기술 없는 이 사람들이, 배운 거라고는 바다 가서 고기잡고 생합 잡는 것 밖에 없는 사람들이 어디 가서 뭣을 혀 먹고 살아? 서울 가서 딱 지하철에 노숙자 밖에 더 되겠냐고.(…) 어쨌든 뻘을 살려야 우리가 사니까. (…) 그러기 때문에 우리는 이 바다를 내 줄 수가 없어.(…) 우리 삶의 터전만 이대로 놓아두면 우리는 더 이상도 이하도 바래지도 않는다고, 바랄 것도 없고.″(사례 7)

사례 7)은 새만금 방조제로 갯벌이 막히게 되면 어업에 종사해 온 마을 주민들은 떠날 수밖에 없다고 이야기한다. 더 이상 먹고 살 수 있는 삶의 터전이 없어진 그들은 먹고 살 길을 찾아 떠나야 된다는 것이다. 고향을 등지고 이 사람들이 떠나면 그레마을 공동체는 해체되는 것은 당연한 일이고, 오로지 바다와 갯벌에서 고기잡이와 조개를 캐며 살아온 그들은 생계가 막연해지는 상황으로 내몰리게 된다. 가진 것 없고 바닷일 이외에는 특별한 기술과 배움이 없는 이들이 고향을 떠나 도시나 다른 지역으로 간다해도 '노숙자'나 도시의 '빈민'으로 살아갈 수밖에 없다. 바닷가 사람으로 살아온 자신들이 바다와 갯벌을 떠나 살 수 없다는 것을 알기 때문에 바다와 갯벌을 살리는 일이야말로 자신들이 살 길이자, 마을 공동체를 유지시키는 일임을 여성들은 주장한다.

> 그 사람들은 '떠나면 그만이다'고 생각을 하는데 떠나도 마찬가지지. 도피일 수밖에 없어. 돈이 없어 가지고 서울 빈민촌이나 가고, 집 싸게 얻을 수 있는 데로 가갔고 뭐 개발이라는 명목 하에 또 다시 거기서 이사갈 상황이 닥친다면은 또 이사를 가야 돼. 그러면 그 사람은 또 도피가 될 수밖에 없단 말이여. 그니까 '내가 이사를 갈 때 가더라도 말 한 마디라도 높여줬으면, 한 사람 한 사람 힘은 없지만, 한 사람 한 사람이 모여 갖고 큰 소리 좀 내줬으면… 막힐 때 막힐망정. (사례 5)

'그레'마을은 현재까지 마을을 떠난 사람들이 그렇게 많지 않다. 하지만, 갈수록 살기 어려워지면서 마을을 떠나는 사람들이 하나, 둘 생겨나고 있고, 마을 사람들 대부분이 바다가 막히면 고향을 떠나겠다는 생각들을 하고 있다. 사례 5)는 그러한 마을 주민들의 '떠나겠다'는 생각들을 '도피'로 받아들인다. 생활이 어렵고 앞으로의 생계가 막막하다고 마을을 떠난다해도 가진 것 없는 자신들이 갈 수 있는 곳이란 서울의 빈민촌뿐이라고 그녀는 말한다. 싼 집을 얻어 살게 된 도시의 빈민촌에서 개발이라는 명목으로 또 다시 이사를 가야하는 상황이 되면 이들의 삶은 '도피'의 연속일 수밖에 없다.

이렇게 생각하는 그녀는 '떠날 때 떠나더라도 지금 살고 있는 이곳에서 어떻게든 삶을 지속할 수 있는 노력은 해봐야 한다'고 주장한다. '막힐 때 막힐망정' 마을의 한 사람, 한 사람이 갯벌을 살리는 일에 참여하는 것이 무엇보다 중요하고, '도피'하는 삶이 아닌 어려움을 함께 해결해나가는 노력이 필요하다는 사실을 그녀는 강조하고 있다.

저 태어나서 몸담아서 '그레'마을에서 살았습니다. 근데 점점 더 '그레'마을
이 하루하루 더 죽어가는 것을 볼 때, 너무 안타깝고 너무 억울해서 정말 이
농성을 하지 않고는 견딜 수 없는 우리의 실정이 눈앞에 와 있습니다. 그러
므로 우리가 날마다 뭉쳐서 우리의 한을 꼬~옥 풀어야 되겠습니다. (……)
우리는 정말로 어떻게 버텨서라도 '그레'마을을 지킬 의무를 가지고 우리가
죽을 때까지 힘을 다하여서 새만금을 지킬 것을 우리가 정말로 이 자리에서
다시 한번 다짐합니다.(…) 또한 여기 '그레'마을뿐만 아니라 전북 지방이
살아 남을 수 있는 길은 새만금을 안 막는 것입니다. 우리가 시화호도 가봤
고 여러군데 이렇게 막는 것을 봐왔지만 막아서 이득 되는 것은 하나도 없
었습니다. (……) 정말로 이 새만금 사업을 절대적으로 반대해서 우리 '그레'
마을 주민이 살고 이 전라북도가 살고 이 부안군이 살아야 된다는 것을 다
시 한번 이 시간을 통하여서 우리 '그레'마을 주민과 또 모든 언론에 있는 모
든 분들께 다시 한번 호소합니다. (사례 2) - 해창산 농성관련 기자 회견
장에서 주민대표로 발언한 내용.

사례 2)은 '그레'마을이 발전하려면 갯벌이 안 막혀야 되고, 갯
벌을 안 막게 하기 위해서는 마을 전체 주민들의 힘이 하나로 뭉
쳐야 됨'을 주장한다. 위의 발언내내, 그녀는 마을 전체 주민들이
뭉치게 되면 반드시 갯벌을 지킬 수 있다는 점을 강조하였다. 마
을의 발전은 갯벌과 바다가 '있어야 할 자리에 그대로 있어야'
가능한 일이며, 그러기 위해서는 마을 전체 주민들이 책임을 가
지고 이를 지켜 '그레'마을이 대대로 이어질 수 있기를 그녀는
바라고 있다.

위의 사례들이 공통적으로 지적하고자 하는 것은 갯벌을 지키
는 일도, 그러한 갯벌과 함께 자신들의 마을이 발전하는 것도 모
두가 주민들이 나서서 해야할 일이라는 것이다. 이들은 자신들의

삶의 토대인 갯벌을 파괴하면서까지 지역이 발전되는 것을 원치 않는다. 지역의 발전은 갯벌을 보존함으로써 가능한 일로 이들은 여기고 있는 것이다. 갯벌을 지키고 보존할 때, 자신들의 마을이 발전할 수 있고 전북이 발전되며, 나라가 발전할 수 있다고 여성들은 말한다.

3) 갯벌, 다시 있게 하기 : '우리의 뻘땅' 되찾기

간척의 대상지로서 '갯벌'과 '그레'마을 여성들이 자신들의 삶을 영위하며 일상적으로 접하는 '갯벌'은 전혀 다른 의미와 가치를 가질 수밖에 없다. 앞서 살펴본 바와 같이, 간척개발의 대상지로서 갯벌은 '쓸모 없는 황무지'라서 인간에 의한 개발행위를 통해 다른 용도(공장부지와 농경지)로의 전환이 필요한 땅이다. 또한, 갯벌의 가치 역시 갯벌 본래의 가치보다는 자본주의에 터한 경제중심적 가치로서 평가되고 경제적 효용성이 떨어지기 때문에 이를 변형하여 상업적 이윤을 극대화할 수 있는 상품(토지)으로 만들겠다는 것이 간척의 논리이다.

하지만, 갯벌에 의지하여 삶을 살아온 여성들의 입장에서 보면 갯벌은 결코 '쓸모 없는 황무지'가 아니다. 갯벌의 생산성은 그들의 삶을 유지시키기에 충분 할만큼 경제적 효용성을 지닌다. 뿐만 아니라 갯벌 속에는 무수한 생물들이 서식하고 있다는 점에서 생태적 가치를 가지고 있으며 이러한 갯벌의 다양한 생물자원들은 마을 주민들이 다양한 방식으로 생산활동을 하며 삶을 살아갈 수 있도록 해주는 무한한 발전 가능성을 지닌다.

그렇기 때문에 '그레'마을 여성들에게 갯벌은 대상화된 '자원' 혹은 '수단'으로만 여겨지기보다는 '우리의 뻘땅', 즉 자신들의 삶과 연결된 육지와 똑같은 땅으로 인식해왔다고 볼 수 있다. 그레마을 여성들의 삶 속에서 갯벌을 '있어야 할 자리에 다시 있게 하는 것'은 자신들의 갯벌에 대한 관리와 통제권을 회복하는 일이자, 갯벌이 '갯벌 그 자체'로서 온전히 유지될 수 있도록 파괴된 갯벌을 재생시키고 보존할 수 있는 방법을 마을 공동체 내부에서 자체적으로 찾아가는 노력을 기울여야 함을 의미한다.

> 새만금이라는 이름도 인제는 자꾸 그냥 하기 싫어. 우리는 뻘땅이라고 그래, 뻘하고 땅. 우리는 이것〔새만금 반대운동〕하면서 갯벌이라는 소리를 들어본 거지, 우리는 갯벌이라고 안해. 〔육지와 똑같이〕 땅으로 인정하는 거지. 그래서 우리는 '뻘땅 간다'고 그러지, 갯벌 간다고 안해. 그래서 내가 새만금을 누가 그렇게 이름을 지어 놨느냐고. '새만금' 소리만 들어도 인자는 넌덜정이 난다고, 내가. (사례 7)

간척사업이 시작되면서 자신들의 '뻘땅'에는 '새만금 갯벌'이라는 이름이 붙여졌다. '새만금간척사업'에서 '새만금'은 전북의 김제, 만경평야의 앞 글자('만', '김:금')를 조합하여 만들어진 이름이다. '새만금'은 '쓸모없은 땅'인 갯벌을 메워 '김제·만경평야'와 같이 드넓은 농경지를 새롭게 만들어 쌀을 수확하겠다는 개발 시행자들의 사업 목적(의도가)이 함축된 명칭이라 할 수 있다. 그레마을 여성들은 '자신들의 뻘땅'에 나가 생합을 채취해서 하루하루 생계를 이어왔고, 이러한 뻘땅은 육지의 농경지와 다를 바 없는 생산공간이었다. 그런 자신들의 뻘땅을 '쓸모없는 땅'이라며 뻘땅을 메워 논을 만들어내겠다는 것이 바로 '새만금'간척사업이다. 이미 이들에겐 뻘땅 그 자체가 농경지인데도 말이다.

새만금간척사업은 이 여성들로부터 뻘땅을 빼앗고 바닷가 사람으로서, 생합잡이로서 살아온 이 여성들에게 다른 삶을 살라고 강요한다. 하지만, 이 여성들이 잘 할 수 있는 일은 뻘땅에 나가 조개를 캐는 일이다. 게다가, 이들은 오로지 자신의 몸과 그레대 하나만을 가지고 뻘땅에 나가 생합을 캐서 하루하루를 살아온 '가진 것 없는 사람들'이다. 그런 그들이 자신들의 뻘땅을 떠나, 그리고 몸과 손에 익은(익숙한) 갯일을 버리고 다른 곳에서 새롭게 삶을 정착하기란 어려운 일이다. 무엇보다도 이 여성들에게 뻘땅은 단순한 생계수단, 돈벌이만을 의미하지 않는다. 생합을 잡든, 못 잡든 온 뻘땅을 돌아다니며 땀흘려 일하는 동안 근심과 걱정, 마음속의 답답함을 풀어낼 수 있는 마음의 고향이자 치유의 장소였다.

그렇기 때문에, 여성들은 '자신들의 뻘땅'을 내어 줄 수 없다고 목소리를 높이는 것이다. 또한, '새만금' '갯벌'이 아닌 '자신들의 뻘땅'을 되찾기 위해 이 여성들은 '뻘땅이 쓸모없다'며 간척하려는 개발론자들에 맞서 온몸으로 싸우는 것이며, 이들에게 '뻘땅의 가치'를 재인식시키고 '뻘땅의 소중함'을 다시 선언하고자 노력하는 것이다.

새만금간척사업은 국민들의 83%가 반대하고 사업추진에 대한 아무런 타당성이나 명분이 없음에도 불구하고 현실 속에서 이루어지고 있다. '그레'마을 주민들 대부분은 '아무리 자신들이 반대해도 새만금간척사업은 진행될 것이며, 힘없는 자신들은 정부를 이길 수 없다'는 생각들을 가지고 있다. 여성들은 자신들이 반대하고 끝까지 싸워도 정부가 새만금 갯벌을 막을 수밖에 없다면 '새만금 갯벌과 똑같은 곳'으로 이주 시켜주거나(사례 7), 자신이 죽을 때까지(사례 6) 〔'갯벌이 안 막힌다면 아무 걱정없이 눈을 감을 수 있다'〕 '20년만 기다려줬으면 좋겠다(사례 9)'고 이야기한다.

> 내 개인적인 생각은 이 새만금만큼의 갯벌이 있는 데다가 나를 그냥 이주만 시켜줬으면 쓰겄어. 나를 이주만 시켜주면 그럴 경우에는 현금도 필요 없고 그래 가지고 내가 죽을 때까지 바다에서 그냥 조개 잡고 그것 먹고 나, 그러고 살고 싶어. 아무 필요 없어. 내가 더 나이 먹으면은 자식들 성장해 가지고 시집장가 보낸다고 그래도 내가 자식들하고 같이 가서 산다고 그래도 어려운 문제고, 그러면은 돈을 떠나서 바다가 있기 때문에 바다 가서 내 모든 것, 진짜 바다하고 같이 뭐 대답은 못 들어도 같이 그냥 바다하고 같이 이야기도 하고. 나는 그냥 그러고 내 사는 데까지 살고 싶은 거여. 나는 그냥 있는 그대로 그 속에서 살다가 죽고 싶어서 그러는 거지. (사례 7)

'있는 그대로 갯벌 속에서 살다가 죽고 싶다'는 사례7)의 말에서는 삶의 절박함(살아남기=생존)을 넘어 비장함이 느껴진다. 그녀의 말에서 '새만금 갯벌과 똑같은 곳'이란 이제까지와 같은 자신의 삶을 지속할 수 있는 장소를 의미한다. 남편의 죽음으로 혼자서 5식구의 생계를 책임지고 자식들을 가르쳐야 했던 막막한 상황에서 갯벌은 그녀에게 삶의 의지와 희망을 주었을 뿐 아니라, 자신의 아픔과 고통을 치유해주는 마음의 안식처였음을 앞서 설명한 바 있다.(3장 참조) 그런 그녀에게 갯벌은 단지 돈을 벌 수 있는 공간만을 의미하지 않는다.

이 여성에게 갯벌은 자신의 삶 그 자체, 그리고 살아갈 의지와 힘을 주는 그런 공간인 것이다. '바다하고 같이 이야기를 나누고 생합이 나오면 고마움과 반가움에 친구처럼 대하게 된다'는 그녀의 갯벌을 향한 마음은 '갯벌 이외에는 아무 것도 필요없다'는 것을 통해서도 확인할 수 있다. 이렇듯, 자신의 삶과 갯벌을 하나로 연결시켜 생각하고 있는 그녀가 갖는 소망은 자신에게 '주어진 만큼에 만족하며 갯벌과 함께 살다가 죽고 싶다'로 표현되고 있는 것이다.

본 장에서는 새만금 갯벌 '살림'의 주체로서 여성을 바라보는 한편, 새만금간척사업에 대한 여성들의 저항과정을 살펴보았다. 여기에서 '살림'의 주체로서 여성이란 갯벌에서 노동을 하며 생명 재생산 활동과 생계유지적 생산활동을 해온 '갯살림' 유지자이자, 갯벌에 대한 체화된 지식과 관리체계를 발달시켜 온 '갯벌전문가', 그리고 '갯벌 지킴이'라는 여성들의 삶의 위치를 반영하는 것이다. 이러한 여성들의 삶의 경험으로부터 출발하는 새만금 갯벌 '살림'은 새만금간척사업으로부터 인간을 포함한 뭇생명들의 삶터인 갯벌(자연환경)을 지키고 파괴된 갯벌을 보살피며 가꾸는 것이다. 아울러 이제까지 인간-자본-남성의 이해에 가려 억압당하고 가치절하 되었던 자연과 여성을 비롯한 '타자화된 것'들이 갖는 긍정성과 가치를 살려내는 인간의 모든 활동을 의미한다. 이런 의미에서 볼 때, 새만금 갯벌 '살림'은 단지 여성들의 책임과 실천만으로는 이루어질 수 없다. 인간 중심적이고 가부장제적인 사회 속에서 '자연과 여성을 비롯한 타자화된 것들의 희생과 배제'라는 폭력에 기반하고 있는 '개발'로부터 갯벌(자연)을 보존하고 인간사회의 불평등과 부정의를 해결해 나가는 방법은 인간과 자연, 인간과 인간이 서로의 다양성과 차이를 인정하는 가운데 더불어 살아갈 수 있는 삶의 윤리를 사회 전반적으로 확산·실천해나갈 때 비로소 가능한 일이다.

제6장 결 론

> 생태위기를 초래하는 원인으로서 경제성장 위주의 개발에 주목하여, 여
> 성과 환경이 관계 맺는 방식과 이에 터한 개발과 환경악화에 대한 여성
> 들의 저항이 갖는 함의를 현재 간척이 추진되고 있는 새만금 지역 여성
> 들의 착근되고(embedded) 육화된(embodied) 삶의 경험과 이에 대
> 한 의미화 과정을 중심으로 탐색해보고자 하였다.

우리 사회의 환경운동과 개발−보전을 둘러싼 담론 속에서 여
성의 위치는 환경파괴의 피해자 혹은 수동적인 청소부로서 규정
되거나 인간의 보편적 경험(남성의 경험)속에 함몰되어 아예 '보
이지 않는 존재'로 침묵을 강요받아 온 것이 현실이다. 이러한
환경운동과 담론 속의 남성 중심적 시각은 개발과 환경파괴의
상황에서 여성들의 경험과 목소리를 배제시키고 주변화하는 요
인으로 작용하게 된다. 다른 한편, 여성과 환경의 연관성을 전제
에 터해 전개되어온 여성환경운동은 도시적 삶의 방식 속에서
재생산자이자 소비자라는 여성들의 역할에 치중되어 왔을 뿐아
니라, 여성을 단일한 범주로 상정함으로써 여성환경운동의 주체
와 영역의 한계를 지니고 있다.

그러나 본 연구는 이와 같은 환경운동과 개발−보전 담론 속의 남성 중심성을 비판하고 여성환경운동의 주체와 영역을 확장하기 위해 개발 지역 여성들의 구체적인 삶의 경험을 통해 여성과 환경의 관계성을 검토해보고자 하였다. 이를 위해 본 연구는 새만금 지역 여성들의 삶과 지역의 독특한 자연환경이 상호작용함으로써 의미있는 관계를 맺어가는 과정과 조건에 주목하였다. 또한 간척개발로 인한 환경악화에 대한 여성들의 저항 경험을 사회적 맥락 속에 위치 지우고 이들의 일상적 삶의 조건과 연관시켜 고찰해봄으로써 개발과 환경악화의 문제 해결과 지역의 대안적 발전방향에 대한 여성적 관점을 제시하고자 하였다. 다음의 〈그림 16〉는 본 연구의 연구결과를 그림으로 도식화해 본 것이다.

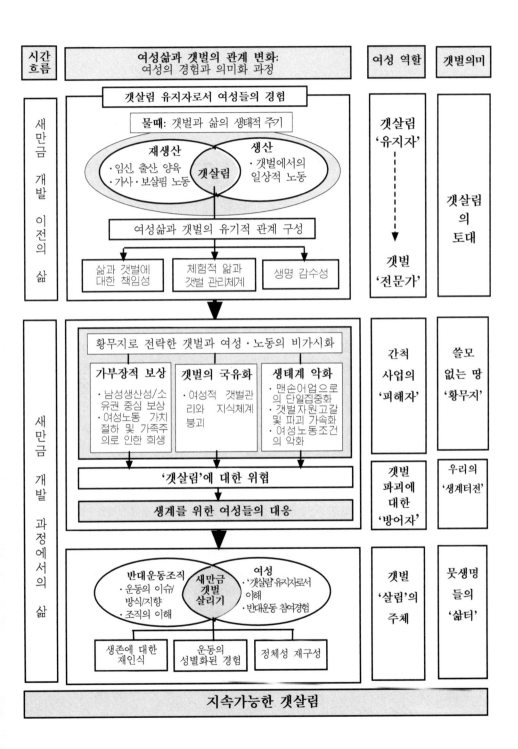

위의 <그림 16>를 참고로 본 연구의 결과를 서술하면 다음과 같다.

첫째, 그레'마을 여성들의 삶은 바다와 갯벌의 수산자원에 의존하여 가족의 생계에 필요한 자원을 생산하는 생계유지적 생산활동과 가정에서의 임신·출산 및 양육 그리고 가사노동과 같은 생명재생산활동이 바다의 생태적 주기인 물때에 따라 이루어지는 '갯살림'이었다. "갯살림"은 마을의 생태−문화적 체계에 기반하여 여성들이 일상적 삶을 살아가는 살림살이(living the everyday life based on the saemangum eco−cultural system)라 할 수 있다. 이러한 여성들의 '갯살림'은 마을의 생태적 조건과 성별분업의 원리에 따라 여성과 남성의 일상적 삶과 노동, 그리고 자연환경(노동공간)이 다르게 구성되어왔던 것에서 나온 삶의 방식이다. 특히, 물때에 순응·협력하는 방식으로 매일같이 반복되는 여성들의 갯일(맨손어업)은 갯벌 생태계에 대한 여성들의 체험적 앎과 관리체계를 발달 시켜가는 과정으로, 이러한 지식과 관리 체계는 갯벌의 생산성을 유지·보존하여 삶을 지속 가능하게 하는 토대가 되었다. 이러한 방식으로 갯살림을 유지해 온 여성들의 삶에서 갯벌은 '생금밭, 자연통장'과 같은 생계터전이었을 뿐만 아니라 '마음의 안식처이자 치유의 장소'로서 의미와 가치를 지닌다. 이런 맥락에서, '그레'마을의 여성들은 가정과 마을 공동체에서의 재생산활동과 갯벌에서의 일상적 노동을 통해 갯벌을 단순히 먹고살기 위한 '자원' 혹은 '수단'으로 바라보는 것이라기보다는 자신들의 정체성을 구성하고 생계/생존을 이어주는 물질적·문화적 삶터로서 의미화하며 동반자적 관계를 맺어왔다. 따라서, 여성들은 남성과 다른 일상적 노동과 삶/생명에 대한 책임성에 기반하여 갯벌과 유기적 관계를 맺고, 이 결과 갯벌에 대한 여성의 이해와 태도는 남성과 다르게 나타난다는 점을 알 수 있었다.

둘째, 갯벌을 '쓸모없는 땅'으로 여겨 이를 농지로 만들기 위한 새만금간척 사업은 갯벌과 살아있는 관계를 맺어 온 여성들의 갯살림을 위협하는 것이었다. 자본 이외의 모든 것을 부의 축적을 위해 '자원'이라는 수단적 가치로만 획일적으로 환원시켜 버리는 자본의 논리에 의해 추진되고 있는 간척개발과정에서 여성과 여성노동은 '쓸모없는 땅으로 전제되는' 갯벌과 함께 비가시화되어질 뿐 아니라 희생을 강요당하게 된다. 간척의 전개과정에서, 여성들은 남성생산성·소유권에 근거한 보상체계로 인해 일차적으로 배제와 소외를 경험한다. 또한, 가족을 단위로 이루어진 국가의 보상 정책으로 말미암아 여성들은 가족주의로 인한 희생과 양보를 강요받게 되어 경제적 보상과정에서 실질적인 수혜를 받지 못하였다고 볼 수 있다. 다른 한편, 방조제 공사로 인한 바다와 갯벌의 재생가능성과 다양성의 파괴는 마을의 어업이 맨손어업으로 단일화·집중화하는 결과를 초래하였다. 맨손어업으로의 단일화와 집중화는 갯벌 자원의 고갈과 파괴를 가속화시키는 요인으로 작용하였고, 이로 인해 여성들의 생산성과 노동조건이 갈수록 악화됨으로써 여성들의 갯살림 부담은 더해갔다.

셋째, 간척개발과정에서의 소외와 갯벌 파괴에 따른 갯살림의 위협을 경험한 여성은 갯벌과 자신들의 생존을 지키기 위한 집단적인 대응을 펼치게 된다. '갯벌지키기'의 참여자 대부분은 맨손어업에 종사해 온 여성(일부남성)들로, 이들은 '그레'마을의 성별·계급별 노동분업의 구조 속에서 재산과 권력을 가지지 못한 '주변화된 집단'이라 할 수 있다. 이러한 집단들에게 있어 맨손어업은 자신들의 생존을 위한 유일한 생계활동이었고, 노동이 이루어지는 갯벌은 자신과 가족의 생계/생존이 걸린 삶터이기 때문이다. 맨손어업에 종사하는 여성들을 중심으로 전개된 '갯벌 지키기'에는 여성들의 이해(갯벌을 지켜야 우리가 산다.)와 갯벌에 대한 체화된 지식 및 관리체계가 다시 반영되어 갯벌의 생산성을 회복하는 것은 물론, 자신들의 삶을 지속할 수 있는 가능성을 만들어가게 된다. 하지만 '갯벌 지키기'에 참여하는 여성과 남성의 태도는 차이를 보였는데, 이는 '갯벌 지키기'에 대한 의미를 둘러싼 성별 차이에 연유한 것이다. 여성들 대부분은 '생존의 위협, 삶이 걸린 문제'로 간척을 인식함으로써 남성들보다는 더 절박하고 적극적인 태도를 보였다. 이러한 갯벌을 향한 여성들의 절박한 태도는 갯살림을 유지하기 위해 갯벌과 살아있는 관계를 맺어온 여성들의 경험과 이에 대한 의미화 과정에서 형성된 갯벌과 뭇생명에 대한 감수성(의미와 가치)과 삶의 책임성에서 비롯된 것이라 할 수 있다.

넷째, 간척사업으로 변화된 환경에 적응하고 자신들의 생계를 유지하기 위해 펼친 여성들의 '갯벌 지키기'는 새만금방조제 공사저지를 위한 해창산 농성이 시작되면서 새만금반대운동이라는 사회적 저항으로 변화하게 된다. 이는 새만금반대운동의 이슈와 목적, 그리고 운동방식이 여성들의 이해와 맞물리면서 지역내 여성들의 저항이 구체화되었다고 볼 수 있다. 여성들의 이해와 새만금반대운동조직의 이해는 '새만금 갯벌이 살아야 우리가 산다'는 것으로 모아질 수 있었다. 또한 지역운동 조직은 여성들의 갯살림 경험에서 체득된 생명에의 감수성과 갯벌에 대한 절박한 태도를 지역새만금반대운동이 지향해야 할 가치로 여기고 있었을 뿐만 아니라, 이러한 여성들을 새만금 갯벌 '살림'의 주체로 상정하고 있었다. 한편, '해창산 농성'에서 여성과 남성의 참여 태도는 유의미한 차이를 보였는데, 이러한 성별화된 태도는 새만금반대운동과의 결합정도 및 지역 운동조직을 바라보는 관점, 갯벌의 의미화 방식에서 비롯되었다고 볼 수 있다. 해창산 농성에 적극적으로 참여한 여성들은 맨손어업을 주요 생계양식으로 살아온 여성들 중에서도 새만금 반대운동에 관심을 갖고 운동의 목표와 자신들의 이해를 적극적으로 결합하여 새만금 반대운동을 자신들이 해야할 일로 여기는 여성들이었다. 이 여성들은 시화호 탐방, 주민집회과 같이 새만금 반대운동에의 참여가 높았고, 갯벌을 자신의 물질적·문화적 생존과 연결시켜 사고하는 경향을 보였다. 이와는 대조적으로 남성들은 자신들의 마을내 주도권을 지키기 위해 새만금반대운동 조직을 경계하는 한편, '부안사람들'의 운동 방식과 내용에 대해 불만을 가지고 있었기 때문에 소극적이거나 무관심한 태도를 보였다. 여기에 덧붙여, 남성들 대부분은 해창산 농성이 직접적인 새만금 사업 반대를 요구하는 운동이라는 점에서 농성의 참여는 자신들이 누리고 있던 개발의 수혜(면세유)를 침해당할 수도 있다고 판단하여 농성에 참여하기를 기피하는 경향을 나타냈다.

다섯째, 저항의 과정을 거치면서 여성들은 새만금간척사업에 대해 다시 생각하는 한편, 갈수록 악화되어가는 갯벌 생태계와 이로 인해 위협받고 있는 자신들의 생존을 지키기 위한 전략과 관점을 형성해 나간다. 여성들은 새만금간척사업을 '수많은 생명을 죽이는 잔인한 짓'으로 바라보고 인간의 물질적인 풍요와 발전을 위해 갯벌을 파괴하는 일은 인간의 목숨을 단축시키는 것과 마찬가지임을 지적한다. 또한, 새만금간척사업으로부터 자신들은 아무런 혜택을 받을 수 없음을 알게 된 이 여성들은 자신들의 삶의 터전인 갯벌을 파괴하면서까지 발전을 추구하는 것은 잘못된 것이며, 갯벌과 바다를 온전히 유지·보존함으로써 자신들의 삶과 지역이 발전될 수 있다는 사실을 자각하게 된다. 이러한 여성들의 자각은 새만금간척사업에 맞서 자신들의 삶과 마을 공동체를 지키기 위해서는 자신들이 바로 새만금 갯벌 '살림'의 주체로 서야 되며, 파괴된 갯벌과 마을 공동체/삶을 회복하여 '갯벌과 연결된 삶'을 지속하기 위해서는 '막힐 때 막힐망정 끝까지 저항하여 자신들의 뻘땅을 되찾는 노력'을 펼칠 것을 선언한다

위의 연구 결과는 현 가부장제 사회 속에서 여성들은 남성과는 다른 일상적인 노동과 삶에 대한 책임성에 기반해서 자연환경과 관계를 맺고 이러한 관계를 형성해 온 여성들은 개발을 남성과는 다르게 경험하며 개발과 환경악화에 대한 여성들 나름의 이해와 관심을 형성하게 됨을 알 수 있었다. 또한, 여성들간에도

자신의 삶 속에서 차지하고 있는 다양한 위치와 조건에 따라 자연환경에 대한 의미화와 태도는 달랐으며, 이로 인한 개발과 환경악화의 경험과 입장 역시 다르게 나타났다. 이런 점을 감안해 볼 때, 개발과 환경악화에 대한 논의는 개발지역의 생태적 조건과 지역 주민들의 구체적인 삶에 천착하여 살펴볼 필요가 있으며, 개발의 직접적인 대상이 되는 자연환경 속에서 실제 노동을 하며 삶을 살아가는 사람들의 입장에서 다루어져야 할 것이다. 다른 한편, 여성과 환경의 연계성에 대한 논의와 이에 기반한 여성환경운동은 여성을 보편적 범주로 상정하기보다는 여성들 내부의 차이를 형성하는 조건들에 주목함으로써 여성환경운동의 주체와 영역을 확장해 갈 수 있는 다양한 접근이 요구된다.

이러한 점에서 본 연구는 새만금 지역 여성들의 갯살림과 저항경험을 여성들이 서 있는 구체적인 맥락 속에서 재해석함으로써, 새만금간척사업을 둘러싼 개발−보전 '담론과 운동'이 갖는 남성중심적 시각을 해체하고 개발과 환경문제에 대한 여성들의 경험과 관점을 제시하고자 하였다는 점에서 의의를 찾고자 한다. 또한, 새만금 지역 여성들의 경험 연구는 앞으로 여성과 환경의 연관성에 관한 국내의 논의와 여성환경운동의 다양한 접근을 모색하는 데 밑거름이 될 거라 생각된다.

본 연구의 목적인 '여성과 환경의 관계성에 대한 탐색'은 여성들을 환경파괴의 피해자 혹은 관리자의 위치와 역할에 한정하려는 것이 아닌 사회 구성원 모두가 자신들의 삶과 환경에 책임지고 지켜 나갈 수 있는 방법을 모색하고자 하는 것을 의미한다. 여성이기 때문에 환경악화에 더 적극적이라거나 더 피해를 당할 수밖에 없다는 사실을 강조하고자 하는 것이 아니라 자연파괴적이고 자본중심적인 개발로부터 야기되는 환경악화에 대한 여성들의 저항이 갖는 함의와 가치를 발견하고자 하는 것이다. 따라서, 개발과정에서 여성과 환경의 관계성에 대한 탐색은 현 사회의 지배적인 개발 논리 속에 전제된 인간과 자연의 관계, 인간과 인간의 관계가 갖는 억압과 지배의 문제를 비판하고 생태적으로 지탱가능하고 양성평등한 발전의 방향을 찾아가기 위한 기초작업이라 할 수 있다.

본 연구는 '그레'마을 여성들의 '갯살림'의 경험을 중심으로 여성과 환경의 관계성(친화성)을 탐색해보는 한편, 이러한 관계성으로부터 출발하는 여성들의 저항이 개발과 환경문제의 해결에 어떠한 함의를 갖는지를 생태여성주의적 관점에서 재의미화해 본 사례연구이다. 그러므로, 본 연구는 새만금 사업 지구를 비롯한 개발지역의 여성경험에 대한 일반화를 시도한 것이기보다는 '그레'마을의 생태적·사회경제적 조건과 여성의 삶이 맺는 관계 속에서 개발을 비판적으로 검토하고자 한 것이다. 더욱이, 새만금간척사업은 현재 진행중인 사업이라는 점에서 본 연구는 아직 끝나지 않았다. 앞으로 새만금 지역 여성들의 삶이 어떻게 변화되어 가고 여성들은 어떠한 대안과 전략들을 구체적으로 진개해나갈 것인지는 지금으로서는 알 수 없다. 새만금 지역 여성들의 삶과 저항경험을 통해 국내의 여성과 환경, 그리고 개발에 대한 이론적·실천적 함의를 찾아내기 위해서는 앞으로 더 많은 자료들로 보완되고 수정되어야 하며, 연구의 관점이나 내용에 있어서도 많은 비판과 검토작업이 필요하다. 그런 이유에서 본 연구는 시작에 불과하며, 새만금간척사업이 진행되는 과정과 향후 여성들의 삶에 대한 다각적인 조사와 의미화 작업들이 지속적으로 이루어져야 할 것이다.

■ 참고문헌

■ 국내문헌

고철환(2001a), "새만금, 무엇이 문제인가", 「철학과 현실」 2001년 여름
　　호, 서울: 철학과 현실사.
　　　　(2001b), "해방이후의 간척", 고철환(편), 『한국의 갯벌: 환경, 생
　　물 그리고 인간』, 서울: 서울대학교 출판부, pp.691~700.
　　　　(2001c), "간척의 논리와 보전의 논리", 고철환(편), 『한국의 갯
　　벌: 환경, 생물 그리고 인간』, 서울: 서울대학교 출판부, pp.70
　　1~712.
구도완(1996), "지방자치시대의 환경과 개발: 지속 가능한 지역사회를
　　위한 사회·환경정책의 방향", 「공간과 사회」 7호, 한국공간환
　　경연구회 편, 서울: 한울, pp.282~307.
권미주(2001), "생태여성신학에 대한 연구—'죽임'에서 '살림', 그 패러
　　다임 전환을 위한 모색", 「한국여성신학」 제45호, 한국여성신학
　　자협의회.
김성례(1991), "한국 무속에 나타난 여성체험 : 구술생애사의 서사분
　　석", 「한국여성학」 제7호, 한국여성학회.
　　　　(2002), "여성의 언어 해석에 대한 방법론적 이슈들: 무당의 언
　　어와 정신대 할머니 증언을 중심으로", 한국여성학회 4월 월례

발표문.

김영옥 엮음(2001), 『"근대", 여성이 가지 않은 길』, 서울 : 또하나의 문화.

김은실(1996), "공사영역에 대한 여성인류학의 문제제기 : 비교문화적 논쟁", 「여성학논집」 제13호, 서울 : 이화여자대학교 한국여성연구원.

_____(1999), "한국의 근대화 프로젝트와 여성의 몸", 「동아시아의 근대성과 여성」한·중·일 국제학술대회 자료집, 이대 아시아여성학 센터, pp.95~115.

김진명(1996), "공간·육체 그리고 성: 한 농촌 공동체의 사례를 중심으로", 「한국문화인류학」 제29호 2권, 한국문화인류학회, pp.123~165.

노승희(2000), "여성주의 '살림'의 경제학 초안—페미니스트 방식으로 삶을 경영하자", 「여성이론」 제3호, 서울: 여성문화이론연구소.

데이비드 하비(1989), 『포스트모더니티의 조건』, 구동회·박영민(역), 서울 : 한울, 1994.

로즈마리 통(2000), 『페미니즘 사상—페미니즘의 종합적 이해』(한신문화사, 2000년 개정판)

로지 브라이도티 외·한국여성NGO위원회 여성과 환경분과 옮김(1995), 『여성과 환경 그리고 지속가능한 개발』, 서울: 나라사랑.

리타 펠스키/김영찬·심진경 역(1998), 『근대성과 페미니즘, 서울: 거름.

마리아 미즈(1996), "전지구적 생태여성론이 세계를 구할 수 있는가?", 「여성과 사회」 제7호, 한국여성연구회 편, 서울: 창작과 비평사

머레이 북친·문순홍 역(1997), 『사회생태론의 철학』, 서울 : 솔 출판사.

문경민(2000), 『새만금 리포트』, 서울: 중앙 M&B.

문순홍(1992), 『생태위기와 녹색의 대안』, 서울 : 나라사랑.

_____(1995a), "SD에 대한 생태여성론적 해석과 한국여성의 역할", 한국정치학회 환경특별회의 발표문, 『지속 가능한 성장과 환경정책』.

_____(1995b), 『지속가능한 사회를 향한 생태전략』, 서울 : 나라사랑.

_____(1996), "생태여성론의 이론적 분화과정과 한국사회에의 적용", 「여성과 사회」 제7호, 한국여성연구회 편, 서울 : 창작과 비평사.

_____(1999a), "시간, 공간 그리고 생물지역론", 『생태학의 담론』, 서울: 솔 출판사.

_____(1999b), 『생태학의 담론』, 서울: 솔 출판사.

_____(2000), "근대화의 경제 기획과 여성·환경", 『21세기 딛고, 뛰어넘기』, 환경운동연합 21세기위원회 편. 서울 : 나남 출판사.

_____(2001), 『한국의 여성환경운동―그 역사, 주체 그리고 운동유형들』, 서울: 아르케.

미셸 푸코 외·황정미 역(1991), 『미셸 푸코, 섹슈얼리티의 정치와 페미니즘』, 서울 : 새물결.

박 경(2001), "새만금 여성들과 갯벌의 삶", 「환경과 생명」2001년 여름호, 서울 : 환경과 생명사, pp.164~171.

박순열(2002), "새만금을 통해서 본 전북성장연합의 생태통치전략에 대한 연구", 한국환경사회학회(편), 『ECO』 2권, 서울: 도요새, pp.171~201.

박영민 역(1995a), "공간에서 장소로, 다시 반대로―포스트모더니티의 조건에 대한 성찰", 「공간과 사회」 제5호, 한국공간환경연구회 편, 서울: 한울, pp.32~71.

_____(1995b), "자치시대 지역운동과 '장소의 정치': 부천, 광명 지역을 사례로", 「공간과 사회」 제5호, 한국공간환경연구회 편, 서울: 한울, pp.171~195.

_____(1997), "르페브르의 실천전략과 사회공간", 「공간과 사회」제9

호, 한국공간환경연구회 편, 서울: 한울, pp.194~217.

박재묵(2002), "새만금사업과 지역사회 변동", 한국환경사회학회(편), 『ECO』2권, 서울: 도요새, pp.202~231.

반다나 시바·강수영 역(1998), 『살아남기－여성, 생태학, 개발』, 서울: 솔출판사.

_____·한재각 옮김(2000), 『자연과 지식의 약탈자들』, 서울 : 당대.

반다나 시바·마리아 미즈/손덕수·이난아 역(2000), 『에코페미니즘』, 서울: 창작과 비평사.

반다나 시바·이상훈 역(2003), 『물전쟁』, 서울: 생각의 나무.

벨로프, C.V. 외·강정숙 외 옮김(1987), 『여성, 최후의 식민지』, 서울: 한마당.

볼스·클레인/정금자 역(1995), 『여성학의 이론』, 서울 : 을유문화사.

석인선(2002), "지구화 시대 환경정책과 여성", 이화여대 한국여성연구원(엮음), 『지구화 시대의 젠더·생명·환경』, 서울: 이대 한국여성연구원, pp.66~81.

송명규·김병량(2001), "생명지역주의: 생태공동체 운동의 이념적 기초", 『한국지역개발학회지』 제13권 제1호, pp.185~200.

실비아 월비·유희정 옮김(1996), 『가부장제 이론』, 서울 : 이화여대 출판부.

양현아(2002), "침묵된 여성들의 이야기 듣기와 재현 방법론: 한국인 '군위안부' 생존자 증언 연구", 한국여성학회 4월 월례발표문.

유동운(2001), "간척과 어장 생태계의 변화", 고철환(편), 『한국의 갯벌: 환경, 생물 그리고 인간』, 서울: 서울대학교 출판부, pp.751~784.

유제헌(1989), "지역역사지리학과 문화생태학－문화적 적응과 지역인문생태계의 개념을 중심으로", 『문화역사지리』 창간호, pp.53~64.

유철인(1990), "생애사와 신세타령 : 자료와 텍스트의 문제", 「한국문화인류학」 제22호, 한국문화인류학회.

_____(1998), "물질하는 것도 머리싸움; 제주 해녀의 생애이야기", 「한국문화인류학」 31~1, 한국문화인류학회, pp.97~117.

유철인, 김성례 외(1996), "해방이후 충남 서산 지역의 지방사 : 역사적 담론에 대한 인류학적 접근", 「한국문화인류학」제29호 2권, 서울 : 한국문화인류학회, pp.245~311.

이-푸 투안·구동회 외 역(1995), 『공간과 장소』, 서울: 대윤출판사.

이득연(1994), "주민환경운동:동향과 과제", 『환경논의의 쟁점들: 인간, 자연, 미래』, 환경연구회 엮음, 서울: 나라사랑, pp.215~242.

이무용(1996), "일상생활의 시공간지리 해방을 위한 대서사", 「공간과 사회」 제7호, 한국공간환경연구회, 서울: 한울.

이석환·황기원(1997), "장소와 장소성의 다의적 개념에 관한 연구", 대한국토·도시계획학회, 「국토계획」 제32권 제5호, pp.169~184.

이소영 외 공편(1995), 『페미니즘과 포스트모더니즘-새로운 문화정치학을 위하여』, 서울 : 한신문화사.

이소영 외 편역(2000), 『자연, 여성, 환경-에코페미니즘의 이론과 실제』, 서울: 한신문화사.

이수자(1999), "여성 주체 형성의 삼각구도 : 몸-섹슈얼리티-노동", 「여성이론 -젠더, 섹슈얼리티, 주체」 제1호, 서울: 여성문화이론연구소.

이시재(2002), "새만금사업의 의사결정과정의 적정성의 문제", 한국환경사회학회(편), 『ECO』 2권, 서울: 도요새, pp.231~260.

이영숙(2002), "생명의 젠더화와 생명여성주의", 이화여대 한국여성연구원(엮음), 「지구화 시대의 젠더·생명·환경」, 서울: 이대 한국여성연구원, pp.33~58.

이윤숙(1999), "여성의 원리로 다시 짜는 세상", 「정정헌」, 성균관대학교 여성주의 교지.

이은진(1999), "지역사회연구의 현황과 쟁점", 「지역사회학」 창간호, 지역사회학회(편), 서울: 한울, pp.105~122.

이흥동(2001), "갯벌의 경제적 가치", 고철환(편), 『한국의 갯벌: 환경, 생물 그리고 인간』, 서울: 서울대학교 출판부, pp.579~592.

장(윤)필화(1999), 『여성/몸/성』, 서울 : 또하나의 문화.

장창익(2001), "새만금 갯벌:수산자원", 고철환(편), 『한국의 갯벌: 환경, 생물 그리고 인간』, 서울: 서울대학교 출판부, pp.359~365.

장필화(1996), "아시아의 가부장제와 공사 영역 연구의 의미", 「여성학논집」 제13호, 서울: 이화여자대학교 한국여성연구원.

전경수(1991), "문화연구의 생태학적 전망", 「가정문화논집」 제5호, 중앙대 가정문화연구소 춘계학술세미나 자료집, pp.95~113.

전재경(1998), 『어촌사회의 법의식-재산권 · 생존권 · 환경권의 조화』, 서울 : 한국법제연구원.

정문길 외(1998), 『삶의 정치-통치에서 자치로』, 서울 : 대화출판사.

제종길(2001), "새만금사업 환경영향(갯벌) 평가", 새만금 공개토론회 주제발표 자료집.

조경만(1988), "흑산 사람들의 삶과 민간신앙-생계활동 · 당제 · 수산의례의 현양상", 「도서문화」 제6집, 목포 : 목포대 도서문화연구소, pp.133~185.

_____(1989), "「도서문화」민속분야 연구의 반성-도서문화 연구방법의 정립을 위하여", 「도서문화」 제7집, 목포대 도서문화연구소, pp.259~279.

_____(1993), "소안도 촌락의 생태 · 경제적 적응과 변화과정-진산리 주민들의 생업활동을 대상으로", 「도서문화」 제11집, 목포대 도서문화연구소, 목표 : 도서문화연구소, pp.191~212.

_____(1994), "인간의 자연 변형과 자연-인간 연속성 : 농업에 내재된 자연-인간 관계를 대상으로" 「한국문화인류학」 제25집, 서울 : 한국문화인류학회.

_____(1996), "생태계와 경제체계에 대한 연구노트-신지면 동고리의 어패류 채취경제 연구를 위하여", 「도서문화」 제14집, 목포대 도서문화연구소, pp.343~353.

_____(2001), "갯벌보존과 지역발전을 함께 하는 길-함해지구 개발 계획에 대한 반론과 대안의 모색", 『한국의 갯벌-환경, 생물 그리고 인간』, 고철환 외 지음. 서울: 서울대 출판부, pp.887~925.

조경만·제종길(2003), "새만금갯벌 보존과 지역발전: 생태계와 문화의 기능", 「새만금 강행발표, 그 이후」, 환경련 시민환경연구소 편, 새만금 지역을 살리기 위한 한·독 공동심포지움 자료집, pp.100~121.

조명래(1996), "지역 정체성과 지역운동", 「공간과 사회」 제7호, 한국 공간환경연구회, 서울: 한울, pp.91~108.

조명래(1999), "탈근대의 공간환경과 삶", 『포스트포디즘과 현대사회 위기』, 서울: 다락방, pp.206~245.

조순경(1992), "여성학의 발전과 한국사회학의 변화", 「여성학논집」 제 9집, 서울 : 이화여자대학교 한국여성연구원.

_____(2000), 『노동과 페미니즘』, 서울 : 이화여대 출판부.

조옥라(1996), "여성 농민의 성 정체성에 관한 연구", 「한국문화인류학」 29~2, pp.97~121.

조주현(1998), "페미니즘과 기술과학: 대안적 패러다임 모색을 위한 헤 러웨이 읽기" 「한국여성학」 제14권 2호.

조혜정(1988), " '발전'과 '저발전' : 제주 해녀 사회의 성 체계와 근대 화", 『한국의 여성과 남성』, 서울 : 문학과지성사.

존스톤 외·한국지리연구회 옮김(1992), 『현대인문지리학 사전』, 서울 : 한울아카데미.

주강현(2001), "갯벌과 전통생활: 1980년대 천수만과 시화호 민중들의 연대기", 고철환(편), 『한국의 갯벌: 환경, 생물 그리고 인간』, 서 울: 서울대학교 출판부, pp.787~841.

_____(2003), "새만금의 경관과 역사문화적 인문환경", 「새만금 강행발
　　표, 그 이후」, 환경련 시민환경연구소 편, 새만금 지역을 살리기
　　위한 한·독 공동심포지움 자료집, pp.165~179.
줄리아 크레인 외/한경구·김성례 옮김(1996), 『문화인류학 현지조사
　　방법』, 서울: 일조각.
최병두(1991), "자원의 이용과 생태환경의 위기", 『한국의 공간과 환
　　경』, 서울: 한길사, pp.267~295.
캐롤린 모저·장미경 외 옮김(2000), 여성정책의 이론과 실천』, 서울 :
　　문원출판사.
크리스챤 아카데미 편(1995), 『주민자치, 삶의 정치』, 서울 : 대화출판
　　사.
한경구 외(1998), 『낯선 곳에서 나를 만나다-문화인류학 맛보기』, 한
　　국문화인류학회(편), 서울: 일조각.
한경구 외(1998), 『시화호 사람들은 어떻게 되었을까-문화인류학자들
　　의 현장보고』, 서울: 솔 출판사.
한상복(1974), "환경과 문화: 생태인류학의 개념, 방법 및 문제", 「환경
　　논집」 3~2, 서울대학교환경대학원, pp.363~398.
_____(1976), "농촌과 어촌의 생태적 비교", 「한국문화인류학」제8호, 한국
　　문화인류학회.
함한희(2001), "새만금 사업으로 파괴되는 지역 공동체와 주민의 삶",
　　「환경과 생명」 2001년 여름호, pp.132~143.
_____(2002), "사회적 고통을 보는 문화적 시각-새만금 지역의 경우",
　　한국환경사회학회(편), 『ECO』 2권, 서울: 도요새, pp.261~283.
허라금(1996) "서구 정치사상에서의 공사개념과 가부장적 성차별성",
　　여성학논집 제13호, 서울: 이대 한국여성연구원.
_____(1998), "여성주의 윤리의 개념화: 관계의 민주화를 향하여", 「한
　　국여성학」 제14권 2호, 한국여성학회, pp.95~116.
_____(2000), "'살림'과 제3의 삶의 방식", 「환경과 생명」 2000년 봄

호, 서울: 환경과생명사, pp.58~65.

_____(2002), "제3의 물결로서의 생태여성주의", 『녹색전망-21세기 환경사상과 생태정치』, 최병두 외 지음/(사)대구경북환경연구소·대구대 사회과학연구소 및 인문과학연구소 엮음, 서울: 도요새, pp.77~93.

황해문화 편집부(2000), "삶의 터전을 지키기 위한 지역운동-'새만금간척사업을 반대하는 부안사람들'을 찾아서", 「황해문화」 2000년 가을호, pp.327~348.

■ 국내 논문

강성의(1994), 「지역개발과 여성의 경제활동 변화에 관한 일 연구-제주도 지역을 중심으로」, 이대 석사학위논문(미간행)

김민정(2002), 「한국의 국가주도 개발사업에 대한 정치사회학적 연구-새만금간척사업을 중심으로」, 고려대 석사학위논문(미간행).

김선미(1998), 「'재생산의 정치학'의 가능성-생태여성해방론을 중심으로」, 서강대 석사학위논문(미간행).

김정희(1998), 「생명여성주의의 존재론적 탐구 : 반야불교와 노자의 '마음' 개념에 기초한 신인간형의 모색」, 이대 박사학위논문(미간행)

김화숙(1999), 「여성의 사회적 저항 경험에 관한 여성주의적 접근-민주화실천가족운동협의회, 전국민족민주유가족협의회 어머니 활동을 중심으로」, 이대 석사학위논문(미간행).

박진순 외(2002), 「토착적 지식(folk knowledge)의 가치 재고를 위한 학제간 연구 : 새만금간척사업이 인간·자연에 미치는 영향을 중심으로」, 교보생명 교육문화재단 대학(원)생 환경논문(미간행).

이기복(2002), 「조석·조간대의 인식과 어업민속의 전개-부안연안지역을 중심으로」, 고려대 석사학위논문(미간행).

이승민(2002), 「새만금간척사업을 둘러싼 갈등구조와 담론구성의 분석」, 가톨릭대 석사학위논문(미간행).

이윤정(1998), 「환경이념과 주민운동을 통한 '지역'의 구성 : 안산시 대부도의 사례를 중심으로」, 서울대 석사학위논문(미간행).

이정주(1999), 「제주 '호미'마을 여성들의 생애사에 대한 여성학적 고찰-'4·3' 경험을 중심으로」, 이대 석사학위논문(미간행).

전우경(1996), 「생태여성주의에 대한 일 연구-가부장적 이원론에 대한 비판과 대안을 중심으로」, 이대 석사학위논문(미간행).

조혜란(1991), 「도시재개발지역내 일상생활과 주민운동에서의 여성과 남성-서울시 사당2동 사례분석」, 이대 석사학위논문(미간행).

최희경(1992), 「페미니스트 인식론 연구 : 객관성 개념을 중심으로」, 이대 석사학위논문(미간행).

■ 외국문헌

Agarwal, B.(1992), *"The Gender and Environment Debate : Lessons from India"*, Vacha Study Circle. Readings no.16, SETV Centre for Social Knowledge and Action,

Biehl, J.(1991), *Rethinking Ecofeminist Politics,* Boston:South End Press.

Marchand, M.H. & J.L. Parpart(ed.),(1995), *Feminism/Postmodernism/Deve —*
lopment, London & New York : Zed Books.

Mellor, Mary.(1997), *Ecology & Feminism,* New York: New York University Press.

Merchant, Carolyn (1997), *Radical ecology, London:*Routledge.

Merchant. C.(1995), *Earthcare — Women & the Environment,* New York : Routledge.

Mies, M.(1986), *Patriarchy and Accumulition On a World Scale,* London & New

York : Zed Books.

Mies,M& V.B. Thomsen(2000), *The Subsistence Perspective : Beyond the Globalised Economy,* London & New York : Zed Books.

Nadel—Klein, J. and Davis, D.L(ed), (1988), *To Work and to Weep,* Institute of Social and Economic Research Memorial University of Newfoundland, *Social and Economic Papers no.18.*

Plumwood, Val.(1992), *Feminism and the Mastery of Nature,* London: Routledge.

Reinhartz, Shulamit.(1992), "Feminist Ethnography" In *Feminist Methods in Social Research,* Oxfod Uni. Press.

Sachs, Carolyn E.(ed).(1997), *Women Working in the Environment,* New York: Taylor & Francis.

Warren, Karen J.(ed.).(1997), *Ecofeminism — Women, Culture, Nature,* USA : Indiana Uni. Press.

■ 통계, 정부기관지 및 민족지/신문

감사원(1989), 『감사결과 처분요구서: 새만금지구 간척사업 추진 실태』.

계화면(2002), 「계화면 행정리별 성별·연령별 인구통계」, 계화면사무소.

국무조정실 농림부 환경부 해양수산부 전라북도(2001), 「새만금관련 관계부처 검토자료」.

국무조정실 지속가능발전위원회(2001), 「새만금공개토론회 자료집」

농촌진흥청(2001),「새만금사업 추진방향-현황과 주요쟁점, 대안검토」

부안군(1991), 「부안군지」

부안군(1995), 「부안향리지」

부안군, 「부안군 통계연보」(1989~2002)

새만금사업 환경영향 공동조사단, 2000, 「새만금사업 환경영향조사 종
　　합보고서」.
생명평화연대 신문－호외: 〈근조새만금〉, 2001년 5월 25일.
생명평화연대신문, 2001년 3월 14일 창간호
시민의신문, 2001년 4월 9일～4월 15일.

　　■ 인터넷 사이트

〈부안 21〉 홈페이지　http://www.buan21.com
녹색연합　http://www.greenkorea.org
농림부　http://www.maf.go.kr
농업기반공사 새만금사업단　http://www.karico.org/saemangeum
새만금사업을 반대하는 부안사람들　http://www.nongbalge.or.kr
온라인 신문검색　http://www.kinds.or.kr
전라북도　http://www.provin.chonbuk.kr
해양수산부　http://www.momaf.go.kr
환경부　http://www.me.go.kr
환경운동연합　http://www.kfem.or.kr

■ 찾아보기

■ 새만금, 그곳엔 여성들이 있다

인쇄 2004년 4월 30일
발행 2004년 5월 10일

지은이 • 윤 박 경
펴낸이 • 한 봉 숙
펴낸곳 • 푸른사상

등록 제2-2876호
서울시 중구 을지로3가 293-10 장양B/D 202호
대표전화 02) 2268-8706-8707 팩시밀리 02) 2268-8708
메일 prun21c@yahoo.co.kr / prun21c@hanmail.net
홈페이지 //www.prun21c.com